暴雨將至

一九八〇年代臺灣轉型紀事

楊渡

南方家園

目錄

一九八〇年代開始，一本本黨外雜誌，在書報攤出現，鬆動了過去言論尺度，解放了思想，同時也引發了雜誌界的「戰國時代」。

隨著南來北往的交通繁忙，司機趕著出貨，嚼食檳榔變成一種風氣。在高速公路邊的交通要道上，總是有檳榔西施的小店。這裡是喝飲料休息片刻，和檳榔西施調笑，喝杯保力達再上路的所在。

一九八二年，發生土地銀行古亭分行搶案：轟動一時。警方於五月七日上午宣布偵破，拘捕嫌犯李師科，並起出贓款新臺幣五百二十餘萬元及作案的假髮和帽子等。但李師科做為一九四九年大撤退來臺老兵的典型，卻被民間記憶。作家李敖並形容為俠盜。

經濟起飛後的臺灣，民間地下經濟熱絡。臺北市西門町附近的天橋上，老外也擺起地攤，他們宣稱，賣得可都是貨真價實的「舶來品」。

經濟一活絡，房地產就跟著好。新工地為了推銷房子，都會請影歌星來做工地秀，即使規模小的，有時搞小場面的也可以。

臺灣錢淹腳目的一九八〇年代，大家樂盛行。那是一種跟著愛國獎券開獎的賭博遊戲。地下經濟之活躍，超出政府控制的範圍。

一九八〇年代的影視還不開放，片源少，想看經典電影、色情電影，只能悄悄借影帶。或者去休閒MTV中心、視聽中心等，借片子看。許多義大利新寫實、法國新浪潮的電影，都可以找到。那真是視聽解放的年代！

因為經濟起飛，中產階級開始成為社會改變的動力。他們期望於政治解嚴，使黨外運動有了社會基礎 。

林園工業區是臺灣經濟發展與重度汙染同時產生的典型。整個區域已難以住人，空氣與水汙染，造成人口不斷外移。我兩度去採訪，目睹廢氣燃燒塔瞬間起火，天空被火光照得透紅。整個村子如著火一般。而小朋友，卻還在這裡上課。漁民還在這裡養殖。那是何其艱難的生存環境。

石化工業區的液體必須在零下進行，稍過熱就會變氣體。因此一旦過熱就要把它燃燒掉。不料我去採訪的那一晚，火光瞬間沖天，照亮整個天空，附近方圓十里，周圍都是火光。那真是「天火焚城」的感覺。環境如此，人要如何生存？

一九八六年去林園採訪，還可看到老人和小孩。過了三十年回訪時，小孩都走光了。這裡成了老人家最後支撐的廢墟。

一九八六年來採訪時，還有漁民和小小收入，後來因近海汙染，漁民也抓不到什麼魚了。

林園國小的同學都說，我們長大後，一定要搬走，不能在這裡生活。他們努力讀書，就為了離開被汙染的故鄉。

拆船業曾被視為臺灣的驕傲，臺灣拆船速度世界第一，拆船量世界第一。但死亡率也是世界第一，到了現場採訪就會知道，這是用血汗築成的鋼鐵叢林。

生存在鋼鐵叢林裡的臺灣南部勞工，有如巨大齒輪下的生靈，隨時會被絞進去而吞沒。

百噸重的鋼油輪，就是靠著人工站在陽光下，用乙炔去切割。

臺灣生態破壞太嚴重了。漁民為了養殖，超抽地下水，造成地層下陷。而百年的老屋，有一半都陷入土中了。怎麼對得起祖先啊？

地層下陷到連祖墳都被水淹沒了。高屏海邊的情況，讓人嘆息！

誰都不曾想到，鹿港媽祖廟裡燒香的人們，是翻轉臺灣環境運動的開始。而一個媽祖廟旁邊長大的孩子李棟樑，竟成為改變歷史的人。可惜他不願加入政黨，於是反杜邦運動的重要性，一直被忽略了。現在是該還他歷史公道的時候。

鹿港龍山寺的夕陽。沒人想得到，這三四百年的古蹟前，竟豎起了抗議的標語，只為了保護家鄉的文化。

鹿港人不分老人小孩，都站出來反杜邦，要保護家園，這才是讓臺灣所有人都震驚的一刻。

鹿港有濃厚的文化底蘊，割木工雕刻與刺繡的美藝傳統一直都在。端午節要辦肚兜大展。本來是風情萬種的活動，也讓鹿港人幽默的用上了。

戒嚴時代，到總統府示威是可以格殺勿論的。但李棟樑帶著鹿港鄉親，硬是走到總統府前，舉起了「怨」字的大標語，宣告去陳情。這是打破戒嚴禁忌最大的一件大事。歷史未曾有過。可惜寫臺灣史的人總是忘記寫上這一筆。因為他就是在地的、鄉土的生命力。那些為政治目的而寫的臺灣歷史，根本是扭曲的。

請記得這些鹿港鄉親的面容，他們純樸的心念，改變了臺灣的歷史。

請記得這些鹿港鄉親的面容，他們純樸的心念，改變了臺灣的歷史。

核電廠是最難進入採訪的地方。最大的禁忌是，臺灣悄悄發展核子彈，核電廠是它的應用，更是掩護。而我花了九牛二虎之力才探得一點真正內情，卻不久就闔上了。即使如此，後來的反核文章都只能在我寫過的報導的基礎上進行。但他們沒有人去反過美國。

因為報導而引起關注後，核三廠決定舉行演習。雖是表演的成分居多，但仍是認真在辦。

核三廠員工周揚霖，得到腦癌。我曾帶他去臺大醫院看職業傷害的專門醫生，但仍無法確認腦癌是來自輻射傷害。最後只能訴諸台電的慈善救濟。

恆春的孩子。會看著海邊遠方的核三圍阻體，只能互相適應了。

在社會運動風起雲湧的年代，我們和陳映真《人間》雜誌的朋友一起，結合原住民團體，發起反雛妓大遊行。遊行到了華西街。要讓警方覺得難堪。

反雛妓運動遊行進入華西街之前，整個警界非常緊張，怕與黑道發生暴力衝突。後來整個華西街妓女戶停業一天。全部關門。放空城計。

華西街紅燈區巷子裡的店，人去樓空。只有牆壁上貼著的字條，寫著明碼標價。

在華西街窄窄的巷弄裡。許多女生高喊：姐妹們，你們在哪裡？快快衝出來。我們在這裡！但所有人口販子早就把人都轉移了。

機場事件是一九八六年最重大的社會衝突，起因於許信良要突破黑名單封鎖，號稱要從菲律賓搭機返臺闖關。於是發動群眾去機場接機，造成機場周邊道路大癱瘓，旅客無法進出，飛機起降也大受影響。

機場事件中突然冒出警車，被群眾包圍，最後被憤怒群眾翻車推入旁邊稻田。有如送上門來招衝突的引信。不知警方是如何調度的。

鎮暴警察全副武裝，對群眾噴催淚瓦斯，以及粉紅色的水柱。群眾大怒，撿拾路邊石塊還擊。

由於衝突雙方都有受傷，群眾方於是推出現場的女性站第一排，以阻擋群眾衝上去再丟石頭，升高衝突，傷人傷己。

衝突不斷升高，機場安全是高度警戒區，因此派出直昇機在空中巡視監控，生怕出事。

現場理應有民意代表、政治人物出面帶領群眾活動，始有中心焦點，不致於散亂無章。偏偏政治人物都怕負責，跑去機場內和警方喝咖啡，溝通去了。現場反而是紀萬生、邱垂貞等人，主動出來帶群眾。始稍稍安全下來。

序文

狂・飆・一九八〇

經過長長的四十年的時光隧道之後，
我們回望，才想起隧道中，
我們曾在幽暗中吶喊，眾聲喧嘩，回音盪漾。
當我們走出那長長的隧道，
眼睛迎向逆光的瞬間，
世界忽然白茫茫一片。
那是強光的盲目？
還是失去方向的茫然？
我們如何找回最初那一顆熱血之心？

談起一九八〇年代臺灣，我們總離不開幾個鮮明的字眼「臺灣錢淹腳目」、「自力救濟」、「咱要出頭天」、「解除戒嚴」、「開放黨禁報禁」、「開放兩岸探親」、「社會力解放」⋯⋯，諸種標誌。

然而，當我們回望，我們真的了解一九八〇年代嗎？在那些表象之中，隱含著多少社會矛盾，多少經濟狂飆，多少人性扭曲，多少結構性變遷，多少人的命運的上升與沉淪⋯⋯。

那是臺灣成長為「大人」前的青春躁動？還是老朽威權要死亡之前的最後掙扎？是轉型的大陣痛？還是時代要新生必然的掙脫與奮戰？

一如二〇二二年底在臺北市立美術館舉辦的〈狂八〇：跨領域靈光出現的時代〉所標舉的特質：狂、狂飆、反叛、打破禁忌、前衛實驗、混種翻譯⋯⋯，那是一個難以單一定義的年代，也是臺灣社會巨變的年代。

然而，除了戒嚴解嚴，除了狂飆破禁，我們真的好好的凝視過它嗎？我們是否曾認真思考過它的深層結構，更重要的是，從更長遠的大歷史觀點，一九八〇年代在臺灣史中，到底代表著什麼意義？在一九七〇到八〇年代的經濟起飛之後，這一系列的社會運動、體制衝撞、解除戒嚴等現象之上，我們要如何定位一九八〇年代的意義？

回到每一個人的自身，一九八〇年代是許多人成長的歷史，讀書、考試、解除禁忌、開始戀愛、看黨外雜誌、臺大前面書攤上買三十年代禁書、站上街頭、示威遊行、在路邊攤喝酒、在新公園（註1）約會……。

和我們的生命如此深深關連著的這一段歷史，我們可曾再次凝視，深情回望？

當我們回望，我們能不能看清楚來時的道路，而不只是白茫茫的強光？

一，打破禁忌的年代

談起一九八〇，我們總是最先想到一句話：「青春！狂飆！」

狂飆，最明顯的標誌是：飆車族。

從南到北，從北投的大度路，到臺中的中港路（註2），從梧棲濱海大道，到高雄工業區新建大道。一群年輕人，青春熱血，無懼生死，無視於時速限制，無視於沒安全帽有多危險（當年尚無騎機車戴安全帽的規定，一九九七年六月一日；開始實施強制戴安全帽之立法），無視於有無違規，無視於警察的規勸取締，不僅當場飆車競賽，甚至和警察飆車追逐，比賽誰技術更好，誰有能耐甩掉警車。而警察當時開的都是國產車，根本不足以和進口車、越野跑車、改裝車、知名賽車相比。

狂飆，也顯現在金錢遊戲。大家樂是地下經濟的典型。跟著愛國獎券開獎，用其號碼為依據來賭博的大家樂，每一期約十天之內，至少四、五十億金額在全臺灣流動。民間游資多得地下經濟比地上投資更兇悍。所有法令都是舊的，它只能規範到舊的經濟活動，對新興的地下經濟活動，諸如地下投資公司、集資標會、非法賭博，卻毫無辦法。

地下經濟也顯現為野雞車的盛行。由於大量勞動人口向城市流動，每到假日便是返鄉狂潮，限定由公路局運行的高速公路只有國光號和中興號，根本不敷所需。民間自行營運起來的野雞車大行其道。南來北往，比國營的公路局更方便。高速公路交流道附近的檳榔攤，小小的雜貨店，自動自發的加盟，成為野雞車的售票點，上下車的地方。

急速積累的金錢，瞬間暴富的地主、暴發戶，也帶來扭曲而擴張的「俗擱有力」的欲望。地下酒家在城鄉之間，大行其道。鄉村酒家自有它的客源與經營者，以及女性的陪酒者。原住民部落的未成年少女被人口販賣到陌生的都會，站在都市的暗巷裡，關在鐵柵欄的後面，向城市揮舞著招來的手，卻更像是無助而悲哀的控訴。

當時的流行文化現象也生猛有力。一九八五年左右，卡拉OK開始大行其道。原本戒嚴時代的法律對歌舞廳有嚴格規定，得持有八大行業的執照才能唱歌跳舞營業。但在一九八五年之後，任何一家餐廳，只要有卡拉OK設備（發源於日本，引進後在臺灣改進為本土歌曲的伴唱帶），誰都可以上臺唱歌。來賓只要先點唱，餐廳排歌的服務生自會點名幾桌來賓點唱某一首歌。白天經營簡餐西餐的小咖啡館，晚上化身為卡拉OK的店。一支麥克風，一臺點唱機，就是飲酒歡聚的場所。雖也有各桌來賓之間點了同一歌，搶著上臺而有點小糾紛，但也可以合唱同臺，同歡共樂。

而新興的伴唱帶（這古老的名詞，意味著一種錄音帶似的伴唱帶，一卷約有十幾首歌，依來賓點的歌來播放），也是隨著臺灣的新興伴唱設備而生產出來，國、臺、日、英語都有。流行歌的主旋律也改變了。那些夜市街頭賣的卡帶，傳唱的歌，變得比電視臺傳播的更快，更大受歡迎。

沈文程的〈心事誰人知〉就是從臺中的歌廳、夜市市集、再到卡拉OK伴唱，風靡了全臺灣。民間的庶民流行文化取代了過去由三臺公營電視所控制的歌舞系統。夜市與卡拉OK的力量，形成一九八〇年代生猛的大聲歡唱吶喊的風景。

而卡拉OK伴唱帶的出現，與伴酒歡唱的女子（她們何曾不是流動於城鄉之間的另一種流動的風景），一樣在城市與鄉村，鼓動著浮誇的慾望城國。

各種各類的地下活動，上自地下金融機構在民間吸收游資，股市開始飆升；下到機車、汽車改裝飆速，地下營運的加油站、野雞車、兼營色情的小吃店，從城市到鄉村，處處流蕩。在在都說明了一個事實：急速發展富裕起來的經濟動力、大量的人口流動，社會新興的動能，其能量已超出舊有體制所能規範的框架，更遠遠超出了政府的公營機構的交通、運輸、金融、銀行、股市等，所能提供的一切。

各種新興的社會活動因應時勢，自發崛起。那種感覺，就像一個少年茁壯成長，早已是體格壯碩的青年，你卻叫他還穿著小學生的制服，唸著小學生的課文一樣；事實上，他的肌肉，早已撐破了那小小的制服；他的身體，早已成熟為青春欲望的肉身；他的腦袋，早已充滿賀爾蒙的衝動與欲望。

政治也是另一個急速成長起來的軀體。

一九八一年臺北市議員選舉是黨外新生代崛起的關鍵時刻。林正杰以「黨外長子」的使命自期，以「正的、長的、扁的」（林正杰、謝長廷、陳水扁）聯手當選，繼美麗島受難者家屬的參選（周清玉、許榮淑）之後，開啟新生代參政的風潮。隨後林正杰辦了《前進》雜誌，而許榮淑則辦《深耕》（註3）與康寧祥的《八十年代》共同開創黨外雜誌的新時代。

由於民間需求旺盛，一九八〇年代初，重慶南路的書報攤上，出現了大量的黨外雜誌，有些被查禁的雜誌，反而賣得更好。書攤的老闆把禁書藏在報攤下方，如果看到你在翻看黨外雜誌，再觀察你不像來查禁書的特務，便會從底層抽出禁書，故意現一下即收起來，說：「這是剛查禁的，要買要快，再不然被沒收就沒有了。」大部分有興趣的人也沒有時間翻看內容，帶著一種偷偷摸摸，怕被發現的快感，很快付了錢，用報紙包了書，便帶走了。

而在臺大附近，本有許多書店，大家眼看禁書有銷路，便也印起了另一種禁書。在新生南路附近的書攤上，開始出現沒有寫作者名字，或作者寫了另一種筆名，或本名的書。例如：魯迅的小說，書封的作者名叫「周樹人」；巴金《家》、《春》、《秋》，書封寫的作者叫巴克，因他是彼得·克魯泡特金的無政府主義信仰者。其他如錢鍾書的《談藝錄》，現代詩選等等，也都不知被哪一個學校的學生或書商給印了出來。大量的一九三〇年代的禁書，從沈從文、魯迅，到巴金、冰心、茅盾、乃至於馮友蘭的《中國哲學史》都有。

那是一個衝破禁忌的時代。閱讀打開了視野，也打破了各種思想禁忌。那是一個知識補課的時代，把過去禁忌的文化補回來。

從禁書到雜誌，從交通運輸到地下賭盤，從路上飆車到封路賽車，乃至於後來的反杜邦運動，帶領群眾走上鹿港街頭，搞出了美麗島事件之後的第一場群眾遊行。這一切，都是在破除禁忌，向權威挑戰。那是充滿豐沛的民間力量的時代。

當時有諸多議論，認為那是要衝破體制，走向自由化、民主化的開端。但另一方面，也有諸種壓力，要求維護社會秩序，不能任由民眾「脫序」（這是當年批評者最常用的古老名詞）。

各種禁忌與開放交會的年代，人心充滿迷惘、困頓、追尋、衝撞，卻又充滿希望。

我當時曾參與主編過黨外雜誌，也曾主編反抗的文學詩刊，每一期都被查禁。內心卻充滿「要來一場革命，把這個政權推翻」的激情。以極度的熱血，想衝破戒嚴的羅網，走向民主自由的時代。

二，臺灣社會力調查

由於一九八二年，寫作三十年政治犯的專題報導，因緣際會結識了在《美洲中國時報》上班的李明儒先生，又因報社改組異動，後來進入《時報新聞周刊》擔任記者。

當時的自己心裡想的是，如果要「搞革命」，至少要像毛澤東赴湖南湘潭、湘鄉、衡山、醴陵、長沙五縣考察農民運動，寫成《湖南農民運動考察報告》，從底層出發才了解真正的民間思想與社會動力。或至少，也像許信良、張俊宏那樣，寫一本新時代的〈臺灣社會力的分析〉（註4），這才能了解臺灣民間有沒有「革命的動力」。否則像個關在書房裡空想的知識分子，憑空想像革命，簡直就是魯迅筆下的阿Q。

運用自己是大報記者的身分，可以站上第一線採訪的優勢，我擬定了重新做一次「臺灣社會力分析」的計畫。預擬的題目包括：農民、農業、勞工、工會、漁民、原住民、企業等。

為了深入相關的研究專題，我藉由報社的方便，大量查閱舊的剪報。此外找尋更深度的研究論文。尤其臺灣銀行經濟研究室出版的論文與專書，對產業、經濟、行業有不少研究。以此補充了自己在經濟學的不足，從而尋找農工漁牧等問題的經濟根源。但另一方面也發現，產業的研究較易找，但從社會學角度對產業工人、農民、漁民做研究的論文，卻非常之少。社會學與社會主義容易被劃上等號，做這種研究仍是敏感的事。

但我自此踏上在現場採訪摸索的道路。這一路走來，從一九八一年採訪礦坑而寫下〈礦坑裡的黑靈魂〉開始，到一九八二年採訪三十年政治犯而寫下報導〈綠島囚禁三十年〉，再到一九八六年開始的社會採訪。訪問了號稱「世界第一」的拆船業，寫出血汗築成的王國。再採訪林園工業區，目睹一個漁村如何從安樂小村，變成石化工業汙染的荒涼而荒蕪的廢墟。

歷經臺灣社會轉型的巨變，我開始記錄社會的狂飆：大家樂的地下金融與民間力量的崛起。包括：反杜邦運動，讓三百年古鎮一夕之間成為臺灣最生猛有力的群眾運動的起點；而桃園機場事件則記錄了政治運動的狂飆，自主前往的群眾，讓國際機場癱瘓，同時看清政治人物如何利用群眾的熱血熱情作動員，在第一線爆發衝突，而自己卻躲在機場裡，和情治人員協調，吹冷氣，逃避群眾衝突的政治、法律責任。

隨著環境運動的興起，我參與了《新環境》雜誌的編務，儘量將環境運動的社會力與《新環境》的學者，如柴松林、馬以工、張國龍、黃提源諸位教授結合，讓學界的知識力得以成為社會運動的基礎。恰在一九八六年，俄國發生車諾比核融爐事件，我不相信臺灣核電廠並無意外事故，畢竟我們是初學者，知識與能力不夠，學習過程中難免跌跌碰碰，因此有必要加以深度採訪。基於此，我特地請高雄的朋友洪田浚引介核三廠的員工，試圖訪問出相關的內情。

然而事情進行得非常不順利，初步聯絡上之後，他們感到恐懼猶豫，不敢再接觸。我在恆春的旅館等待數日，一無回音。正在失望之餘，卻傳來他們願意見面的回電。原來，因蘇聯核融爐事件，行政院長俞國華宣告核四要停建，原來的建廠員工（他們與核四的運營員工不同）即將面臨被核電廠解僱的命運。基於有不少人在核一廠開建之初，即參與核電廠興建工作，如今都已十幾年，此刻中年失業，未來生計無著，他們決定去臺北向總公司申訴陳情。但他們毫無寫陳情書、寫標語、拉布條的經驗，因此想就教於我。因他們聽聞我曾參與反杜邦運動，對社運較有經驗。

他們的會面，首度開啟了我對核電廠的採訪報導，包括核電廠與美國核電公司的政商人脈連結，美國運用政治施壓的手段，以及核電設備有問題的種種內幕（詳見本書）。當然，核電廠員工癌症死亡率的調查報導，也讓核電廠員工開始注意身體的健康檢查。

最重要的是，運用《新環境》的名義，一九八七年三月，我們去恆春辦了一場核電安全說明會。這是臺灣首度有關於核電安全的群眾集會。

由於當時臺灣仍在運用核電廠所取得的核原料，暗中進行製造核子彈的研究，因此核能相關的資訊都是做為國家機密而加以保護，核一到核三皆如此。因此警備總部非常緊張，怕我們去包圍核三廠，對於我們的活動如臨大敵，派出四、五百人的鎮暴警察，開著大型偵防車來到恆春守衛防備。

而我們也不甘示弱，把群眾從恆春國中的大禮堂演講會場，直接拉到街頭，跟數百名鎮暴警察的警棍、盾牌對峙。在鎮暴部隊的包圍注視之下，繼續開講。有些內容甚至是對著鎮暴警察的年輕人說的，因他們有不少是恆春人。

其後由於好友關曉榮在蘭嶼進行為期一年的蹲點採訪，他和達悟族青年有良好關係，思想上影響了他們，因此開啟了蘭嶼反核廢料的運動。

這些故事，都是時代最重要的印記，全都記錄在本書裡。較為特別的是，有些報導作品保持原貌，以見證當時的氛圍。例如拆船場的深度報導，因它已消失，永遠不再了。而〈礦坑裡的黑靈魂〉也一樣。它見證了臺灣從十九世紀蒸氣機時代開始，即開始大力發展的煤礦產業，到一九八〇年代已開採殆盡，災變頻傳，死傷慘烈。過不久，煤礦業主因成本增高，煤產量稀少，不敷成本，全部關門。煤礦的故事，成為永久的歷史。

最為特別的是三篇為刻劃時代變遷而寫作的三十年重返見證。

〈石火燃燒的夜村〉最初所寫乃是為了報導一個小漁村——林園工業區，在石化工業及周邊諸多大石化廠的汙染下，居民生活如何改變。報導文章在一九八六年的《時報新聞周刊》刊登後，我總覺得其中有許多細節，那細緻的人情與人性，是未曾被寫出來的。那是受到工業汙染而改變了的某一種人性的微妙的變化。而整個小村，竟有一種詩人T．S．艾略特曾寫過的《荒原》的那種「荒涼到荒謬，荒蕪到廢墟」般的感覺。那是我在採訪現場所曾體會到的，卻無法在報導中呈現的。我曾寫了很長的筆記文本，卻未曾發表。因我不知道它屬於什麼文體。它是報導文學，也是散文。它有一種後現代的怪誕與荒涼，卻又如此真實。

放在心中很久之後，目睹著它的起而抗爭，圍堵廠房，自力救濟，抗爭無望。不斷有政客去吸收選票，卻無力改變。二十七年之後，我難忍心中的大疑問，決定重返林園現場，重走當年走過的漁村與居民生活區，我想看的是，經過長年的汙染生活後。它變成什麼樣子。那才是工業化的真實見證。

像個隔了三十年重返部落的人類學者那樣，我想看一看，作最後的見證。

這一篇長篇報導文學，終而變成人性的見證，也是一個「荒蕪心靈史」的長卷。

第二篇是反杜邦的全記錄。一九八六年反杜邦運動剛開始，我到鹿港採訪，看到一個未曾汙染過的古鎮，一個周邊是漁村的小地方，如何團結起來，對抗可能來臨的工業汙染。那是一個臺灣在經濟起飛時，巨增的外匯存底，轉換為臺幣，而工業化廠房需要的土地，也讓農村地價暴增，從而製造了大量「田僑仔」的時代。

所謂「田僑仔」大概已進了「歷史語言學」的範本。一九五〇—六〇年代，臺灣仍在農業時代，菲律賓已因美國軍事駐地的影響，加上過去西班牙殖民經濟培養了不少大莊園主，頗有些華人在菲律賓發展得很好。再加上當時鼓勵海外華僑回臺投資，因此回臺投資的海外華僑多是有錢有資產的人，華僑於是成為有錢的代名詞。而因為賣了土地而有錢起來的農村地主，就被稱為「田僑仔」。在「臺灣錢淹腳目」的時代，這是中小企業之外，另一批暴富起來的人。但他們不懂得現代性資本的投資運用，於是有各種地下經濟。反杜邦與大家樂的風行，是同一時期發生的。

我仍記得鹿港辦反杜邦大遊行的時候，有些鄉民就以那一天的日子為號碼，去簽大家樂，結果中了一筆小財，特地帶大去喝酒請客。而流向城市的年輕人則讓農村沒落老化。但又隨著年輕人結婚生子，孩子無法照顧，於是送回中南部請父母幫忙照料，而有隔代撫養的問題。那種城鄉之間，既有巨大差距，又是緊密連結，中小企業如青商會、獅子會等，在暗中支持環境運動，才得以讓反杜邦有更大動能的整體氛圍，是很難在當時的專題報導中寫出來的。

最重要的鹿港有天后宮、龍山寺等古蹟，有在地豐厚而深沉的人文傳統，當「天后宮裡燒香的人們」生氣起來，走上街頭，即變成無可抵擋的力量。那是信仰，是對土地的深情，是對人文的珍惜，也是對下一代的承諾：「我們要交給下一代一個乾淨的地球」。

反杜邦的故事太豐富、太多面向，文化底蘊太深沉，乃至於當年它對臺灣社會運動、政治運動、民進黨的成立等等，都有深遠的影響，以致於當年的我，總是在寫了給報社的報導之後，在心中若有所失，彷彿有一個更深的感情，更複雜的內在，很難完整寫出來。於是當年的我給自己一個許諾：一定要在以後，好好的，從人性、人文、人民的角度，來好好的寫一寫反杜邦的故事。

三十年之後，我終於補寫了一篇「遲來的報導文學」。那是報導三十年前以迄於今的故事，卻有它不凡的意義。原因在於，當年仍處於事件之中，許多民心、民情、民隱、民怨都還隱而未顯。我的採訪中，有許多當時看似平凡的小小場景，卻是影響歷史至鉅的民心的顯現，在歷經時間的考驗之後，那微小的民間生命，終而顯示其恆久的意義。

而其中最重要的領導者李棟樑，也一直未被歷史所正視而寫入臺灣社會運動史的專頁裡。這是非常不公平的，一切只因他未曾加入民進黨，於是被偏民進黨的臺灣史學者所忽略，反杜邦的大歷史意義，也被史學界所蓄意漠視了。

好好寫這一篇「遲來的報導文學」，就是為了還給反杜邦運動應有的歷史正義。

〈恆春／臺灣反核第一夜〉則是為了還原歷史。當時核能電廠猶是國家機密，因而整個活動是冒著非常大的風險在進行的。我寫作的報導，首度揭開核電廠的神祕面紗，也暴露出美國核電集團挾其政商壓力，迫使國府不得不使購買美國淘汰的核電廠設備的內幕。當然相關的報導也引起台電的注意，隨即在內部設下嚴格限制，不許再與任何記者接觸。如有接觸，嚴格懲處。因此那一波的報導後，再無其他記者有辦法訪問到當事人。

我仍記得當年核三廠迫於社會輿論的壓力，舉行了一場核安演習。當時邀請了各報記者參加，唯獨不通知我。其他記者告訴了我，於是我獨自前往。他們前一天搭乘台電的專車前往飯店，而我是忙完報館的事之後。獨自搭夜車去高雄，再轉恆春時已是半夜。我住進朋友的飯店房間。隔天一早，我和朋友在飯店早餐區出現時，台電的接待者大驚失色，緊急跑去跟主管說：「那個人，他來了！」

幾個友報記者笑著告訴我這消息。然而，我並無敵意，我只是一個想報導真相的人，因此我去與他們打招呼，為自己未曾先報名道歉，也希望以後有任何採訪，請多多關照。

這一則長篇的報導，再現了當恆春舉行第一場核能廠說明會演講的時候，那種緊張的氛圍，以及當時社會運動的我們，如何與警備總部玩衝突邊緣的遊戲，以吸引觀眾的目光，達到宣傳的效果。

那就是一個一九八〇年代典型的故事，一個典型的場景。我用報導文學的筆法，就記憶所及，儘量加以仔細的重現。

因為那是永遠不再的一九八〇年代，狂飆時代的人性與人心的風俗畫。

三，巨變時代的趨勢觀察

從一九八一年〈礦坑裡的黑靈魂〉開始，到一九八七年在恆春的核能演講，以及蘭嶼的反核廢料演講，乃至於機場事件的全紀錄，我本有意寫一本《臺灣社會力分析》。但在目睹社會運動風起雲湧、民間力量勃興的過程中，我漸漸感受到臺灣社會巨變的時代已然來臨。

然而，面對著這些勃發的社會力，沒有人知道該如何去定位、定性、定量。我們面對一個全新的時代來臨，卻對未來一無所知。

我是那個站在最前線的人，也是有意識去尋找答案的人，因此給了自己一個最艱難的課題：臺灣未來的發展趨勢是什麼？臺灣社會建基於什麼結構？現在巨變的原因何在？未來要走向哪裡去？

一九八八年，我將文章結集，名為《民間的力量》。我試著用大歷史的視野，來總結臺灣巨變的緣起、形成、演變及其影響，再歸結為未來趨勢。總體而言，我認為是臺灣社會歷經了現代化的歷程，從農業社會向工業化變遷，過去的社會由經濟上的農業／農村，政治上的封建威權主義，文化上的保守傳統主義，形成鼎立結構，而一九八〇年代的臺灣已經改變了。經濟已工業化、資本主義化，文化已趨向開放多元的自由主義思想，唯有政治上仍是戒嚴威權，進行社會控制。用舊時代的威權統治機器，已無法駕御這現代性的工業機器，一個複雜無比的龐然巨獸。因而，民間力量的崛起即是要向控制的威權爭奪自主權，要求一個現代化的新社會。

從以上的分析，我們便不難發現臺灣社會巨變的扭曲衝撞的痕跡，以及諸種創痕。總結的來說，便是：

１，國家霸權的弱化與矮化。

２，民間力量的崛起與增強。

這也正是臺灣社會未來必然要走上的大趨勢。目前，經濟決策單位正為民間資本的出路而頭痛不已，畢竟，民間資本的出路在於國家資本的放棄獨占，這對國家霸權的基磐是有傷害的，但不開放又不行，危機更大。妥協的結局便是逐步放棄。王永慶之獲准興建六輕石化工業，即為此種結果。在未來的時間中，國家獨占資本的逐步棄守，也是大勢所趨。

而環境問題，在當前條件下，仍可視為未來社會運動發展的主力。原因在於長期經濟政策發展下被犧牲了的農業，對工業開始展開其反撲，而在各種方面受到政治壓抑而積壓的不滿，也會從此一環保政策與經濟政策的矛盾中，奔騰而出。尤其知識分子，更有可能朝著此一方向前行參與。對於中產階級性格甚強的知識分子，這畢竟是一條可行的、較無危險的路。

相應於此種狀況，執政當局本身也在做著各種調整。例如解除戒嚴、開放人民結社自由等等。這是民間力量與國家　權互動的結果。

從中國長遠的歷史來看，臺灣社會今天的結構性變遷是前所未有的，也是未來邁向民主化、自由化的基礎。站在變遷的歷史過程中，這一切混亂、迷惘、失序本就不可免。問題只在於調整適應的腳步快慢與實際措施是否恰當而已。然而歷史大流的方向，卻是不會改變的。

站在這樣的時代裡、有如站在冬日的東海岸，看到彌天冷冽的風，捲動海浪和海底的石塊，向著冷硬的岩岸拍打，崩裂了舊的岩壁，也改變了海岸的模樣。

寫於一九八六年十月十五日的這一段文字，清楚記錄了當時一個年輕知識分子的困惑、思索、追尋和勇氣。

因其指出了臺灣社會巨變的現象與未來發展趨勢，《民間的力量》一書獲選為年度十大最具影響力的書。

隨後，在社會運動風起雲湧的衝擊下，臺灣將如何演變，成為民眾最關注的課題。有人認為，民間的環保運動，加上工運、農運、學生運動，社會蓄積著憤怒反抗的能量，它展現在街頭的衝突，而且從南到北，各地都有。當時名之為「自力救濟」，而實則是對政府無能處理的批判。而總體的不滿情勢互相激盪，頗有想要推倒這個政府的意味。

當時有一批美國留學歸來，受到一九六〇年代末學生運動影響而有左翼思想的學人，帶著受大陸文革影響的思路與語言，在社運場合操著激進的聲音，展開了對社會運動內部的階級批判。

然而，對當時的社會運動如何定性、定位，因缺乏實際的現場調查採訪，總是不能免於教條與空想。我也很是困惑。雖然在南北各方現場所見的民眾特性與思想，乃至於從民眾的訴求來看，我都覺得它不是一種想「推翻政權，另立一面國旗」的「革命」。但我仍難加以定性、定位。

直到一九八八年的五二〇農民運動，我才首度對群眾的定性分析較有直覺的感悟。那仍是來自於現場的觀察。當天的街頭暴力衝突非常激烈，雲林農民帶著衝突的準備北上，衝撞國會與行政院，拆下立法院的招牌，整個是一場大對抗。群眾在臺北街頭的暴力衝突，一直延續到隔天早晨。事後的調查採訪，以及對農運領袖的訪談，我漸漸了解，升高暴力衝突乃是雲林方面的農運領袖為了從臺中的山城農權會取得運動領導權，因而有意為之。

更重要的是，五二〇當天所提出的要求，明明白白寫在大布條上的，是要求「開放農地自由買賣」。如果是對資本主義制有批判意識的農民，怎會如此主張？這分明是資本主義的自由經濟思維，跟那些從美國回來的學人們的左翼幻想是完全背反的。

農民運動使我對社會運動的定性上，清醒起來。我認識到，這所有的社會運動，是現代化的「補課」。也就是原本藉由經濟以農業為主、政治以封建威權為主、文化以傳統主義為主的「強控制」統治結構，已面臨新時代的巨變。國際經貿、工業化的經濟，大量人口流動的社會結構、外來多元文化思想的影響，已使得過去的控制系統失能。它將面臨全面崩解的危機。

一九八八年，我寫作《強控制解體》一書，在序文中總結整個社會結構性變遷的緣起、現象與未來發展。要言之，即是國民黨的「強控制」系統已無法掌握一個不斷變化、複雜萬端的新社會，因此這個結構將面解體的命運。但它是一個緩慢的「解體」

過程，而不是「崩潰」。

此一控制系統，又是如何由「一體化」（Integration）走上「解體」（Disintegration）之路呢？要說明的是「解體」在系統論中的意義並不等同於「崩潰」，而是「由一個行為主體分解為兩個或以上的行為主體的過程」。它不是控制的結果，而是轉變。

強控制解體的原因有內外環境的條件變化。就內環境來看，主要有二：即官僚系統本身的自我腐化（或「調節機制的自我異化」）以及官僚所藉以立足的「小農經濟」已不存在。此種獨占的龐大族群籠罩在政治、經濟、意識形態各領域上，遂使得無限權力演變為無限腐化。……

其次、臺灣經濟資本主義化的發展，也同時使得系統無法再維持平衡穩態。「小農經濟／封建官僚／儒家反共意識形態」是相適應的穩態結構，然而，當資本主義發展起來，意識形態控制減弱，社會階級發生巨大變化（工人與中產階級上升成為主力）政治欲要維持其系統平衡已不可能。因而改革政治強控制系統，使之具備議會民主的形態，乃成為維持穩態平衡的必要條件。

用控制論的觀點看，「以一固定的調節手段去控制一個不斷生長變化的對象，一定會出那些處於控制作用盲區之中的部分不斷增長。社會生活愈豐富，盲區也愈大」。臺灣社會的諸種新生現象正不斷擴大成盲區，例如環境公害、學生運動、勞工運動、消費者運動、自力救濟、大家樂、飆車等等，都是資本主義化之後的產物，也是強控制系統難以立即調適去掌握的「新的社會生活形式」。

要言之，要用舊權力系統去控制現代化之後的新社會已不可能。所有社會運動，即是為衝撞舊體制而顯現出來的。我稱之為「社會再結構」（Restructure）的過程。它的重要之處即在於，社會結構的轉變並非由上而下的建構，而是民間自發的依其需要而建構起來的「再結構」。

經歷過一九八〇年代的這個再結構過程，我們就可以理解蔣經國晚年所說的「時代在變、環境在變、潮流也在變」所體認到的現實，是何其真切而且迫切。

而蔣經國晚年所啟動的「解除戒嚴，開放黨禁、報禁，開放兩岸探親」乃是時勢使然而有不得不的必要，但他因應時勢的大開放，是多麼關鍵性的轉捩點。他打開舊的、緊緊控制著的大門，讓整個時代的大門，迎向未來，自由開放。

一個開放社會的「再結構」既經民間力量的推動而完成，則一九九〇年代的政治改革便也是順理成章的進程了。

這便是一九八〇年代對臺灣如此之重要的原因。民間力量以狂飆的風潮，改變了臺灣社會，但這一股社會力，在歷史過後，卻未被歷史所重視並記載。臺灣史反而只寫下政治的記錄，彷彿只有政治人物的言行與權力，才是值得紀錄的。然而，那未曾被記憶的來自人民的聲音，才是改變歷史的動力。

這便是此書想留下的記憶。我們如何記憶這時代，也是我們未來如何面對歷史的一種原則與態度。沒有人民的歷史，是無法恆久的。

四，大歷史的觀照

從現代化的歷史來觀照，臺灣的現代化進程始於清朝末期，劉銘傳、沈葆楨等的建設，包括鐵道的開闢、港口的建設、煤礦的開採、電力的使用、電訊的鋪設等等。可惜清朝知曉海外臺灣在列強的覬覦下，已岌岌可危，為時已晚。

日本治臺則必須有現代化的管理。它主要展現為戶籍管理、土地測量登記、南北鐵路開通、港口建設完善、開發山地林野等。要言之即是「可以在數目字上管理」的資本主義化。

最重要的是，現代化所必備的法治基礎，是在日本殖民時期開始。這並非日本特別仁慈，而是由於語言與文化的隔閡，臺灣無法理解日本民風民俗，乃至於相關法律規定，乃必須以明確的文字，形諸於一條條法律文字，以便於管理。即使它是歧視性的法律，臺灣人做為二等公民的存在，也在法條上見出。

一九四五年臺灣光復後，國民政府來臺接收，日本四島在戰敗後的經濟破敗、國土廢墟之中，突然加印了六億日幣的臺灣專用貨幣（註5），空運來臺。名目上是說要給二十幾萬滯臺的日本公務員發薪水，但實際上，整個日本統治臺灣的五十年間，才發行了十四億日幣，而一九四五年九月就運來六億，這不成比例的貨幣供給，乃是為了在臺灣到處收購物資，以運補日本戰敗後的物資匱乏、民不聊生。這造成臺灣立即的通貨膨脹。

臺灣戰後本來民心充滿樂觀氛圍，希望重建家園，卻不料通貨膨脹，治安一團混亂，政治貪汙腐敗，再加上民間經濟破敗，生存困難等諸因素，交相侵害，終而導致了二二八事件。

然而臺灣仍是做為中國的一省，舉行了選舉，選出了國民參政會參政員、國民大會代表、立法委員等，派出代表到南京參加制憲等會議。南京還有一處專為臺灣代表所設的接待所，以安頓去南京開會的代表們。

一九四九年國民政府的大撤退則是臺灣命運的轉捩點。搬運出三百四十萬兩黃金的國民政府在戰爭的大撤退裡，花掉了大半黃金，幸而留下的黃金仍有八十萬兩足以做為儲備，發行新臺幣，從而挽救了臺灣即將崩壞的金融秩序。此外是土地改革，讓大部分佃農擁有土地，從而阻止了農民革命在臺灣的重演。第三，反共抗俄的白色恐怖、清鄉，讓國民政府大量逮捕潛伏在臺灣，且不斷發展壯大的中共地下黨。但此時的臺灣仍風雨飄搖，美國甚至打算放棄蔣介石，以吳國楨、孫立人取代。

一九五〇年六月發生的韓戰是蔣介石救命的另一個轉捩點。韓戰使得美國正視不斷擴張的共產國際勢力，從而力圖在東亞建立圍堵防線，從日本到琉球、臺灣、菲律賓、越南等的第一島鏈被確立起來，第七艦隊協防臺灣，美軍派遣顧問團長駐臺灣，美援開始到來。這大大緩解了國民政府的經濟與軍事困境。

臺灣命運自此改觀。冷戰架構讓原本因國共內戰而分裂的海峽兩岸局勢凝固化，確立了往後數十年的分裂分治。東亞局勢也因此改觀。美國轉而扶持二戰中作為敵國的日本，從而建構起日本在戰後的復甦與經濟奇蹟。以及隨著日本經濟發達後，在一九六〇年代開始向四小龍轉移的亞洲經濟大戰略。直到一九九〇年代，「日本經濟奇蹟」、「日本第一」等稱號，仍是做為美國學界津津樂道的對象。

在這個過程中，臺灣歷經一九五〇年代的土地改革，進口替代政策，運用美援的幾度經建計畫；一九六〇年代逐漸成型的加工出口型工業、扶助民營中小企業逐見成效；一九七〇年代外交失利，失去聯合國代表權，但民間中小企業則因日本產業外移而獲得發展機遇，加工出口型工業迅速完成，經濟開始穩步起飛。此時新興中產階級成為社會新生的動力，改革的呼聲日漸高漲。

便是在這樣的環境下，走到了一九八〇年代，中產階級增多，社會急劇富裕起來的新情勢。

從大時代的結構看，一九七〇年代的外交失利，帶來臺灣自我認同的危機，此一不斷自問「我是誰」並要求世界「看見我」的心理，貫穿整個一九七〇年代之後的臺灣。它甚至成為一種心理隱疾般的痛點。但此種心理也帶來文化覺醒，即：若是政治上、國際上無法得到認同，那總可以從文化上找到自我認同吧。因此，一九七〇年代開始擺脫過去「全盤西化」派的影響，回歸自我的文化尋根。林懷民「跳自己的舞」，李雙澤「唱自己的歌」，文學創作開始走向鄉土文學，走向現實主義的報導文學重回報紙副刊，成為一時風尚。這種文化覺醒，成為一九七〇年代最重要的標誌。

而一九八〇年代，一如前述，已因經濟起飛、社會結構改變，而走向狂飆的年代。一九八八年蔣經國過世後，李登輝繼承其位，接續未完的政治改革使命，完成國會全面改選、總統直選等民主化工程。其過程雖有些微阻力，但時勢大流如此，再難有逆轉的可能了。

準此以觀，我們仍需要重新注視那造成臺灣巨變的一九八〇年代。那重構一個新時代的瞬間，那些人心與人性的變化。

而此書，即是為了記憶這時代，希望留下每一個值得記憶、難以磨滅的容顏，一部見證的心靈史卷。

註釋

1 現名為二二八和平紀念公園。

2 中正路、臺中港路、中棲路合併為臺灣大道。

3 《深耕》為1981年由黃石城創辦的黨外政論雜誌，後交由許榮淑經營，主要主筆人包含林正杰、林世煜、林濁水等……

4 此文刊載於《大學雜誌》，一九七一年七月，原作者署名為張紹文、張景涵、許仁真、包青天。張景涵即張俊宏，許仁真乃許信良，包青天為包奕洪。

5 當時名為臺灣銀行券。

二 臺灣錢淹腳目的年代

／瘋狂
大家樂

前言：

一九八六年是臺灣至為關鍵的一年。一月一日，剛宣告在臺中成立自然科學博物館；隔天，就發生食用西施舌貝中毒致死事件；隨後，臺南二仁溪因重金屬汙染，出現綠牡蠣，牡蠣大量死亡。而繼大潭村鎘汙染農田事件後，臺中也發生三晃農藥廠事件汙染水田事件。環境警訊頻傳，意味著汙染已嚴重到遍地危機的程度。

這一年六月，鹿港反杜邦運動首度展現民間反汙染的「自力救濟」行動。群眾在鹿港街頭發起示威遊行。這是自美麗島事件之後，在高度戒備的社會控制之下，首度有群眾走上街頭。自此開始，林正杰也以此為契機，發動反抗司法不公的「街頭小霸王」野貓式示威，即不定時、不約定群眾的隨機性示威。整個行動名為「為司法送終」。

這一年八月十一日上午十一時四十分，高雄港大仁宮拆船碼頭，發生待拆解的廢船大爆炸事件。爆炸發生所導致的艙板飛行最遠距離達到約一千公尺，事故釀成十六死一百零七傷。以勞工血肉換來的經濟奇蹟，也發出嚴重的警訊。

這一年九月二十八日，民進黨在圓山飯店宣告成立。蔣經國未取締或逮捕人，反而採取寬容的態度，在內部進行解除戒嚴與開放兩岸探親的政策研究，打算逐步開放。

這一年十一月三十日，發生許信良闖關返臺的機場事件。他連續兩度闖關未成，造成警民衝突，社會震盪加劇。

另一方面，臺灣經濟也呈起飛式成長。外匯存底從一九八五年約一百六十億美元，直線上升到一九八七年底達四百八十億美元。兩年內翻了三倍。外匯存底都是加工出口區、中小企業作外銷賺來的，馬上要換成臺幣去發工資和支應帳款，因此臺幣發行量大增。那時最流行的一句話是「臺灣錢淹腳目」。民間游資多到不知如何投資。

民間游資與中小企業的大量出現，意味著中產階級數量大增，民間的力量累積到已經要「從量變到質變」的階段。新興的政治力崛起，乃是必然的過程。

我曾寫過《民間的力量》一書，對社會力的動能，加以定性描述。此書獲選為當年十大最有影響力的書。

本文即是收入此書中，極為重要的一篇。它描述游資過多下的臺灣，缺乏現代資本運作知識的人民，開始投機性的冒險。此時懂得股票投資開始增多，以高報酬為名的詐騙投資公司也出現；然而最神奇的莫過於以愛國獎券的開獎號碼為依據的「大家樂」賭博遊戲。民間既相信它的公正不造假，卻又不全然相信而流傳各種電腦明牌、內線交易明牌。它既代表了資本主義現代化轉型過程中，民間缺乏足夠的現代資本運作知識，以致於只能以傳統方法去使用其手上的新興資本。另一方面更顯現出臺灣這個移民社會的投機冒險的本質。而它在過程中所使用的各種明牌，如神跡神棍的預示明牌等，也顯示出傳統農業文明的諸種思想，仍深深影響著現代性的資本流動。

它意味著：現代化不是一種制度性、經濟性、社會性的體制之改變而已，最難改變的是人的思想與意識。大家樂即是現代化轉型過程中，各種傳統思惟與現代資本流動交會，所產生的諸種社會現象的顯影。

「這一期你簽了幾支？」

一九八六年，如今全臺灣最大的經濟活動，沒有人能想像得到，竟然不是臺塑企業或國泰企業，而是在民間流行的「大家樂」。

各地的報紙地方版紛紛報導：大家樂正以瘋狂的速度席捲全島。沒有人能估計全臺灣到底有多少人參與這項起於民間的賭局。也沒有人能想像，當大多數民眾都參與到投機性的賭博漩渦時，到底這社會會變成什麼狀況。

然而更重要的是：到底這是什麼樣的社會心理？什麼樣的政治局勢？什麼樣的經濟結構？到底大家樂流行病的體質原因何在呢？

沒有人能預知，當這股颷起於臺中市的旋風席捲全島之後，將會發生什麼樣的悲劇與混亂。然而，明顯的事實與後果卻已在臺中市日日顯露其狂亂迷執的樣貌。是的，起源於臺中市的這股旋風，首先在這兒留下不可磨滅的創痕。只要你走入臺中市細心地觀察，就可以感受皮膚觸到狂熱的氣氛。

在建國市場（臺中市最大的批發市場）裡，肉販的攤子上擺著切割開來的三層肉，他的雙手忙亂地秤著、切著，然而一個熟悉的顧客來時，他們便互相熟悉地打招呼，問道：「這一期你簽了幾支？」

顧客答道：「只簽一百支而已，上次輸太多了！」

肉販笑了起來。「怕什麼？會中，一次就掃回來了！這次我簽兩百支咧！電腦密碼，準！」他忘記了切肉，快樂的說。

所謂一支，意謂在一張紙上，有○○至九九的一百個號碼，你簽上一個號碼，或幾個號碼。一張賭局的紙上，必須簽滿五十個號碼以上，那才算是一組成立，否則作廢。有人簽過的號碼不得重覆。然而沒有一個主持人只弄一張號碼，幾乎每個主持人都在三十組以上，有的多達百餘組。

每簽一個號碼是五百元，也有較低到三百元者，較高也有一千元，甚至一萬者。以每組簽六十個號碼來算，則五百乘六十，即三萬。中獎者若有三人，扣除主持人所抽的一成。則每人分取九千。若只有一人獨得，則可高達二萬七千元。其獲利高達十八倍到五十四倍之間，非常之驚人。而某些組甚至高達八十到九十個號碼，則利益便更高了。也難怪民眾熱衷此道。

依此計算，那建國市場的肉販如果真的簽了兩百支，則他所投注的金額即是十萬，萬一全部沒中，則十萬元便在一夕之間化為烏有了。即使一個月辛苦切肉賣肉，為斤兩計較，都比不上那一夕之間投下去的風險。

但是，如果他中了，即以獲利二十倍計算，說算他只買了兩萬吧，則可高達四十萬，這又遠比他切豬肉數月所得更多了。

這大概就是為什麼建國市場裡賭大家樂的攤販特別多的緣故吧！那轉角的魚販則寄望於大家樂，希望能帶來好運道，使他不必再為洗魚切魚而弄得滿身魚腥，連雙手都因長久泡在魚腥冷水中而得了皮膚病，變得白腫脫皮。

不僅賣菜小販如此，買菜的家庭主婦也將菜錢儉省下來，在菜販流傳的號碼上，捕風捉影，賭上自己的運氣，簽些號碼，希望發一筆橫財——每個人都相信，有一天幸運之神會落到自己頭上。

怪力亂神，乩童當道

建國市場如此，臺中市的忠孝路夜市亦然。一家海鮮餐廳的老闆同跑堂、廚子，聚在一個桌子上，每個人圍在一個大家樂主持人的旁邊，聽他講述上次哪個乩童的神籤最靈驗，使得某某人因為一次投下二十萬，結果中了大獎，獨得八百萬，變成大富翁，半輩子再也不愁吃穿，坐著享福就行了。

那勞苦於廚房碗盤之間的人們，便勇猛地掏錢大簽起來，寄予半生的幸福似的。

在臺中縣郊區的一家鐵工廠裡。午休時間，工人們吃飽飯回來，談論的也是大家樂。幾個工人們因上次某個乩童寫下「採花蜂」（臺語意指風流的男人），阿八仔這個負責鐵管焊接的工人相信了，把幾千元押在二七號（臺語意指壓女人之意），結果賺了數萬元。此次，人人都相信那乩童的話了，統統把錢押在某幾個號碼上。那個挺一個圓胖啤酒肚的、矮矮壯壯的工頭阿興仔說：「這次一定中，一定會中啦！」

然而，這些工人們押的號碼並不相同。因為乩童寫出來的字有如鬼畫符，意思又不明顯，只能任人靠「悟性」去猜，於是就猜出許多不同的號碼。

實際上，誰也猜不準。但一切神言神語都在坊間流傳。從每個乩童、每間廟宇、每個莫名其妙的乩童的徒弟，甚至速成班乩童的口中，流傳出千奇百怪的號碼。各種影印的神籤、神言神語，也藉由獎券行老闆的手，分散給每個簽大家樂的人。因為獎券行也是大家樂的經營者，這利益比愛國獎券高太多了。

菜市場中、夜市邊、工廠裡、街坊鄰居之間，最常討論的，已不再是孩子的功課、老公的薪水、菜場的魚肉，竟然是神言乩語與各種號碼。

據幾家獎券行說：警察奉上級命令，有在取締，但抓大家樂的警察也有參與賭博啊。某前臺中市長的夫人亦好此道，甚至地檢處的職員們也有哩！

臺灣省政府「被迫」主持開獎

好了，大家都簽完了，接下來就是開獎了。

每逢五、十五、二十五日，臺中附近地區就進入半催眠狀態。處處有人討論大家樂，人人抱定有希望。而催眠的運作者不是別人，正是來自臺灣銀行搖獎機，也就是由臺灣省政府來負責主持此一全省性的「催眠大典」。

許多規模龐大的大家樂主持人甚且派人到臺銀開獎機前面等開獎。一有消息，立即長途電話通知。所以，大家樂在開獎日三點以前收關，從此拒簽後，便進入昏眠的等待狀態。

焦慮，等待，心驚，惶急，不安，種種情緒，在臺中市的街頭巷尾間傳遞著。人們都緊張萬分。尤其是投下數十萬，甚至百萬資金的人，更是憂急如焚。因為大富翁與乞丐的命運，就在臺銀開獎搖動的剎那間，命運翻轉了！

五點鐘正。臺銀開始搖獎，由第一特獎開始。號碼一個一個來，不安的情緒慢慢爬到最高點。

警察局也很緊張。因為以每一個大家樂主持人為例，若每人平均在三十組，則至少有資金九十萬在動。而據一個開過大家樂的主持人表示，中部地區從個人主持到集團或獎券行，至少有五百家大家樂。

那麼，這就意味著，至少有四十五億資金，在這一剎那之間流通。四、五十億新臺幣，十天流通換手一次，黑道怎可能不覬覦這塊肥肉，趁機介入？

所以警察局也很緊張，如臨大敵一般。

約莫六點左右，愛國獎券附獎終於開出來了！消息由臺北以長途電話傳回臺中。一時之間，長途電話在中部地區的上空交織密結成一團，幾乎家家戶戶都在使用電話。外線竟然怎麼樣也打不進臺中。

由於大家樂之風行，影響至鉅，於是警察局及有關當局開始抓，試圖進行整肅工作。但是有效嗎？那由中部向南北席捲而去的大家樂旋風，正是給當局的一個最難堪的耳光。即使地方法院裡充斥著幾百位大家樂的受刑人，但是沒有方法能夠禁止。

他們叫「愛國」，我們算「賭博」？

一個大家樂的主持人說得非常清楚。「愛國獎券是省政府主持的賭博，就可以不抓、而且還叫『愛國』，而我們老百姓玩大家樂，卻叫做『賭博』？他為什麼不抓省政府？難道州官可以放火，百姓就不可以點燈？」

一家獎券行老闆笑著說：「是愛國獎券教我們玩的，而且也是臺灣銀行在主持大家樂啊！他才是真正的主持人！」

自臺銀大搞高金額達一千六百萬、六千萬、甚至一億六千萬臺幣的愛券時，大力推行「發財夢」，並透過各種傳播媒體，宣揚「一券在握，希望無窮」的把戲。到最後，發財夢卻像野火燎原一般，燒遍整個臺灣。大家樂，正是臺銀與臺灣省政府玩出來的副產品，也正是愛國獎券的附屬民間賭博。

正如同癌細胞一般，它原屬於正常細胞，卻由於社會環境的轉變，外在的刺激、以及各種體能狀況的客觀條件影響，發生病變，終至於吞滅了原來的細胞，日漸腐蝕人體的正常機能，而將之澈底毀滅。大家樂正是來自於愛國獎券，卻反過頭來吞噬愛國獎券的「異化物」。

然而，促成大家樂崛起、發展，並獲得廣大社會歡迎的基礎是什麼呢？

臺銀推動「發財夢」的後果

讓我們先翻開愛國獎券的底牌來看看，到底它是什麼樣的本質。

就歷史而言，愛券發行於一九五〇年，也就是國府遷臺不久之時。當時的臺灣省財政廳長任顯群（前新竹玻璃公司董事長任克重的父親）眼見臺灣經濟紊亂，物價飛漲，民生凋蔽，建設經費無著，又得知外國曾有發行彩券以度過經濟難關的事例，幾經研商，乃決定委託臺灣銀行負責發行辦理。也就是由臺銀「做莊」，玩一場全省性的合法賭局。

一九五〇年四月十一日，第一期類似新臺幣模樣的愛國獎券於焉誕生。而所有做莊的抽頭與利益，全歸省政府所有，以做建設經費。故而名之曰「愛國」。

然而，正如賭博一樣，做莊不會愈做愈小，只有愈做愈大。愛券也由最初發行的每期一萬張急速竄升，至一九七六年創下一百萬張紀錄。至一九八六年春節發行的愛券，則已達二千萬聯，幾乎達每人可握有一聯有餘。

然而隨著臺灣經濟的成長，省政府收入增多，愛券的純收益僅占省政府年度總預算的0.03％，當初所謂「經濟短絀籌募建設基金」的愛國理由早已消失。換言之，玩這場全民賭博的正當性理由早已不存在了。於是便有另一種意識形態取代那就是發財夢。臺銀為促進此一發財夢熱潮，將獎金不斷提高，民眾為之發燒。據報導，甚且有人籌組愛國獎券公司，遠赴全省各地大肆蒐購。然後，購買愛券的各種奇形怪狀手段與迷信也出籠了。

例如，有人還用八卦中的六十四卦占卜中獎號碼，有人利用電腦統計分析，有人甚至在報上刊登廣告，大打「獎券中獎面授」、「號碼精選」的廣告……。

這就是臺銀推動發財夢的結果。據臺銀的非正式統計，全省三分之二以上民眾皆有購買愛國獎券的經驗。那麼，這至少有一千兩百萬懷著發財夢的民眾，難保不會變成大家樂的支持者、顧客。

再由其正當性來看，所謂愛國目的早已消失，則由國家資本所壟斷獨占的這場賭局便成為「動機不純，旨意不彰」的純營利事業。那麼，民間資本自然會想介入去分一杯羹了。

民間資本的病態「反壟斷」

此種民間資本與公營資本的衝突，更隨著民間資本的日漸充實，又無處投資發展，而愈形激烈。王永慶在經革會對國營企業的批評，對國營企業開放民營的呼籲，正是民間資本要求國家資本放棄壟斷經營的呼聲之一。實言之，臺灣的資本主義化已發展到相對的飽和程度，而國營企業與國家資本益加顯得老舊，民間資本像寄居蟹已成長，卻又無法換一個更大的外殼一般的苦悶與掙扎。

然而國營企業由於政治控制與資源壟斷的原因，也難以有所突破。這一股民間資本的衝力，最後竟轉入投機性事業的大家樂賭局之中，這是誰也料想不到的。臺灣銀行發行的愛券銷售量日漸減少，其實正是大家樂打擊的緣故，也正是民間資本擊垮國家資本的明證。

再從公平性與獲利性來看，則民間經營的大家樂比國營的愛國獎券更公正、更合理、更有利可圖。

期望值左右民眾選擺

按照統計學上的期望值計算，以愛國獎券第一一一九期為例，若欲使每位購買民眾統統有獎，則平均每聯期望值為十九點八元（佔本金三十九元），換言之、民眾每掏出五十元去買愛國獎，即損失三十元。

但是買大家樂則不然。民眾掏出五十元，則其期望值為四十五元。換言之，只損失五元。也無怪乎民眾為大家樂瘋狂了。

由期望值的比較上，我們即可看出愛國獎券是如何的暴利事業了。

在大家樂90％的期望值與愛國獎券39.6％的期望值之間，民眾會選擇何者不言而喻。換言之，獎券商利潤不變，但進入省財政廳、臺灣銀行、國稅局的利益，全部歸為中獎人所有，則誰會選愛國獎券呢？

然而，更絕的是，雖有人曾意識到愛國獎券的不合理與不正當，但是未有任何行動出現。待到大家樂一出來，愛國獎券的缺點立刻顯現無遺。於是，原本臺灣銀行所培養的買過愛國獎券的一千二百萬民眾，恰恰變成大家樂的基本顧客。

等待游資的反噬

關於民間資本的飽滿與膨脹，其實大家樂只是一端。根據一九八六年三月二十四日《中國時報》報導：由於銀行利率不斷下跌，出口持續暢旺，民間游資充斥現象嚴重。根據估計，目前國人每人平均擁有游資十三萬五千餘元。這些游資卻無法投入生產性事業，反而投入各種投機性事業之中。諸如股票市場、債券市場、大家樂、賭賽鴿，以及各種賭博之中。

這便是南方朔在〈外匯存底炸彈〉一文中所談的：

「臺灣顯然已到了『財政資本』過剩的階段，早已應該走向『資本輸出』的方向。然而目前畢竟已經不是舊帝國主義的時代，臺灣也沒有足夠的疆土與軍力，去從事資本的擴張。而在另方面，因國民黨當局由於長期以來的『外匯短缺恐懼症』和『資金逃漏恐懼症』，它也不容許大量的『資本輸出』，於是臺灣只好把太多的錢堆在家裡，等哪一天堆不下去了，只好讓它造成的物價上漲和延續效果，將大家都吞沒。」

大家樂，也正是此種資金過多，卻又限於政策而無法輸出的產品之一。資本既無法輸出，只好在家裡鬥。國營企業無法鬥，最後是鬥到愛國獎券上面。並且，會在不久的將來，擊垮愛國獎券。

政治經濟政策的「迷宮效果」

從這個觀點，我們再來回顧前面所寫到的，那菜市場中懷有一些錢的菜販、肉販、工人、農民，乃至於乩童、寺廟主、大家樂主持人等等，其實都是在一定的政治瓶頸下，一定的經濟條件下，一定的意識形態宣傳下的產物。他們將金錢，像投資一般地轉入非生產性事業，甚至籌組了賭博公司。他們像無處可走，卻又不知自身命運的老鼠一樣，在迷宮中衝竄，自求生路，卻又撞得頭破血流。

想想看，那些被大家樂玩弄得走入精神病院的人，想想看那些迷失在臺灣銀行所操控的催眠的工人的面容，竟是這樣被操控在政治經濟政策下，玩弄了，犧牲了。

再想想吧！當高達四、五十億新臺幣的資金，在十天之內，遍布中部地區流通，卻又夾雜了最傳統、最迷信的神籤與怪語，以及黑道的介入、警察的包庇……。最現代的資本與最封建的怪力亂神同時出现，這是什麼樣怪異的景象呢？

如果經濟決策當局再無法為『資本輸出』放出一條生路，如果壟斷性經濟局面再不改變，則未來的時間中，還會有更奇怪的現象出現。到時候，大家一起在瘋狂中毀滅吧！

後來的故事

本文發表於一九八六年四月，是首度對大家樂進行分析的報導。往後，大家樂竟然以瘋狂的速度席捲全島。深入農村，上山下海，無所不能。直到情況嚴重至極時，始由臺灣省政府於十月底宣布愛券縮小，每月開獎一次。然而情勢已成，豈是冷卻得下來？何況，以國家「做莊」，民間「插花」的愛券與大家樂的關係，莊家不取締，插花的人要取締，這未免太滑稽，太諷刺，太不合法了！

到了一九八七年十二月十八日，臺灣省政府宣布，一九八八年起停止發行愛國獎券。一九八七年十二月二十七日，愛國獎券在發行一一七一期後，暫停發行，從此愛國獎券走入歷史。而資本輸出的問題則在隨後解除戒嚴、兩岸開放探親後，成為無可遏止的趨勢。大量臺商進入大陸投資，後又轉進東南亞投資。而大家樂則仍舊，賭性堅強的人仍靠香港的彩券，做為下注的數目字之依據，繼續賭博，名之為「百家樂」。雖然社會參與者已逐漸減少了。但賭博依舊盛行，至於後來的合法化，而有各種彩券、運彩等，已是另一階段的發展。

一九八〇年代，「臺灣錢淹腳目」的現象級社會事件，仍以大家樂做為最重要的典範。

二。綠島囚禁三十年

前言：

本文發表於一九八二年八月《大地生活》雜誌，由於內容敏感，雜誌極可能被查禁，我將完稿內容複印，送給當時同為黨外雜誌的《八十年代》與《深耕》，以免無法為外界得知。

當時正是美麗島事件之後，局勢仍緊張，為避免觸怒當局而妨害了政治犯假釋的要求，也怕傷害到政治犯的家屬，本文寫得非常低調卑微，安靜而悲哀。然主題的三十年政治犯名單仍是太敏感了，雜誌一出來，立即被查禁。雖然被查禁，但市面上仍可看到，也特別呈送給立法委員和民意代表，他們據此質詢當局。

因所寫的名字、年紀、案由、疾病情況，真實完整，名單確鑿，當局無可抵賴，因此被迫面對。在立法委員與人權協會等各方奔走之下，遂於一九八三年二月十日農曆春節前，將綠島監獄的政治犯王如山、王為清、李國民、吳約明等，依法假釋出獄。接著陳列珍、王德勝、劉貞松、王永富、李振山、謝秋臨、洪水流、陳水泉、林書揚、王金輝、李金木、徐文贊等人，也紛紛出獄。結束臺灣最長刑期的政治犯。

出獄後的政治犯，特別邀請我去和他們聚會。我首次見到劉貞松，以及多位飽受三十幾年苦牢的難友，他們自稱是「綠島大學」的同學會。他們也介紹我認識李明儒先生，透過李明儒的引介和保證，邀我進入《美洲中國時報》工作。自此開啟我在時報二十幾年的工作，此後的採訪工作，也受教於左派的政治犯老朋友良多，他們開啟了我的「左眼」視野，得以不受臺灣只有右派視野的平面型世界觀所限，而有更寬廣的世界觀；特別是臺灣歷史的採訪與寫作，得益於左翼的視野，始得平衡而全面的看待臺灣史的諸面向。

人生際遇，如此難得，殊勝因緣，竟始於我研究所一年級時的一篇報導，一次人道主義救援的報導文學。

此文是報導文學的典型，有報導和確實的政治犯名單，也有政治受難者家屬專訪，呈現理性與感性，報導與文學的兩種面向。

綠島囚禁三十年政治犯

三十年是一個人半生的歲月。三十年，足以使無知的嬰兒步入中年；三十年，足以讓昂揚的青年步入垂垂老暮；三十年，足以讓臺灣由農業社會步入工業社會；然而在臺灣的島嶼之外，卻有人因著囚禁而耗去了三十幾年半生的歲月，由昂健青年變成病弱的老人。我們懷著「止痛療傷」、「哀矜勿喜」的心情，敬謹地將這份不完整的初步資料公諸國人眼前。其中由於資料的來源有限，人數、疾病和家庭狀況的統計上，若有疏失之處，在所不免。我們謹盼望讀者君子和受刑人家屬，若有更詳盡的資料，請來函或聯絡指正，俾能使之漸趨真確完整。

目前所知的初步資料顯示，曾在綠島服刑逾三十年以上者，有二十一人之多（三十年以下尚在服刑者暫且不計），我們有如下幾點發現：

一，長期監禁綠島者，泰半屬於政治犯、尤其這二十一人皆是政治犯，於民國三十六至四十年之間入獄。

二，受刑人普遍罹患胃潰瘍，此一問題，與獄中飲食及受刑人心情有頗大關連，其普遍生病之嚴重，令人為之側目。

三，年歲皆在五十以上，多者甚且六十幾歲。可見其年老體衰，且頗多罹患高血壓等老年病。

四，二十一人中，有四人已精神失常，比例約占五分之一強。換言之，五人中即有一人精神失常，僅在程度上有輕重之別而已。據聞，罹患精神失常者皆未曾痊癒，顯見治療及照顧之缺乏。最嚴重者已瀕於自殺未遂之邊緣，生死仍未卜。可病見綠島監獄之管理問題令人憂心。

五，入獄受刑者若已婚，離婚率頗高。原因除了與妻子之性格有關外，據傳與限制受刑人家屬之就職或出境限制有關。個案中之吳約銘與其妻的離婚原因便是在此。現其妻仍不時接濟。又據傳父在受刑中，子不得出境出國，此一不成文之限制，亦有違反「罪不及於子女」的人權規約。

由上數點，我們可約略窺知受刑人所受待遇之一斑。事實上，三十年的牢獄已足以令當初不成熟的、衝動的、思想偏差的或行動誤蹈的青年，因著監獄中的苦刑和再教育，而做自我修正，自我調整，自我批判，來重新認識社會了。並且一個病弱孤苦（頗多受刑人無親無戚、且罹患老年病）又何能危及現今社會的牢實堅固的體制呢？

基於人道的精神，基於「老吾老，以及人之老」的大同理想，基於對病弱老暮的同胞的溫愛，我們深信有關當局，必將審慎地考慮讓這些囚禁了三十幾年，普遍罹患老年病的受刑人「保外就醫」。讓他們重返社會，和睽別三十幾載的家人重聚，再享家庭的溫暖，度其餘生。

讓這些受刑過，再教育過的受刑人，得到好的照顧與治療，必定是秉持著人道精神的執政當局所樂意去實踐的罷！

囚禁三十年以上受刑人之初步清單

李振山／六十歲左右，彰化田尾人，初中畢。

罹病：胃潰瘍，並有輕微精神失常。

家庭：曾結婚，然其妻因刺激過深，亦精神錯亂失常，失去聯絡已十幾年，有孩子，也已失去聯絡。

王如山／近六十歲，臺中市人，初中畢。

罹病：胃潰瘍，高血壓。

家庭：已結婚，家中有接濟，餘不詳。

王為清／五十幾歲，臺中市人，高商畢。

疾病：精神已顯現失常錯亂現象，尚未嚴重。

家庭：未婚，惟賴家中姊姊接濟。

徐文讚／桃園人，小學畢。

疾病：胃潰瘍及高血壓。

家庭：曾結婚、入獄後離婚。其妻已改嫁他人失去聯絡久矣。僅有一女兒，師大畢業，孝順無比，數十年如一日，每日寄一信致其父，至少，每週必有三封信以上。

劉貞松／臺中市人，臺中高商畢。

疾病：脊骨酸痛，腰骨亦病。

家庭：未婚，其姊亦因家庭變故，已五六十歲而未嫁。由其母及姊接濟。

案由：由於母親勸他加入游泳隊，其中隊員有人係「匪諜」，劉貞松亦因之入獄。（詳見〈守候到白頭——訪劉貞松母親〉）

陳列珍／六十多歲左右，臺中市人，小學畢。

疾病：不詳。

家庭：曾結婚，因入獄，離婚。現由其弟偶爾接濟。

謝秋霖／臺中縣大肚鄉人，小學畢。

疾病：胃潰瘍及高血壓。

家庭：曾結婚，因入獄，離婚。有一女兒。

朱輝煌／籍貫不詳，小學畢。

罹病：高血壓。

家庭：不詳。

洪水流／六十多歲，臺南縣人，不識字。

疾病：高血壓。

家庭：已結婚，妻尚在人間，有子女接濟。洪水流係一不識字的鄉下人，入獄後始學識字，不知因何入獄，據傳當時軍法官若能檢舉並發現「匪諜」或「政治犯」有獎金可拿，故當時斷案審判之公平公正性有待商榷，餘此類推。

林振霆／外省籍，餘不詳，大學畢。

疾病：未有大病，尚能維持。

家庭：大陸遷臺，無親無戚，無妻無子，無人接濟。

案由：曾有美國人在美軍宿舍附近打死中國人（作者註：劉自然案），傲慢不遜，國人不滿，乃集體至美軍宿舍附近示威遊行，據傳林振霆當時任某報記者，寫了一篇新聞及反美意識高漲之文章，乃因之罹罪，並整理他以往之紀錄，遂因之囚禁至今。

劉天照／外省人，海軍。

疾病：嚴重肺病，據傳得癌症，曾至臺北治療，目前生死不詳。

家庭：無親無友，孤單一人。

案由：據傳當初劉天照在海軍服役，曾有一艦長欲將軍艦駛往大陸，但為其部屬所阻止，並將軍艦駛回臺灣，艦長槍斃，劉天照為其部屬，判處無期徒刑。

柯千／菲律賓華僑，本為學生。

疾病：不詳。

家庭：未婚，無親無戚。

案由：據傳柯千本係華僑，在菲律賓就學，因「出事」被引渡回臺，以匪諜懲治條例判刑。

吳約銘／年近六十歲，臺中人，高商畢。

疾病：雙目失明。

家庭：已婚，其妻在馬偕醫院任職。據傳為著出國、就職等原因，已完成離婚手續，但其妻仍繼續探視接濟，不久前因雙目瀕於失明，其妻竭力辦「保外就醫」」手續，不為當局所准，僅將吳約銘帶到三軍總醫院看病。經診斷為「無法治療」，又復押回綠島服刑。

麻豆案：以下林書揚、陳水泉、王金輝、李金木、李國民、王德勝等六人係同一案。據聞，當時麻豆鎮選舉鎮長時，分為兩派，一派屬國民黨提名之流；此六人一派屬非國民黨一派，彼此互相對立爭衡，派系對立頗為尖銳。此派乃成為對方眼中釘，乃設陷阱，以匪諜罪名網羅。據傳，個中曾有當過鎮長者及其他高職位者已槍斃死亡。主犯既已槍決，餘者服長刑。以下六人即是從犯。

林書揚／臺南麻豆人，高中畢。

疾病：靜脈瘤，身上到處是凸出的一塊塊腫瘤。並患痔瘡，常便血。

家庭：未婚，僅有弟弟接濟。

陳水泉／臺南麻豆人，小學畢。

疾病：胃潰瘍。

家庭：結婚，由其子接濟，其妻雖在，但已離婚。據傳父在獄中，子有不得出國之限制在，未知其真相。

王金輝／臺南麻豆人，小學畢。

疾病：胃潰瘍及高血壓。

家庭：不詳。

李金木／臺南麻豆人，小學畢。

疾病：胃潰瘍。

家庭：已婚。由其妻與子接濟。

李國民／臺南麻豆人，小學畢。

疾病：精神已全然崩潰錯亂，舉止失常，常吼叫。亦時常圖欲自殺，或以頭撞牆，自撞擊胸腹等。

家庭：其妻曾欲往探覦，但李國民已無法認得結髮妻室，其失常狀態已至視妻如陌路人之程度。現在恐已不在人世矣。

王德勝／臺南麻豆人，小學畢。

疾病：胃潰瘍。

家庭：已婚，餘不詳。

王永富／五十幾歲。彰化北斗人，小學畢。

疾病：高血壓。

家庭：未婚。惟靠家中兄弟偶然接濟。

孟昭三／非臺籍之外省人。

疾病：已有不輕的精神錯亂現象，神智不太清楚。

家庭：隻身渡臺，無親無故。

案由：據傳抗日時期，共產黨在山東、東北等地組有民間游擊隊伍，後因戰亂流離，亦有人隨國民政府遷臺，但若當初曾參與左派團體者（如山東即有所謂「兒童團者」），在臺被認出告發，便判刑入獄，孟昭三即是如此。

守候到白頭——訪劉貞松的母親

在樂群街的巷底找到劉貞松的家已是黃昏。暮色在窄狹的巷弄裡，愈加幽微。我們終而在不斷的詢問下，找到那一所幽暗的屋邸。幽暗的廳堂中悄無一人，只有黯紅色的佛堂的小燈，映照著黯淡的四壁，而愈發顯得隱靜了。呼叫了幾聲，政治犯劉貞松的母親——劉林金容女士才從裡面走出來。有著老而瘦的軀體，微傴的背脊，戴著老花眼鏡，和慈母一般的面容的劉母，聽取了我們的來意之後，連連合十著說：「啊！佛祖會保佑你們的，你們年紀輕就這麼有愛心，這麼善良，佛祖一定會保佑你們！」

然後，坐在微暗的廳堂裡，她帶著慈藹的聲音，溫溫地翻開塵封了三十幾年的記憶。

「由於孩子的父親去逝得早，小孩子由我帶大的。而我就是靠著幫人縫衣服、做衣服來養活他們。貞松那時候身體非常健康結實，各種運動都很敏捷，所以參加了野球隊（即現在的棒球隊）。」

「但是貞松有個小舅舅，也就是我的弟弟，因為參加野球隊，四處比賽，難得回家，所以我勸他不要參加野球隊。我對他說：參加野球隊，不如參加『水泳部』（即今之游泳隊），學會了游泳，不但可以保護自己的性命，而且可以救人生命。貞松很孝順，也很聽我的話，就離開了野球隊，進入水泳部。沒想到，後來水泳部出事，貞松竟而也無法避免，而水泳部的人也全部被抓走了。」

「所以說貞松被抓走，都是我的錯，都是我害了他啊！」母親溼潤了眼睛，低沉地喟嘆著。

「那時候他剛從臺中高商畢業，年輕又不懂事，也不知為什麼會犯下這樣的罪。」

「出事時，我心中急壞了，知道他被押在景美，為了怕家人擔心，我獨自跑到臺北，想要找工作，每天就可以送食物和衣服給他。但是，在臺北人地生疏，根本沒辦法找到房子住。那時候，情勢有點亂，沒有人會輕易相信一個外地來的陌生人，更何況，是一個犯人的母親。後來，終於找到裁縫的工作。有了固定的居所，就能夠每天去看他了。」

「那時候，妳一定累極了罷！」我問她。想像一個母親孤獨在異鄉，縫縫補補做衣服，每天只為了去看獄中的孩子，多麼不容易啊。

「不會啦！為了孩子，根本不能說是累！」母親深深地、溫摯地笑了起來。

「但是那日子也過不了多久，幾個月以後，他就被送到綠島了。」

「本來，我也想要到綠島去工作，以便能就近照顧他。那時候，他還那麼年輕，那麼小啊！才十八、九歲。到了綠島以後，才知道那裡根本無法找到工作。沒辦法，我就回來了。唉！縱然是這樣，我還是常常去看他。但是這幾年來，我老了。從臺中坐車到臺東，再從臺東坐船去綠島，來回要五、六天。你們可以想想，貞松都五十八歲了，何況我呢！身體多病，實在是無法常去看他。」

「五、六年前罷，有一天，我們這兒的管區警察曾連續來找過我兩次。那麼熱心地來告訴我說，貞松後天就要釋放回來了，要把他送回臺中這兒的警察局。我們真高興啊，買了許多東西，到警察局去迎接他。但是……，但是沒有。警察說送回來的名册上有，但事實上沒有。我真是難過極了……。」

「女兒曾對我說，死了這條心罷。但我仍不死心。我曾上書給當時的蔣院長經國先生，但是過了幾個月之後才回信說，事屬國防部，行政院無法過問等等。後來我又遇見那個熱心的管區警察，但他連我的招呼都不願意回答，不理不睬，裝作沒看見。據說，因著他的熱心（我把這寫在上書的信裡），他也被調查了。這真是遺憾啊，他是那麼熱心善良的好人。」

「最近寫給行政院司法組的信，和蘇秋鎮委員提出來的質詢裡，我也一再希望能儘速釋放貞松，讓他有改過自新的機會。但是人家都勸我，不要再白費心思了，没有用的。事情愈說人家愈不高興，貞松愈不可能放出來。唉！」

「不見得是這樣的吧，」我說：「或許，我們的公開呼籲，能夠讓他們，也讓社會大眾知道這個問題。」

「但是，貞松人在獄中。我們如果越吵，他們會以為我們在搗蛋，或者在做些什麼，他們就越加不會放人出來了。所以我想，你們還是不要寫罷！我們只有默默祈求佛祖保佑，默默祈求上天了。也許佛祖真會保佑也不一定啊！」

我們無語沉默地坐著。竟不知如何去安慰這個年邁的、仍深深思念著兒子的母親。「那麼，劉貞松的身體還好吧？」我問道。

「還好，就是因為年紀大了，脊骨常常酸痛。不久前我寄了病理按摩板去綠島給他，也不知有沒有效果。」

臨走前，劉貞松的母親一再叮囑我們，最好不要寫出來，並且不斷地說，她認為因著我們的善良和關心，佛祖一定會護佑我們。

我們之所以決定要將這些採訪內容公諸於世的原因主要有二：

一，唯有將這些事付諸輿論公決，才能讓一千八百萬同胞了解此事，否則永遠沉默下去，無人知悉，唯有聽任「他們」的主意去實行，恐將永遠囚禁下去，終至垂垂老死，方得以將骨灰送返故鄉了。

基於人道，我們務須將這一份訪談公諸於世。

二，透過訪談，我們希望社會大眾了解，被囚禁了三十幾年政治犯家屬的心聲，讓大家都知道子女、丈夫、父親被囚禁數十年的家屬的心中，所曾受到的苦，還在期盼著什麼。

我們更希望透過這一次專題的披露，能夠促使有關當局讓老病的受刑人保外就醫，我更希望社會有識之士共同重視此一問題。

三。礦坑裡的黑靈魂

前言：

本文發表於一九八二年一月《大地生活》雜誌，是我寫作報導文學的開端。當時因一部電影《礦工的女兒》（由女星西西．史派克〔Sissy Spacek〕主演）在臺灣頗為轟動，《時報周刊》希望我去做報導。因傳說臺灣煤礦工人生活艱難，女兒往往被賣到瑞芳八角亭（當時是一處酒家與茶室混居，龍蛇雜處的地方），成為茶室酒女。

為了了解礦工生活，報館安排了地方記者帶我去看一間頗具規模的煤礦。他們在寬大的礦坑入口（約有一層樓高），安排了一場簡報。讓我了解礦坑如何採礦的結構圖。但既未採訪礦工，也未談及礦工家屬。雖然我提出請求進礦坑實地採訪，但場礦以安全為由，拒絕讓我進入。

沒有現場，沒有真相。為真正進入礦坑實地體驗，我請基隆朋友私下介紹，終得以進入一間小型礦場，在礦工一步步帶領下，深入地底，進行了一整天的採訪工作。這是首度披露的煤礦底層的工作樣態，艱辛、殘酷、堅忍、卑微、幽黯、苦悶等諸種人性面貌，是我想傳達的。

此文發表兩年多以後，一九八四年六月二十日，海山煤礦發生煤塵爆炸。一如文中所述，由於臺車第七車和第八車的插銷沒有插好，造成臺車滑落，又因為撞擊到高壓電，引發的火花迅即點燃瀰漫在空氣中的煤粉，引發爆炸。撞擊過程中，多人喪命，另有許多礦工，因為空氣中布滿一氧化碳而喪命。此次災變，造成七十二人死亡，其中大多數是阿美族礦工。

災變二十日後，七月十日，臺北縣瑞芳鎮再度發生煤山煤礦災變。礦災是由於壓風機房突然發生火災，機房的坑木支架與機械潤滑油等迅速燃燒，煙霧隨氣流進入斜坑，使第一班休工欲出坑及第二班已入坑的共一百二十三名礦工深陷充滿薰煙與一氧化碳的坑內。於搶救後二十二人送醫救活，其餘一百零一人罹難，但救活的人中有半數因一氧化碳中毒而成為植物人。

又過了五個多月後，一九八四年十二月五日中午十二時五十九分，位於新北市三峽區的海山一坑本斜坑坑道，在中午礦工上下班交接之際，突然發生煤塵爆炸，導致坑道岩石崩落，原本在本斜坑內工作的九十五名員工因逃生不及被困在坑道內，其中一名礦工先在十二月五日晚上十時被救援隊救出，另有一名礦工周宗魯在九十三小時後獲救。他後來坦承是靠著割取同伴的肉吃，才勉強維生。此次災變，九十三名礦工罹難。

一九八四年間接連發生礦災，造成至少兩百七十七人死亡，敲響臺灣煤礦業喪鐘。之後因本地煤的價格競爭力不如進口煤，臺灣僅有的幾處煤礦陸續停採關閉。兩千年臺灣全面停止採礦。

傾頹了的黃金大山

轉過一個又一個的山頭，盤旋過環山繞行的公路，我隨著「礦工的女兒」阿淑，終於抵達了伊的父親向某大公司承包的山谷小礦場。

與瑞三、建基等大礦區相較之下，這兒的的確確是個小礦場罷了。明朗活潑且有著一雙鳳眼的阿淑便是在其中負責會計、薪資，有時並兼任管理等工作。然而，當我隨著阿淑健捷的步伐走下陡斜的山坡石梯後，聽著阿淑與洗煤搬運的女工一一打招呼時，便油然地生起一種家族小公司所特有的感受。

阿淑在前頭介紹環繞著礦場的雞籠山、金瓜石山脈、茶壺山等等地形，然後，她突然指著遠方在山路上盤旋而下的、載滿了黃土沙石的卡車說：「看見沒有？那一輛卡車，就是載黃金的車子。」伊說。

「那不是一輛黃土嗎？」我驚問道。

「對啊！都是從金瓜石山上挖下來的。本來九份、金瓜石盛產黃金，但是已採得差不多了。現在金瓜石的藏量相當少了，所以，乾脆！」伊回頭笑著說：「把山通通挖下來提煉算了！」

「那能提煉多少黃金呢？」

「據說一卡車大約可以提煉一兩吧！」伊說。

我於是無聲地笑了。

一座山的死滅，一座充滿傳奇、夢幻與閃閃黃金的大山，終於即將傾頹了。那尋金者曾經蜂擁沉迷的國度，那貧窮者以「吞金」來和帝國主義、資本主義捉迷藏的對抗，終將在大卡車的來回搬運中，傾頹且幻滅了。充滿了夢幻與傳奇的這山頭，終將只剩得一片荒涼而破碎的面貌，化為一兩一兩的黃金流入市場，化為一灘一灘的黃土沙石，向太平洋永遠沉沒了。

礦場上，礦坑口的臺車軌道在陽光中閃亮著褐色的光芒。自礦坑入口蜿蜒而出後，軌道分叉，一條筆直伸入山谷口，用來傾倒廢棄的沙石；一條向右延伸約二十公尺後爬斜坡而上，運上坡地後，傾倒入洗煤場。幾個婦女工作者頭戴斗笠上包著一條大方巾，以便遮陽；身穿碎花粗布衣裳，下身著長褲及塑膠雨鞋。然而衣褲上，卻因煤沙的沾染，大多呈現煤黑色澤。她們在礦坑外從事搬運及洗煤的工作。一個婦女推著裝滿煤礦的臺車到斜坡下，然後又跑上斜坡拉下鐵索，勾好煤車，在陽光中，隨著煤車拉曳而止，她勤奮地上下跑動著，流汗著。

走進了簡陋的辦公室裡，兩個頭戴安全燈的工作者正蹲在地上修理東西。他們抬起頭訝異地望著我。阿淑說：「這是楊先生，他想報導礦工，你們多照顧哦！」他們和善地站起來，說：「手很髒呢！歹勢！歹勢！」我說：「沒關係啦！怕髒就不來了！」「沒要緊啦！握不握都一樣！」他們爽朗地說。

由於他們今天的工作相當繁忙，無法帶我進入礦坑，便相約次日再來。於是我與這位做了幾十年礦工而今因著承租礦場而成為資方的礦場負責人聊天，並詢問了礦工的工作、薪資及身體健康等問題。

薪資與危險性齊頭並進

基本上，礦工的工作時數並不算長，早晨八點入礦坑，中午吃過便當後，將工作告一段落，下午兩點左右便陸續出坑了。每天約工作五小時。工作時間雖不長，但是因全然的體力勞動，因而相當勞累。為了避免身體過疲而疏忽心神，多數礦工在能夠維持生活的原則上，大多不願工作太久。其薪資則係論件計酬的方式，以每天採掘幾車煤來決定。因此與煤層的良否具有莫大關連。好的礦脈可以日進千元以上，壞的礦脈沙土特多時，便只有幾百元而已，所以，礦工們當然指望挖到好礦脈，然而，由於礦工在老成凋謝退休而又後繼乏人的情況下漸漸少了，在「稀為貴」的情況下，礦工的薪資也漸有保障，亦即如果挖到不良礦脈而出煤甚少時，可向資方提出要求，而獲得某一程度的補償。這是指「採掘工」而言。至於「進度工」則是開闢新的坑道，架設支木，好讓採掘工進入工作，因此其薪資是依所開闢坑道的長短而定，越長薪資越多。

礦坑外的「運煤工」與「洗煤工」的薪資，則可分為論件計酬及工作時數兩種方式。平均起來，進度工與採掘工日薪約在七百至一千元左右。不過因著工作疲累，工人們鮮少天天上工，因此，一般月薪約在一萬至兩萬左右。坑外工則因危險性較低，工作較輕鬆，相對的薪資也低很多。

然而，高薪資卻難以吸引年輕人進入礦坑工作了。一來危險性很高，稍一不慎，動輒落盤（註1）、入水（註2）、瓦斯爆炸，常常不是人力所能控制的。其次則是嚴重的職業病。

目前礦工平均年齡約在四十五至五十之間，他們大多因長期的工作，吸入空氣中的沙塵，沉積肺部而造成了「沙肺」（註3）。沙肺本身雖然不至於致命，但會使身體衰弱。更怕因感冒、疲勞過度、煙酒過量等等引起併發症，而將沙肺轉成肺癆，便能置人於死地了。礦場負責人雖然一再強調做礦工是如何的輕鬆好賺錢，但是，當他談起沙肺時，也不禁變色悚然地表示自己也儘量避免進礦坑。因他也在礦坑工作數十年，也患有沙肺。沙肺雖然不傳染、不致命，卻是無法治療的病症。患者只能儘量維持健康，使它不至於轉為肺癆罷了！

但是，普遍罹患沙肺的礦工們卻也只能繼續進入黝暗的礦坑裡，繼續吸取沙塵，一鋤一鏟地謀取生存，一鋤一鏟地為臺灣能源貢獻全部的血汗與生命。

這就是我們面目黧黑，手足胼胝的弟兄的一生。

一切都是這般危殆而艱險

次日早晨，抵達晨光閃耀的山谷小礦場後，我隨同安全人員蘇仔在工寮裡換下全身衣褲，穿上工作服及雨靴，戴上膠盔並佩好安全燈，隨同另外兩人，一齊坐上駛向礦坑的空煤車，緩緩向礦坑入口前進。

煤車由礦坑裡的捲揚機拉曳著，緩緩駛進了礦坑。洞口的光線迅即消失而全然地進入了黑暗。只剩下安全燈照著前面積水的軌道，牆壁上粗大黑溼的支架相思木，和煤車輪子與軌道哐哐噹噹的撞擊聲在四壁有力的迴響著。

我們沿「平水巷」前行。

牆壁上有泉水不時地滲滴下來。不只淋溼了支撐的相思木，更使之發霉而長了一層白色的黴菌，在光線與水珠的襯映下，閃著冰冷森白的光芒。

我在心裡暗暗憂懼起來了：如果相思木因年久失修而斷裂了；如果岩壁因泉水侵蝕而鬆垮了；如果地底冒出一陣狂烈的瓦斯；如果泉水驟而增大向地底淹去……那麼我們平常在報刊上所看到的「災變」，就將成為我們生離死別的葬禮了。是的，在這樣低矮潮溼的坑洞裡，在延伸向地底數百公尺的黑洞中，這個唯一的出口，卻長滿森白的黴菌，泉水淹沒了軌道，一切都是這般危殆而艱險……

然而，這只是我這般庸懦軟弱者的憂懼罷了。蘇仔和他的弟兄們了無懼意地注視著前方，平凡且堅定地開始他們一天的工作，駛向地脈深處。

通過一百多公尺的「平水巷」後，到達「斜坑」的交叉口。我們傴僂著身軀下了煤車，又傴僂著身軀順斜坑向下行走。

所謂平水巷，係指由礦坑入口向山中水平掘進的坑道，其作用只是引入進入山的中心，發現煤礦。然後再順著煤層分布的狀況挖掘。例如煤層以二十五度角向下延伸，坑道便以二十五度角向下挖掘，此謂之「斜坑」。斜坑為向下沿伸的主展線，其兩側又可平行採掘如枝幹，是謂「平巷」。因著左右次序之不同而各有名稱，如左邊第一平巷叫「左一片」，左邊第二平巷叫「左二片」，依此類推。而平巷與平巷間，亦多藏有煤礦，故平巷之間亦可順煤層分布角度而挖掘。其角度大多與斜坑相同，稱之為「工作面」。

一種模糊而親切的感覺

最初，我們沿斜坑軌道向下走。斜坑裡的泉水並不小，嘩嘩地向地底流去，使得路面根本看不清楚，也使得軌道中間的橫木與石頭滑溜難行，再加上低矮的坑道，必須彎腰縮頸才能前進。不多時，我便因時而滑倒、時而頭頂直撞支架而狼狽暈眩不已了。幸而蘇仔不時回顧我是否跟得上，而走在最前端的兩人卻早已失卻蹤跡了。這時，蘇仔頭上的那盞安全燈光以及他的背影遂成為我唯一追尋的前導了。

他在前方以慣於顛躓的步伐，不失穩定地前進著。我在後面狼狽尾隨。且因彎腰過久而腰酸背痛脖硬了。但是望著他的形姿如此，我暗自咬牙提神，勉力緊隨顛躓前行。

蘇仔在左二片的叉口停住，轉過頭來，太強烈的燈光射刺而來，使我無法看清他的面容。他的煤黑色衣服與面容與岩壁融成了整體，只有那一盞強炙的光圈，證實著人與光明之存在。然而當我以光線直射他的面容，看見了他瞇成一條縫的眼睛時，我終而了解，我們在黝暗的地底，都同樣地努力辨認彼此的面容。雖然在黑深的情境裡，無法辨識清晰，但是一種模糊而親切的感覺，卻使我心裡感到一陣溫熱。

闃無一人的左二片裡，靜寂無聲。相思木上厚厚的一層白黴菌閃著森白光芒。水滴不時滲漏下來。而且因著此地是循環系統的末端，空氣較不好，是以一股令人難以呼吸的又溼又辣的味道使我緊張了起來。「會有瓦斯嗎？」我不禁問他。卻又先被自己的焦急乾燥的話聲嚇了一跳。

蘇仔先是驚愕了一下，抬頭以燈光照著我惶惶的面容，才笑了起來，說：「不會啦！放心啦！這裡的礦場屬於金礦山脈的地質結構，很少有瓦斯的。專門產煤的礦區才容易有煤氣、瓦斯的出現。這裡——」他拍拍我的肩膀說：「很安全啦！這只是相思木長黴的味道而已。」

「但是泉水這樣的侵蝕，長期下來，造成岩壁的鬆動，相思木又長黴，會不會危險呢？」我憂心忡忡問道。

「岩壁上的壓力是會變化沒有錯，但是沒有那麼嚴重，而且泉水也有一定的流動層面，即使腐蝕了，也會在支架的相思木上顯出痕跡來。相思木的好處是韌性很強，會變彎曲，但不易斷裂。如果它變彎了，我們就得注意，或者更換支架，或者重新修理，如果不行，就得放棄而封閉它。像這些泉水剛好在山裡而流過，被我們挖到了，便讓它順著斜坑往下流，流到底下，再用抽水機抽出坑外。」他平靜地敘述著。「危險，當然有啦！所以礦工每天進出都得隨時注意啊！不能開玩笑的，自己的生命咧！」

我們面目黧黑、手足胼胝的弟兄

我們繼續傴僂彎腰前進。推開至巷坑口竹門時，一陣強烈新鮮的風颯然灌進來。出了平巷後，我們順著狹窄低矮的斜坑軌道向下走。

這時，一列裝滿了煤沙的車子，自地底黑暗處正哐噹哐噹的拉曳而上。我們趕緊走向稍寬處，緊貼著冷溼的相思木與白黴，煤車剎時恰好在膝蓋前轟然駛過。

我們依舊顛躓前行。最初我尚且能夠注意兩壁的相思木、聯絡線及長度標示牌，但是深入百公尺多以後，在滑跌及撞頂之下，我完完全全地成為狼狽而無意識的尾隨者了。這時我只希望能夠挺直腰身，抬起頭來走路而已。

斜坑裡的泉水嘩嘩向下流，溼淋淋的岩壁閃著黑冷的懾人的壓迫。時高時低的橫樑支架依然撞得我頭暈目眩。然而，站在能源之最源頭的工作者，我們面目黧黑，手足胼胝的弟兄，便是日日在這樣的環境下，彎著腰，縮著脖子，傴僂身軀，勤奮地掘進、採挖、修補，為自己的生存而搏鬥著，在危險幽深的地底，一無憤懣怨氣的奠下工業的磐石。

我們向地底緩緩地深入。

這時，背後的上方傳來煤車駛下來的聲音。我回頭看去，只見兩盞燈光，迅速滑落逼近。蘇仔在他們接近之時，敏捷地拉了一下壁上聯絡的黑繩，車子便停下來，我們搭上便車，順斜坑向下滑落。

斜坑的底部，兩個赤裸上身的進度工正頂著安全燈挖掘著。一個拿著丁字鎬奮力敲擊堅硬的岩壁；一個正彎腰搬運廢石進入煤車裡。安全燈的暖黃光圈照著岩壁，使其凹凸不平的表面的光影之間，現出浮雕般的形狀來。然而安全燈一移開，岩壁便又全然地陷入黑暗了。他們回頭注視蘇仔站在一旁測試空氣。望著他們汗溼的軀體，我說：「很累哦？」

「不會啦？粗工做久，習慣就好了。」他們笑著說。

血汗締造的地下國度

蘇仔於是指著岩壁上一層狹長的黑色質土說：「你看，這一層就是煤礦。」說完撥下一塊拿給我看。我拿在手藉著安全燈加以審視，發現它質地疏鬆，結構相當易碎。他又從其較下方拿下一塊說：「這個就不是煤了。」燈光的照射下，它除了較硬質外，兩者同樣是黑色粗糙，頗難分辨。

事實上，據說這黑色煤質的露頭雖然是狹小條物，卻表示著其中可能蘊藏較大的礦脈，惟不能保證藏量的多寡。所以，很可能在掘進一段坑洞後，卻又發覺藏量稀少而放棄。因此，進度工的工作便不僅是掘進而已，更需要豐富的經驗與敏銳的觀察力，才能使工程更準確、更有效地進行。據說，早期一名熟練的礦工的培養，至少需要費時兩年的長期訓練。

蘇仔與我一邊談著，他們一面繼續工作。方才那位對我笑得真率猶如孩童的掘進者這時舉起丁字鎬，奮力向壁上擊打。壁上咯然一聲悶響，一片岩石便掉了下來，細細的塵土也揚離岩壁，緩緩飄浮然後降落地面。他再度舉鎬揮擊。這一回撞上較硬的岩石，鏗鏘一聲，岩壁悶響，冒出一點火花，岩石並未落下。

他繼續奮力揮鎬，彷彿面對頑強巨大的敵人一般，全身浮凸出一塊塊堅實的肌肉，肌肉上輝閃著一顆顆微小晶瑩的汗珠，以及黏附其上的細細的塵土，幾下擊打後，一大塊岩石鏗然掉落下來，滾過他的腳下，向前翻滾，落在蘇仔的跟前。

我默默地注視著這段過程。不由得在心中暗暗想著：這麼長的坑道，這麼深的地底，便是在他們這般肌肉糾結的擊打中，一鎬一鎬地，一塊一塊地，一寸一寸地試探前進；將岩壁鑿動，尋覓煤礦的蹤跡；將相思木一根一根紮實地架設好；將臺車軌道一段段鋪排；然後，才有著今日深入山的中心，深入地底數百公尺的礦場。

這是如何的血汗，如何的手足所締造的地下國度啊！

離去時，我轉身再度回顧。只見兩盞安全燈照著冷硬黝黑的岩壁，在忙碌移動的光影裡，一道丁字鎬的影子偶而撲向壁上，便有鏗然的悶響在四壁迴盪。一條帶狀的煤層，偶而熠閃著黑色晶亮的反光。在光影的飄移中，我依稀可見兩個健瘦的軀體在黑深的地底工作著的影子。

我終而轉身隨著蘇仔向上行走。地底下傳來一聲聲沉沉的悶響，打擊著我冷硬粗糙偏執的內心，如岩壁一般的我的虛假、矯飾也漸漸地鬆垮剝落，彷彿露出了絲微的煤黑的色澤來了。

朦朧煤沙裡的扭曲的人影

提膝踐水而上，傴僂駝背行走。安全燈照見蘇仔的腳跟，流過他腳下的濁黑的水，也照亮了這條坎坷難行的石路。然後我們左轉進入一條平巷——左四片。

自斜坑向左邊叉出的第四條平巷——左四片裡，有不少工作面，工人們大多兩人一組地各自在工作面裡挖掘著。他們順著煤層的分布（大體與斜坑相同成二十五度角），有的向上，有的向下挖掘。雖然它被稱為工作面，事實上，卻通常只是一條寬約一公尺，高約七十公分的地道罷了。採煤工便是爬行著進入其中工作。他們大多坐著、蹲著或趴著揮鎬挖下壁上的煤礦來。然後以畚箕盛放送入平巷的煤車裡。

實際上，礦工們一進入礦坑裡，除了躺身在地上之外，鮮少有機會可以挺直身軀。有時為了採掘上方的煤，甚至得仰躺著舉鎬，才能挖下煤來，而因此弄得滿身滿臉的煤沙與土石。另外，其工作還包括在工作面的進行中，鋪設相思木的支架。每進行一尺，便得鋪設，以維安全。

左四片裡較為熱鬧，此起彼落地傳盪著敲擊搬動的聲音。雖然聲音微小深沉，而且幽暗不見燈光與人影，但此起彼落的擊打聲卻交響成疏落溫暖的樂章，在靜靜的地底迴盪。

在一個向下挖掘的工作面裡，一個採煤工坐在煤沙裡彎腰向下挖掘。太窄小的地道使他舉鎬艱難。在他背後的搬運者駝背地用畚箕收集煤沙，然後爬行出坑洞，將之傾倒入煤車裡。當搬運者的燈光照著採煤工的背影時，便浮凸出朦朧煤沙裡一個被狹窄坑壁所夾擠壓迫的扭曲的人影。當他回頭自肩膀上回視我們時，我看見他的臉上也是一層煤黑，涔涔汗珠自他頰上滑落，滌現出一串串珍珠般的乾淨，那般晶瑩地垂在他的臉上。他用手臂在拭汗，留下一道黑色的抹痕在臉頰，然後他對我們親切地笑了起來，以他黝黑溫摯的笑容，說：「有像田鼠沒？呵呵！一直鑽孔似！呵呵！」他們一齊笑了。

我跟著也無聲地笑了，心裡卻是一陣苦澀的悸動。是的，只要是為了生存而奮鬥著、艱辛著的人類，我想，每個人都是莊嚴而神聖的。即或是田鼠吧，又何嘗不是大自然裡，最真率、最懇切的奮鬥者啊！至於那些驅策他人做田鼠，而供他逸樂享受而且又認為理所當然的、自許為高階層的人，恐怕才是最大的罪惡吧！

爬行扭動一如蟲蛇

蘇仔又領我走向另一個工作面。那是以二十五度向上挖掘的坑道，高約四、五十公分，寬也只有一公尺不足，但是扣去右邊鋪設的，讓煤沙滑進入臺車的塑膠滑道，卻也只剩下六、七十公分的寬度了。

蘇仔率先矯健地攀爬而上，我跟著爬上去。但是，在低矮的工作面裡，我們非但不能以膝蓋、以手臂來爬行如犬豕，而且要避免觸抓支架相思木，以免它鬆動造成危險；於是我們只好以手肘作著力點，匍匐前進了。在不平的石塊與煤渣構成的地上，我們的身軀終於全然地俯貼著黑溼幽冷的土地，爬行扭動一如蟲蛇了。

蘇仔穩定健捷地扭動身軀，緩緩前進，一如面對生活一般地不亢不卑。而我卻因都市生活的逸懶，爬行了七、八公尺，便勞頓氣喘了。加上二十五度傾斜，每每在我用手肘奮力撐住黑地上移時，卻因土質鬆滑而又滑得更低。這時，只得以兩手、兩腳、乃至胸腹的力量，抓攫摩擦地面，來使自己煞住。往往，又是摩擦碰撞得疼痛不已，然而蘇仔也時常這樣。那麼，可以想見的是，礦工們便是天天如此地生活著、爬行著、跌撞著一如蟲豕了。

爬著爬著，我心中文明的假象全部剝落碎滅了。四壁狹窄的壓迫無休止地在眼前晃動搖盪，摧逼成恐懼、不安、無助的吶喊在心底沉沉吼叫。我已然忘卻我來自何方，去向何方，黑溼森冷的四壁喘咻咻的擠迫你生命最原始的本能，生物最原始的本能，我僅能對自己說：「我要活下去，要活下去。」

爬著爬著，跟在蘇仔扭動的腳跟後，我心中又迅即憤怒了起來。那些坐在高背沙發上的礦老闆、工會主席與委員們，那些制定、表決勞動基準法的官員們，都應當到地底下來爬行。當他們在無邊無際的黑暗裡，孤苦無助的地底下，只能以肚皮貼著黑土爬行，掙扎且喘息的時候，他們才能夠真正地了解到，在他們手中所握持的，在他們表決時只是舉手之勞所決定的，是如何地扭動著身軀掙扎的生命，是如何在生死邊緣飄移著的煤黑色的靈魂。

如野獸一般地我在心中悶吼著，卻又只能以原始本能努力避免觸碰相思木，儘量逼迫自己冷靜地面對彷彿危殆得即將落下的岩壁，用手拖著身軀向上爬行復爬行。緩緩地匍匐前進。

感知與感應

通過覆壓擠迫的、濁黑窒息的、永無休止般的地道，我終於聽到蘇仔在前方以喘息的聲音與人打著招呼。我知道，這是最後的衝刺了。雖然，這並不表示安全，但是沙啞的回答聲卻那般動人地響了起來。

終於，我看見兩盞安全燈的暖黃的光圈，那般明亮地將地道的底端照亮如溫暖的巢穴。而兩盞燈在此已不只表示兩個人類的存在而已，更象徵著人類相依相慰，死生與共，苦難同擔的命運。他們的安全燈照著我，我無憂的笑了起來，他們也對這蒼白喘息的人報以和煦的笑容。在暖黃的光下，我看見他們布滿皺紋的臉上有著一層煤黑的溫柔。這時，我才真正體悟到古蒙仁（註4）在〈礦坑的邊緣〉所寫：「至此，我才確信這地層之下三百五十公尺的地方，還生活著我們四個人類。」而所有的人類是擁抱著共同的命運的。

蘇仔向他們詢問前面的通風孔是否可以通行。然而，左轉七十五度角的通風孔卻只有二十公分不到的小洞罷了。「『感』太鬆了！」他們說。「很難通啦！土一直掉下來，搬都搬不完。」蘇仔頷首，然後向坑洞底喊著：「喂！那邊的！情況怎樣？」

這時，一種悶沉如發自岩壁的聲音喊道：「不太好啦！『感』很鬆！很難挖咧！」

「好啦！」蘇仔對岩壁喊。「難挖就不要勉強。挖挖看，不行的話，暫時可以通風過來就好了啦！」

聽到岩壁的聲音，我頗為詫異。在幽暗的岩壁裡，我仔細地察看著尋找著聲音的來源。才驀然發覺坑洞底處有一束微弱的光線穿過二十公分的小洞射了進來。而我所聽見的聲音，便是穿過小洞而傳來的。那真是一種奇妙的經歷。人，在黝暗的地底是如此的互通訊息啊！

蘇仔回頭向我解說何謂「感」。他用丁字鎬敲打岩壁，一些鬆質的土便掉了下來。「這就是『感』太鬆了。」他說。我想「感」大約是指岩壁的硬度或密度罷！

「然而，」蘇仔又說：「『感』也是會走動的。像這些相思木，當初鋪設時絕對是直的。但是鑿了坑洞之後，『感』也會跟著走。時間一久，『感』就不一樣。因此，『感』如果走動了，就會壓彎了相思木，我們就得非常注意，才會安全。」

而我在心裡暗暗想著：這「感」恐怕不只表示密度或壓力的律動與變化而已罷。它甚至可說是老礦工們對整個礦坑與山脈的變化的一種感知與感應。唯有這種感知著生存空間的變化的能力，才能使他們在危殆的礦坑裡度過這漫長的歲月，且免於災禍與死亡。當然，這只是我個人的感想罷了。

哦！錢有這麼好賺？

臨走，工作面的牆上忽然噹噹響起，是煤車在平巷裡等候的通知。我們手腳並用一齊把煤推入塑膠滑道，讓它順勢流入煤車裡。蘇仔卻突然停止了動作，笑著撿起一塊石頭對乾瘦的老礦工說：「囊巴（註5）給你割去賣掉好不好？哦？囊巴給你割去賣掉好不好？」他的眼神帶著笑。我們卻愣然愣住了。

「哦！錢有這麼好賺？石頭跟煤都不分就一齊推下去！嘿嘿！錢若這麼好賺！囊巴也順便給你割去賣掉算了！」蘇仔說完，我們都嘩嘩然快樂地大笑了起來。

走出了左四片，我們依舊傴僂踐水，沿斜坑向上行走。遲緩而疲憊的這路途，森森的白黴，濺滴的水珠和蘇仔的腳跟，終於引領我走出了礦坑。

礦坑外，陽光閃耀而刺目。我挺直酸疼的腰背，瞇著雙眼，默默地注視著恍如隔世般的這陌生而熟悉的世界。

小小山谷裡，幾輛煤車依舊零星散置在軌道上，地上的雜草因風搖曳著，一些洗過的煤沙發出晶瑩的光澤；稍遠處，戴著斗笠包方巾的婦女工作者依舊勤奮地淘洗煤沙，一個穿碎花布的女子依舊推著煤車，在斜坡上下來回地奔跑著；更遠的公路上，一輛運金大卡車迴旋於公路上；而所有的山脈依舊默立著，天空清藍如洗，只有閒散的雲微微飄過。

——啊！陽光！我在心中輕輕唱著。

蘇仔遞給我一根煙。笑著說：「出坑後的第一支煙，最爽！最甜！最香！」我們笑著抽著煙，走回了工寮。而那支煙的確是又香、又甜、且最爽的一支煙。

被遺忘的工業磐石

在工寮裡，我與其他的坑外工蹲坐著聊天。並問起他們對子女的教育。

笑起來臉上便掛了皺紋的五十歲的欽仔說：「幹！幹！第一，莫要再做礦工啦！太艱苦咧！黑天暗地，又危險，像咱啦！少年時便做到今天，無技無術，想轉途都莫法度，只好再做。幹！做啥都好，莫再做礦工啦！」他急躁地說完，呷了一口煙，大家於是陷入一陣沉默裡。

我想著坑內的一切，心中充滿憤懣。事實上，煤礦的採掘是臺灣唯一較大的能源來源，然而，幾十年的社會變遷，工業進步了，臺灣的煤礦雖然比以前更注意安全（那是多少災變的死者所爭取來的啊！）然而採掘的工具卻毫無進步。依舊是丁字鎬與煤車，依舊是以血汗在地底下工作。這是誰的責任呢？難道礦工無法有更優良的採掘工具，使他們能免於吸入沙塵，免於沙肺威脅的辦法嗎？又有誰的父母，願意讓自己的子女像自己一般，在黑天暗地的危殆中，喘息生存呢？

更何況，沙肺是無法治療的病症。一個礦工如果因病無法繼續工作而被迫退休時，他的勞保便算結束了。而微薄的退休金更無法保證能治好他的病。因此，許多患病的礦工大多不願退休，以便享有勞保的優待，換取長期的治療。這是相當不合理的現象。

職是之故，我們建議有關單位，不妨比照公務員保險辦法來處理，亦即，在勞工退休後（不只礦工而已），如果自己繼續繳納保險費用，也以勞保來繼續優待照顧他們。因為他們已然為整個社會與經濟發展貢獻了畢生的血汗，他們已然為工業奠下了不可磨滅的磐石。雖然，他們常常是被遺忘的磐石。

美麗的黑靈魂

午後的陽光照在陸續出坑的煤車上。二時許，由於依依不忍離去，我依舊逗留在工寮裡與他們聊天。大家時而變魔術取樂，時而談剛學會不久的麻將，時而說起喝酒的趣事。說著說著，坑內工便也陸續出來了。他們先到淋浴室洗淨身軀，換上乾淨的衣服，然後踱進了辦公室裡。今天是他們快樂的日子，因為今天是支薪日。

阿淑把一疊鈔票清點交給矮瘦的老者，說：「算看看，有沒有多一張。」他算了一下，說：「少一張咧！怎麼辦？」嘿嘿笑著便要出去，另一個高瘦的恰好走進來，隨口問了一句：「按怎？今晚要趣味一下麼？」過後，才發現我坐在那裡，高興地喊：「少年仔，你在這啊？會認得我麼？」

「認得啦！你那時站在煤車旁邊搬煤，對莫？」我說。

「駛！少年郎！眼睛卡利！黑摸摸！還認得咧！」他笑著說。

阿淑把一疊錢交給他，說：「不要拿去輸掉！錢難賺，子細漢，一個老婆又會吃不會賺！」

「幹！講衰尾（倒楣）話！」他笑著點錢。「妳若講我贏，我贏了請妳，現在，免想了！」

他們陸陸續續地領了血汗錢，便又快樂地離去了。

陽光下，他們的背影漸次變小，終而消失在陡斜的小路上。我於是起身向阿淑與蘇仔告辭。慢慢地踏過來時的道路。而婦女工作者的碎花布方巾則在洗煤場上閃亮著，盛開著。

路過煤堆時，我彎身拾起一把煤沙，放在手中仔細審視，看著它們細緻晶瑩的那般耀閃著。如同一粒粒黑色的珍珠，微溼的煤沙上，彷彿還帶著地底的汗水與悸動，那黑色的地底的光澤如今躺在陽光下，猶如一張張無言的小嘴，兀自想說些什麼，卻又那麼卑微而沉默。

放下煤沙，我回頭看看曾經爬行進入的坑口，那坑口是一個國度的唯一通道，也是煤沙埋藏的故鄉。恍如夢一般的這長遠的煤沙之旅啊！我默默注視著，回憶著，良久良久，才轉身緩步離開山谷的小礦場，並在心中輕聲說：

我不曾看見過這般

削瘦而美麗的黑靈魂

註釋

1 意指礦坑內巨大石塊崩落。

2 挖掘煤礦時，地表水、地下水流入礦坑內，導致礦工有溺水危機。

3 「沙肺」是煤礦工人的通稱，病理名稱是「塵肺症」。根據勞動部職業安全衛生署的研究，煤礦工人塵肺症主要發生於煤礦工人，因吸入煤塵而致。細支氣管周圍由於煤塵及噬入煤塵的吞噬細胞聚積而形成煤塵斑。煤塵斑逐漸增大並雜有不同程度的纖維化，乃形成煤塵結節，常合併局部性中央小葉型肺氣腫，煤塵結節繼續增大融合，最後發展成進行性大塊纖維化。其嚴重程度和肺內沉積的粉塵總量密切相關。此類病人發生支氣管炎及肺氣腫的情形和程度，也和煤塵暴露的程度有關。

4 臺灣作家，本名林日揚，雲林虎尾鎮人，著有《天使爸爸》、《司馬庫斯的呼喚：重返黑色的部落》、《臺灣山海經：國家公園生態文學之旅》、《吃冰的滋味》等。

5 臺語，意指男性陰囊。

四

血肉築成的拆船王國

前言：

一九八六年四月，首度採訪高雄大仁宮拆船場，即使仍是四月下旬，高雄的艷陽已曬得拆船場熱度超出攝氏五、六十度。拆船工人則站在廢船的鋼板上，進行輪船厚鋼板切割。長久的曝曬，使鋼板可能達到可以烤熟牛排的程度。在這樣的環境下工作，工人體能無法負荷，容易暈眩昏倒，一旦倒下，底下是一無安全防護的兩、三層樓高的鐵板，斷腿殘臂，甚至摔死，是常有的事，各種工殤意外頻傳。但臺灣的拆船量與拆船速度，竟然是「世界第一」。

當我寫完了拆船場的報導，報館認為尚缺時效，要我等一等。我說：如果可以提醒一下，或許高雄拆船業者會小心一點，那裡早晚要出事的。但報館找不到時間點用上稿子。不到三個月，大仁宮拆船碼頭發生加拿大油輪廢船爆炸事件，切割的艙板炸飛，最遠距離竟達到約一千公尺，因廢油輪內有油氣，火勢延燒了三天才撲滅。事故釀成十六死一百零七傷，附近住宅社區約四千戶戶民宅門窗破損。像極了一顆大炸彈爆炸。

以下報導是發表於當年《時報新聞周刊》。另一則〈我的拆船場日記〉則發表於《人間》雜誌。當時無比心痛，多麼希望報導可以早一點發表，讓悲劇不要發生。

一，血肉築成的拆船王國

加拿大的卡那利輪（註1）像一顆炸彈，炸開潛藏在大仁宮拆船碼頭的重重黑暗內幕。

然而，它卻不是意外事件或新問題，而是一顆未爆的老炸彈被引爆而已。事實上每個了解拆船業與拆船場狀況的人都知道，未爆炸是一種幸運，爆炸才是正常現象。在拆船業的作業流程與清倉檢驗漏洞下，不爆才怪！

待拆油輪出現飛彈

目前，卡那利輪的爆炸原因尚未查明，但證諸今（八六）年四月初，有一艘未清倉待拆解油輪上竟然發現一顆未引爆的飛彈，該船係兩伊戰爭中被飛彈擊中的損毀船，但未經處理竟能運至高雄港區，寧非怪事？萬一爆炸，誰來負責呢？後果恐怕要比此次卡那利輪更嚴重數倍。

所幸該飛彈未引爆，後被軍方取走解決。在這種狀況下，不爆已是萬幸了。卡那利輪的爆炸，正是以百餘人傷亡來見證這黑暗而已。

然而遮蓋在拆船業的外部，卻是一重又一重的神話，業者甚至以此自豪炫人：

⑴一九六八年臺灣拆船業的拆解量躍居世界第一，至今十八年，享有「拆船王國」的美譽。

⑵臺灣的最高拆解量曾占全世界的三分之二強，八五年仍占四一％，遙遙領先中共、韓國。

⑶臺灣拆船技術世界第一。一艘三萬噸油輪，其他國家需耗時數月、半年始能完成，臺灣只要一個月即可拆解得無影無蹤。

表裡背反的雙面王國

但是，這一切美譽卻無法抵消令人寒心、痛心的各種紀錄：

⑴拆船業工人職業傷害或死亡比率較一般職業傷害高出數十倍，比起煤礦工人，有過之而無不及。

⑵今年初阿拉伯油輪因未清艙而引起爆炸，死者共計八人，其中尚有童工一名十五歲，次日未見報紙報導，又隔一日始有報導出現，顯見業主是如何地控制拆船場的狀況，以掩飾其黑暗。

⑶以港區之大，卻無衛生設備供工人洗手上廁所，工人中女工約占四成，安全衛生法規幾至蕩然無存。

(4)家住小港區復華路的張木藤一家有五人從事拆船工作。其父工作中被鐵錘擊中腦部，瘀血受傷，開刀數回仍無法痊癒。大哥張明友於八年前遭鐵板壓覆死於拆船碼頭。張木藤本人則被鐵板壓倒，脊椎受傷，半身不遂，大小便失禁。一家人生活被傷病拖垮在貧窮邊緣。

為什麼？一個拆船王國竟有這樣表裡背反的兩面？在一切拆船業的報導中都只有資本家在發言，而沒有拆船工人講過話，即使他們傷亡比率不下煤礦業。難道「臺灣第一」的德澤光輝不曾披臨到每一個參與建立這王國的血汗生命的身上？

「解構」拆船王國的神話

讓我們循著爆炸的血肉軌跡，一步步「解構」拆船王國的神話，看到其中的真實，看到這「殿堂」的本質。

拆解舊船的第一步，當然是向國外購買停駛的舊船。臺灣商人大都透過外國代理商在拍賣市場購得，以油輪來計算，購入每噸約一一〇美金，若國際市場舊船量多（例如兩伊戰爭不少輪船被擊中停駛，舊船供應量便大增），則價格可望再殺低。唯業主購入舊船需視鋼鐵市場需求而定，如前兩年景氣低迷，鋼鐵需要量低，則購船量便減少。

購入的油輪常達萬噸級以上，故每艘價格約在數百萬美元，但船購入後可向銀行申請「特案融資貸款」，其金額高達船價的九成。故業主實際週轉資金僅約一成而已，若與銀行關係特別好，則甚至更為優渥，業主的實際負擔其實不大。如果遇上鋼鐵缺貨或景氣大好，一艘船轉手間賺入臺幣數千萬者亦頗不乏人，可謂暴利行業。

據一位業者表示，拆船業中少有因拆船而倒閉者。一九八五年的聯禾興倒閉其實與拆船無關，而是因為轉投資於其他行業所致，與報上所謂拆船業「賠累苦撐」名實不符。畢竟臺灣的鋼鐵原料有絕大部分來自拆船，市場需求穩定，賠累的時候畢竟不多，業者可謂「穩操勝券」。

碼頭租用有壟斷之嫌

何況十幾年前，拆船業移入現在大仁拆船碼頭時，由業者之間依各自資本及條件分配碼頭，一些小業者根本無由過問分配，因此碼頭的分配便成為大資本家的獨占與利益分配。按照港務局規定，無碼頭使用者，其購入解體舊船不得入港。高達二百家以上的無碼頭業者只得租用別人的碼頭，據了解其租金每日達數萬之譜。所以大資本家果真因拆船賠累，則光是出租碼頭亦可足供開銷而有餘。當然，按照高雄港務局規定，碼頭是由業者向港務局租用，業者間不得出租使用，但這已是拆船業公開的祕密，果真港務局問起，承租雙方無人承認（否則以後租不到碼頭，就別想吃這一行飯），在查無實據的情況下，暗中存在至今。

也因此，業者在購入舊船後，即日夜趕工，要求拆船工人不斷加班以期降低成本。工人拖著疲累的身軀從事高危險性的工作，無怪意外事件頻率特別高。

法律歸法律，事實歸事實

再從解體船的入港程序來看。按規定一艘解體船入港前必須先在外國進行清艙，將艙內積水、沉沙、油泥、油氣等一切殘留物質清除。在外國尚且使用蒸氣、水沖等方法，以清除一切可能導致火災異變的物質，進港時，應是一艘乾淨無危險性的待解體船。

然而法律歸法律，事實卻非如此。由於在外國清艙價格昂貴，業者大多向外國公司買取清艙假證明及油氣檢定假證明，回臺後再派工人進行清艙。其結果是危險性奇高，時生爆炸危險。年初的阿拉輪爆炸以及此次卡那利爆炸，即是未曾清艙的結果。

然而，主管的港務局果真不知道嗎？恐不盡然。港務局事實上只負責文件資料審查工作，在船入港時根本不派人上船檢查是否真的清艙過，這樣就避開了實質上應負的責任。阿拉輪爆炸時港務局若無其事，就是一個明顯的例證。此次港務局當然還是可以藉法令說詞，置身事外。

也由於不實際上船檢查，港務局等於在高雄港區開了一個法律大漏洞。一方面業主可利用解體船走私夾帶進口不少違禁物品，使得港區及高雄市的治安受到相當大的危害，同時也形成臺灣治安的一大漏洞：試問一艘船可以夾帶多少武器槍械「進口」？也難怪拆船區黑道橫行，盡人皆知。

血肉之軀冒死清艙

臺灣的清艙工作並無外國的通風、水沖、蒸氣等設備。而是由資方包給大包商，再由大包商轉給清艙的小包，係論件計酬的型態。在層層剝削之下，小包商根本沒有設備可言，而純粹是以血肉之軀進入油艙中，冒著被瓦斯油氣窒息或燒死的危險，進行打撈清洗。這些清艙工人以老兵（在拆船區人稱「大陳仔」，據傳以大陳義胞為主）及山地人居多。他們日薪約在六、七百元上下，以日計酬，無工作則無薪資。但危險卻數倍於一般工人。而資本家則不僅省下在外國清艙的高價格，且打撈出來的原油還可賣給民間的機油製造公司，再撈一筆。

從進港到清艙，中間皆無任何安全衛生單位的人員進入船中檢查，幾呈無政府狀態。清艙結束之後，業者才向安全衛生檢查單位提出申請，以便取得證明，再向港務局申請「船舶解體許可證」。

資方一手包攬安全檢查

然而，安全檢查由誰負責呢？由「臺灣區舊船解體工程工業同業公會」轄下的分支單位「安全衛生檢查委員會」負責，而由高雄市工檢會監督（但沒有實權）。試想受僱於資方的安全衛生檢查委員會成員怎敢忤逆資方的意見，而在安全的考慮上多所要求呢？即或安衛人員有良心，但資方組成的公會大可隨時予以解聘，則又有何用？更明白的說，安全衛生檢查幾乎全委由業主一手包攬，自行核發。如此一來，資方為求節省成本猛趕時間，安全衛生幾乎等於零。

這又是法令的另一大漏洞。同業公會總攬一切，港務局沒有責任，工檢會也起不了作用，只得任由資方隨心所欲了。因此法令上所規定的諸種安全設施標準形同具文。所謂：油輪二小時定期檢查、隨時測定可燃性氣體、滅火消防系統設施防護工具、衛生設備等等，皆掛一漏萬，勉強應付了事。

在這樣的法令漏洞與安檢結構下，要談保障勞工生命安全，簡直是緣木求魚，毫無可能！

然而，工人不僅要受到結構性缺失的危害，在勞資關係上更是毫無保障可言。

拆船業主為趕時間以降低成本，將每一艘解體船轉包給大包商。大包商再將之分為海上作業與陸上作業等轉包出去。海上作業包括將船解體成片片大鐵塊，由拖吊工運上陸地，再由大卡車運入陸上切割場所，再行支解成片片形質不同的鋼板、鐵板等等，分類出售。因此小包常分為海上切割、拖吊，陸上切割、運輸、拖吊、雜工等等。由各組不同的工頭負責。

如此一來，解體一艘舊船原需三百人左右作業，但一家拆船公司卻頂多只有職員三、四十人。拆船工人的生命安全與工作公司根本無關，悉數由工頭負責。業主既逃避了勞基法上的一切責任，更能藉此逼使工頭加快作業，省下碼頭的租金與其他費用。

資方既以一艘船為單位，包與包商，包商為求節省工錢開支，便不計一切危險，用盡各種手段使解體速度加快。資本家壓大包商，大包商壓小包商，小包商壓工人，就是如此層層剝削、重重壓榨下，工人的生命有如過重負荷的卡車一般，在危險而煙塵瀰漫的拆船碼頭裡，喘息工作，掙扎圖存。

論日計酬，工人毫無保障

也由於此種包商制，工人的生活全無保障可言。有船拆時，船主找包工，包工才會來找他們去工作，而工作又是論件計酬，做一天算一天，不做就沒薪水。但沒船拆時，則即使工人磕破頭去求老闆給個工作，也毫無可能。

為此工人唯有在有船拆時，豁出性命，連續加班，賺取更多錢，以免無工作時有斷炊之虞。故趕工時每日工作時間超過十小時以上是很平常的事。

然而，即使工人們再拚命，每年工作平均也僅有八個月左右。其餘四個月船主無船可拆時，便置其生死於不顧，任其流離四散，自生自滅，或轉業另謀生路。工人難道沒有一點辦法來改變這種任何人宰制買賣的情況嗎？沒有。

勞工血肉換得「臺灣第一」

工人們只是依附於工頭的單獨個體，工頭又依附於包商，包商依附於業主。正如同金字塔一般，業主透過此一轉包結構高踞頂端控制一切，並且無須負擔勞工傷亡的任何責任，甚至連勞保都沒有！

剖開法令的漏洞，安全檢查的結構問題，以及層層轉包、重重剝削的管理方式，我們就可清楚看見「拆船技術世界第一」的神話，根本不是建立在工人技術與經驗的積累上；最主要的還是建立在拆船工人被剝削得一無保障、一無所有，唯有拚了血肉生命去出賣勞力，從而使速度加快罷了！

從人道的立場與當局照顧勞工的政策來看，拆船業的管理與傷亡無疑是與此相背反。如果說這樣的「臺灣第一」是建立在反人道、反政策的欺騙與壓榨上，這種血肉築成的「臺灣第一」，不要也罷。

改善之道應從結構著手

從臺灣的鋼鐵供需來看，拆船業仍會繼續存在下去，並提供半數以上的鋼料所需，因此拆船業各種問題的改善，仍是迫在眉睫的事。改善之道，大體有以下數端：

安全檢查權責應明確劃分。港務局不應僅做書面審查而應上船實地而澈底檢查，始能予以放行入港停泊，或者由高雄市工檢會負責檢查亦可。

否則像此次大爆炸的案件仍將層出不窮。甚至連案發之後，港務局與工檢所及資方的安全衛生檢查委員會都可互相推托，誰也不必負責。且更易使高雄港變成走私暴力、藏汙納垢的所在。

取消包商制度。包商制度係資方為逃避對勞工的責任而建立的剝削制度，它不僅是造成工人生命不保的主要原因，更是造成死傷無人過問的悽慘狀況的根源。此一情況不改善，則工人將永無出路，而日日以血肉賺薪水，這豈非「臺灣經濟」的恥辱？

應建立永久拆船碼頭。拆船業主常以無永久碼頭，做為不願改善安全衛生設施的藉口。但事實上大仁宮拆船碼頭興建至今已十一年，任何托詞都無法掩飾其赤裸裸的罔顧勞工生命的現實。因此唯有建立永久碼頭，才能澈底解決業主的一切推托。

如果以上三點能認真貫徹執行，或甚至退而求其次，只執行第一點，就不至於發生今天這種悲劇了。

拆船王國的結構性危機已經解剖出來，病徵與診斷亦已開出來了，就看執政當局是否有決心澈底改善。

如果這死亡的十六條人命能換得一點改善的覺悟與決心，也總算沒有白白犧牲。否則，下次的鋼板與血肉齊飛的日子，不會很遠。

附記：

因為拆船場爆炸事件，各報導紛紛出現，迫使港務局及

工礦檢查單位重新檢討。然而，拖到新聞冷卻之後，情況仍未改變。港務局依舊只做書面審查，因「人力不足」，待解體船安全檢查依舊由資方公會轄下的安全衛生檢查委員會負責，一切結構並未改觀。唯一的改變是澈底檢驗清艙證明的「作假」，但只是治標，在時間的遺忘中，慘劇正在未來的港口等待上場。這是無可避免的悲哀的事實，午夜迴思，令人痛心不已！

（本文原發表於一九八六年八月，《時報新聞周刊》）

二，拆船滄桑四十年

基本上，拆船業是一個源生於戰爭，成長於戰爭，而又依附著戰爭發財的行業。因為戰爭，才有沉船、廢船，然後在打撈中發展起來。

臺灣拆船業始於第二次世界大戰末期的港口沉船。基隆港是臺灣北部的唯一吞吐港，而高雄港除了是南部最大吞吐港外，更是日軍南進中南半島的基地，因此基、高兩港在戰時都遭到了盟軍飛機的大肆轟炸；尤有甚者，戰時日人為了防止美國艦艇的奇襲，更在港口入口處自行鑿沉了幾條大船，實行「封港」。

戰爭的延續工業

戰後，回到中國手中的基、高兩港，無異是兩個死港。根據當時的統計：高雄港內大小沉船達一百七十八艘之多，而基隆港的沉船亦不下百數十艘。

一九四六年二月，設在東京的遠東區美國總司令部（當時由道格拉斯．麥克阿瑟上將任總司令），要求高雄港務局必須在當年七月前，將港口入口處的沉船打撈完畢，並將水深由四公尺濬至七公尺，以便及早遣送日僑返國。當時高雄港在工務組組長胡張榮（已離職）的實際督導下，全力展開清港工作，最後如期達成了麥帥的要求。一九四七年下半年，高雄港務局即因清港工作優異，榮獲全中國各港口清港第一名。

在全中國各港進行清港初期，由於執政當局本身打撈能力有限，乃於一九四七年分別制定「打撈沉船辦法」和「打撈沉船辦法實施細則」，獎勵民間參與清港工作。此後，基、高兩港民間打撈公司紛紛成立，這就是臺灣拆船史的濫觴。從事打撈工作的技術工人也在日後成為拆船業的鼻祖，且各自發展為拆船公司。

當時為求經濟效益，撈起的沉船如果修復後還能航行的，就讓它整體浮出，繼續使用。毀損太嚴重的才予以解體。此外，因有利可圖，拆船業者除了在基隆、高雄兩港發展外，並聯合進軍澎湖，將二次大戰期間被盟軍炸沉的日船「御月丸」、「淺香丸」等進行解體。臺灣附近的沉船拆解殆盡時，業者開始向海外發展。經由上海貿易商與美軍的交涉，再從菲律賓拖回了十多條大型登陸艇，這些都是美國登陸菲島時受創擱淺在海灘的。

除臺灣之外，上海及中國大陸沿海也紛紛展開拆解戰時艦艇的事業。

這些解體船供應了鋼鐵工廠所需的大部分原料，對戰後的臺灣重建曾提供了莫大的裨益，也奠下臺灣成為拆船王國的第一塊基石。

基隆曾是拆船大本營

一九四九年，國府遷臺，同時撤退來臺的輪船公司有二十九家，但適於江海航行的僅有一四四艘。其餘輪船便走上拆解一途。

由大陸沿海青島、上海、廣州等港口撤退來臺的小型船舶，為數亦在數百艘以上。這些船舶大都屬於兩百噸以下的短途江輪，並不適合大海航行。大陸撤退時，便有許多此類的平底小輪，因禁不起臺灣海峽的風浪，而在中途出了事。

這些小型江輪來臺後，大都泊在今日淡水河沿岸，因為臺灣沒有內河航線，故這些船舶在「英雄無用武之地」的情況下，全部遭到了解體的命運。

當時拆解江輪的現場集中在關渡一帶，但也有少數是拖到基隆和高雄解體的。

值得一提的是，當時少數由大陸撤退來臺的輪船公司，其所擁有的較新型千噸級大輪船，在大陸航線完全斷絕，而國際航運關係又未建立的情況下，也只好紛紛求售解體。

然而，撤臺江輪雖有數百艘之多，但噸位都不大，每艘只消五、六天就已解體成片片鋼板，無影無蹤了。因此，這段期間並不長，只有一年多。

一九五〇年六月，韓戰爆發。原本相當老舊，早已具備了拆解資格的船隻，此時因韓戰，海運行情看漲，一時呈現空前好景，遂能暫免拆解的命運。

一九五二年，韓戰的高潮過去了，海運隨之冷卻。若干船公司雖然添購了少數新船，但大部分的船隻仍十分老舊，無法在國際航線上與他國船舶競爭。當時因虧損過多而倒閉的輪船公司就有十家之多，其他勉力維持者，只有舉債過日或變賣舊船以供解體。

此外，在這段時期，海軍也出售了不少的登陸艇、炮艇及小型驅逐艦，這些軍用船隻大都是接收第二次世界大戰後日人所遺留的，很多已經到了不堪使用的地步，因此只好付諸解體一途。

一九六八年躍居世界第一

一九六〇年以前，臺灣的拆船業可以說是一直在本地摸索，除了當時外匯短缺外，最主要的原因是拆船業者缺乏國際貿易的知識。

但很快的僵局打開了。一九六一年，祥泰鋼鐵（已歇業）和臺灣鋼鐵（已歇業）以自備外匯的方式，經由香港貿易商，進口了兩艘美製T二型油輪（總噸位各約一萬噸），從此開了臺灣進口外國舊船以供解體的先河。

一九六五年國際貿易局制訂「獎勵舊船進口加工輔導辦

法」，給解體業者很大的鼓勵；一九七三年當局又將進口解體舊船列入特案融資貸款項目，因此世界各國的舊船就源源不絕地開來臺灣解體。一九六八年起，臺灣的拆船業已經躍身為世界第一了，一直到今天，成為享譽世界的拆船王國。

由於進口舊船有利可圖，許多人風起雲湧，一一投入拆船業；自拆船業中獲得的巨利又轉化成為向政壇進軍的資本。於是，在結合政治勢力與金錢實力之後，拆船業扶搖直上，對此間政治走向也曾產生了一定的作用。

（本文原發表於一九八六年八月，《時報新聞周刊》）

三，在鋼鐵的原始叢林中
——我的拆船場

採訪日記

真正的現實，往往是被掩蓋起來的。問題只是，你敢不敢去掀開，聞到其中的血色和暴力，然後，才有勇氣去控訴、去奮鬥，去澈底改革他！

一九八六年八月十一日　臺北

黃昏。寫好了新聞稿，準備前往報社。下樓時順手抽出信箱裡的《自立晚報》，翻開一看，人立刻僵住了，站在路邊一字一句地讀著僅僅一百多字的那則新聞，希望從中得到更多的消息。

「終於出事了！」我在心中暗暗歎息，那深深擔憂的一刻，不幸來臨了。

這時候正是下班時分。街道有熙來攘往、喧囂不堪的車輛，暮色在西天轉為血液浸漫般的紅艷。我走到公用電話前，撥著關曉榮家裡的號碼；這個人是曾經和我一起採訪拆船廠，並且一起思索、一起抑鬱、一起為它擔心的「老戰友」。人不在，說是到報館寫稿了。

趕到辦公室，把報紙往曉榮的桌上一放：「老關，拆船廠爆炸了！」

像一顆炸彈在他桌前轟然炸開一般，他仰起頭，眼中冒著驚疑和暴怒，說：「油輪爆炸？死了幾個？」

鋼的暴力，人的危機

根據《自立晚報》截至中午的消息是：一艘解體的船隻在大仁宮拆船碼頭爆炸，鋼板射出幾公里外；現場仍在燃燒，煙霧迷漫，一片凌亂。目前僅知死亡一人，其餘的尚待清查；但死傷必然會很慘重。

「X他娘！早知有這一天。」老關搥著桌子說。「這草菅人命的勾當！」聽到這樣的消息時，他正在趕寫一篇湖內鄉自力救濟的稿子。這時，他完全不能繼續工作了，只是呆坐在那兒，雙目中有著燃燒般的激動，卻又夾雜著絲絲茫然和憂傷。

長期共同工作的友誼和情感，使我明白這個留著鬍鬚的漢子此刻正在想著什麼，彷彿，那煙霧瀰漫的拆船碼頭正在我們前面伸展……。工人們脆弱而又卑微地帶著乙炔切割器在五層樓高的廢船上進行切割；忽而轟然一聲，地震天搖，一塊二十幾噸重的鋼板由船頂落在船上，震得整條油輪晃動起來，工人也跟著上下搖晃。那二、三十噸的鋼板再被拖吊桿拉了起來，在工人頭頂上晃來晃去，又轟然一聲落到岸邊，又是一陣地動天搖……，而工人油污黝黑的身影是那樣渺小，任何落下的一塊鐵板都足以把他們壓得粉身碎骨，血肉模糊……這充滿鋼的暴力與人的危機的場所啊！

「要挖出根子來！」曉榮義憤填膺的說。「這些草菅人命，不把人當人看的傢伙！」

「會的。上次寫的稿子還太溫和了，這一次，用血液，換他一個全面的拚擊吧！」

事實上，採訪過拆船場的我們，看到這個悲痛的消息後，心中早已明白，這爆炸斷然不是意外，不爆炸才是幸運。那些未清艙的油輪一艘艘泊在港口，用工人的血肉之軀進入其中，一點一點清理其積油和油泥，正如同把人送入充滿瓦斯氣體的密閉容器裡；尤其是大熱天，油氣蒸散迅速，甲板上傳熱又特別快，工人進入其中與進入火爐何異？這樣一個巨無霸式的「瓦斯筒」如果爆炸了，試問，爬行其間的工人能生存嗎？

只怕屍骨都難以尋獲了吧。

挖出潛藏的信管來

然而這樣的狀況，在拆船場竟已存在數年了。今（一九八六）年初阿拉輪的爆炸，四月初油輪上發現一顆未爆的飛彈，都足以說明：爆炸絕非意外，只是叨天之幸，未曾引爆而已。

說是「意外」爆炸，真能掩飾它那結構性的問題本質嗎？我們的拆船業主、港務局、解體船同業公會、安全衛生檢查委員會、海事檢定公司、工礦檢查所、工會……每一個相關的環扣，豈不都該痛切反省，深自檢討，澈底的挖出這一條潛藏已久的引爆信管嗎？

我在深深的悲憤中漸漸冷靜下來，關曉榮悵然的提起了我們熟識的那些拆船工人的名字，希望他們都平安無恙……。霎時間，拆船場所見的那一張張油污勞苦的臉孔，如此清晰地映現在我們的心田上。他們的頭髮上有一層厚重的灰塵，身體散發著汗臭與油泥混合的氣味；汗珠在大太陽下，緩緩滑落；伸臂去頰上擦拭，卻又留下一道黑色的污痕……

這令人痛惜的事實，這噬人血汗的事實，如今是戳破那一層神話與謊言的時刻了。

「有時候，問題的解決，竟然得用大量的悲劇與錯誤來換取。如今，人們總算看到流血，也聞到了血腥味，這時候，也該是真正把問題解剖開來，澈底診治的時刻了。」關曉榮這麼說著。

我們共同檢討著將近四個月前，一併去採訪高雄拆船場的經過……

一九八六年四月二十一日　高雄

高雄的夜有著新興工業城的膨脹與喧嘩，以及無從言說的空虛和茫然，與馬路的寬大規畫，人行道的稀疏暗影，構成現代工業都市的一幅荒蕪、茫漠和憂悒的圖畫。

在南下的車程中，我和關曉榮把拆船業以往的剪報資料看過一遍，獲致一些初步的印象。坐在十一層高的旅館上空，俯視著低矮的幾片違建路邊攤，還兀自散發出溫暖的微光；鄰近的一間豪華理髮廳，幾名衣著鮮艷的少女進進出出；稍遠一點有一間海霸王連鎖店，輝煌鼎盛，炫麗極了。

投機性特強的行業

不知道為什麼，這城市的氣象，總使我聯想著即將探訪的拆船業來。虛矯的奢華，模擬著一些外來的、誇張的聲色；繁忙的人群彷彿總缺少一些踏實、恆久不變的根性；港口文化的特質，它都沾染了那麼一些，但又都那麼朦朧飄浮……

這不就是印象中的，拆船業的性格嗎？基本上，它該是投機性特強的行業吧。剪報上載明了這樣的事實：

⑴臺灣拆船量居世界第一位，已經持續十八年了，目前經排水噸統計，臺灣仍是世界第一。第二名是中國大陸，第三名是韓國。

⑵臺灣拆船速度之快，世界第一。以大陸來說，拆一艘三萬噸的郵輪至少得半年，而臺灣呢？一個月就可拆得無影無蹤了。為了避免技術外洩，以及預防大陸指派外國人或「間諜」來偷取拆船技術的機密，大仁宮拆船碼頭禁止外人進入拍攝。這是解體

船同業公會的規定。

⑶為了與大陸競爭，臺灣應採積極有效的措施，譬如降低進口關稅，簡化進港程序等等，使臺灣拆船王國得以永保「世界第一」的美譽。

⑷拆船業是利用廢船的鋼板，經過「軋鋼」而後成為建築、工業用的鐵條、鋼板，效益廣泛，供應臺灣鋼鐵市場達半數以上。因此，去年稍不景氣，業者就叫苦連天，聲稱拆船業已走入飲鴆止渴、憑藉著貸款來週轉度日的慘境了。到了王慶禾的聯禾興鋼鐵公司向法院聲請破產時，拆船業叫苦之聲，初步有了現實的例子。

都是業主和公會在發言

然而，仔細審視，這些剪報中卻有幾個特別的現象，引起了我的思考：

⑴王慶禾向法院聲請倒閉，後來卻又另組了臺灣清艙公司。然而據報載，聯禾興聲請破產乃是轉投資的虧損所致。這麼說來，拆船業仍該是有利可圖的吧？

⑵值得注意的是，這些剪報中所載，都是拆船業主或公會在發言；今年曾發生阿拉輪爆炸案，也沒聽到拆船工人的聲音。不是說臺灣拆船技術世界第一嗎？為什麼技術最佳的群人群從來也沒吭過一聲氣呢？

⑶一個有趣的題目是：拆船鉅子們竟然把國共鬥爭的戰線，

一下子延長到我們的拆船碼頭上了，並以愛國者的身分，力陳應如何排拒中國大陸的技術竊取，如不准拍照等等。

拆船業主並且以此呼籲當局，給予特案融資貸款、減稅、簡化進港手續等的便利，以期「在國際戰場與大陸一爭長短」！

果然，特案融資准了、減稅也准了、手續也簡化了。

做了這樣簡單的初步分析後，便與高雄的友人一道出去吃飯。

與一位律師、一位中船友人、一位大學摯友共進晚餐，談起高雄的種種，如被扣漁船船員為何長年無法歸來；中船與陽明海運錯用鋼板的內幕，以及高雄政壇與拆船鉅子間的關係等等。這一切更使人明白：高雄，這靠海起家的城市，有著海的遼闊與無情，粗暴與衝勁，死亡與生命力。在正反的夾縫中，人們生存著，有時匍匐前行，有時弱肉強食，一如海的律則，自然的律則。我所不清楚的是，人道的律則可有多少？

一九八六年四月二十二日　高雄

站在巨大的，厚重達二、三十噸的大鋼板前，我第一次感受到自己的身軀是易碎的血肉。是那樣的單薄、脆弱；只消一碰，就將化作粉末。

在拆船作業的海岸邊，在吊桿運轉的空地上，在午後剛剛開始伸展起來的沉重工作場地外，我遠遠地走來，觀望著，卻被一陣陣懼怖驚嚇的氛圍所襲擊，久久無法出聲。

昨夜所下的一切結論，一切印象，都變成了空中的幻影，禁不起這粗暴和具體的形象，猛然一擊，就都在朗朗的正午陽光下，消滅無蹤了。

危機四伏的鋼鐵原始叢林

一陣愕然過後，我彷彿從文明世界踏入了一片鋼鐵的原始叢林，全身緊張著一種動物性的自我防衛與警覺，凝目屏息，耳聽八方，一步步小心翼翼地踏入了這危機四伏的鋼鐵叢林之中。

為了尋求安全感以保衛自己，我本能地靠向一側的工人。這危機四伏的地方，也許只有工人才是最熟悉環境的安全屏障吧。

「少年仔，別站在這裡！」一個中年人看著我走到他的旁邊，竟停住了，忍不住對我吼叫：「危險時，我們懂得跑，你不懂；站在後面那裡比較安全！」這時，從船上切割下來的一大塊鋼塊，正懸在吊桿上。幾條巨大的鐵索吃力地拉緊，忽然，「哐噹」一聲撞上船板。

拖吊工把鐵索拉高了以後，那巨大如篷的鋼塊便懸浮起來，在空中擺盪、搖晃。隨著吊桿的移動，那大鋼塊向岸上游移，逐漸逼近工人站立的地方。工人稍稍退後了幾步，等待鋼塊漸漸垂降到離地一兩尺處，搖晃也漸漸停止了，這才聚攏過去，將鋼塊扶正。然後，轟然一聲巨響，地動天搖，鋼塊著陸。

「喂！你別站在這裡。」一個三十來歲的工人走過來說：「這地方是拖吊鋼索的場地，萬一鋼索斷掉，掃到你，不死也得弄個殘廢。」

我難以置信地看著那鋼索，約莫小孩手臂般粗大；這麼粗重，會斷落嗎？

許是看到我不能置信的表情，他加重語氣說：「你不相信？有人就是這樣殘廢了，死了！」

回過頭，我仔細看那吊桿，上面竟寫著：「限吊重五噸」。難怪這麼堅固的鋼索也會斷掉；剛剛那個鋼塊，怕不有二十幾噸重吧，早已超過負荷了。

我終於不得不承認，自己實在沒有資格貿然進入這鋼鐵的叢林之中。於是，我老老實實地退回到「海上作業」的指揮臺上，重新觀察。

然而關曉榮呢？站在高起的指揮臺上望去，怎麼樣也看不到他的人影。整齊的拆船碼頭，泊靠著一艘艘等待解體的船隻，而且大部分都是油輪。這裡的每個工人，都有著同樣的特徵：油污；永遠也洗不掉油污的衣服，上面沾著塵土；遠遠看去，每人都是一個灰黃帶黑的身影。在這樣的身影中要找一個衣著乾淨，身背相機的人，其實並不難。但我確實看不到他，心中開始擔憂起來。在這凶猛的鋼鐵叢林中，他安全嗎？

隨即，我又釋然了。畢竟，工人既然能照顧我，自然也會保護他的。

指揮臺用鋼板搭建，大概也是就近撿用廢料焊成。反正這兒多的是鋼板，連辦公室也是以鋼板焊成。看起來，不但有銅牆鐵壁的堅硬，也生動地表現了它的冷酷。

這時，指揮臺上正有一個工頭在擔任指揮。他透過麥克風，將每一道命令有力地傳送出去。在解體船的另一端，還有一個指揮，負責另一頭的切割拖吊作業。他也要透過廣播器傳達命令。兩邊訊息的互通，便是靠著這廣播。

下午的陽光烤炙著鐵板，使得這個擁有遮陽設備的指揮臺，也免不了炎熱起來，使人揮汗如雨。然而船上呢？那解體船上的鐵板經過一日陽光的烘烤，會有多熱？那走在船板上，那爬行在船艙中切割的人呢？

死亡邊緣的危險作業

要來採訪之前，我一直很好奇：臺灣的拆船技術，是怎樣躍昇為世界第一的？我們累積了怎樣的技術？又是在怎樣的條件下，使我們的拆船速度，有了驚人的發展？

當我拿這個問題請教工頭的時候，他卻莫名奇妙地皺著眉，彷彿不明白這是一個什麼問題。經我再次解釋後，他才恍然大悟地笑起來，說：「工人都有經驗嘛！」然後他指向一塊高高懸掛著的，巨大甲板上的鋼塊——由於底下支撐的鋼材已經切割好了，並已拖吊上岸了，所以數十噸鋼板幾乎等於淩空虛掛著——他說：「像那一塊吧，整塊都切割斷了，只留下少部分『腳路』，讓它連著。等一下幾個人一起割開，整塊就會掉下來。」他有些驕傲地笑著。「非常好看，刺激哪！」他說。

然而我卻深深地擔心了。因為那塊相當於五層樓高處的鋼板，少說也有幾十噸的重量，砰然一聲，重重擊打在船上，會是一種什麼樣的景象啊！何況，船上蹲滿了工作的人，他們並沒有平坦的地方可供站立，通常，也不過是一道肩膀寬的鐵板而已；那在更高處工作的切割者，豈不就更危險了麼？當這位工人把船板割開的一霎，整塊鋼板斷裂了掉下來，他的處境將會如何？一個蹲踞在斷崖邊的，無依無靠的人，難道，他不會心生恐懼嗎？他會不會一個失神跌落下來？

可是，無論在甲板上，在船艙中，那些進行切割的工人，似乎都毫無懼色。彷彿他們早已習慣了這種死亡邊緣的危險作業。

果然，指揮工頭一聲令下，整塊甲板上的鋼塊由瓦斯工切斷了腳路，頓時巨屋下墜般，轟然落在船艙上。我看到整條船在上下晃動著，也許是還算寬大的船體承受了震動吧！震盪的幅度並不如我想像中劇烈。這也使我鬆了一口氣。

被悶在船艙裡活活燒死

熟悉了一般狀況之後，我也較能看清整個作業的流程了。雖然我不能上船，但是站在岸上與拖吊工談話的勇氣卻已大增。我希望藉著現場的懇談，一層層瞭解他們的真相。

幾個正在談天的年輕工人看我走到他們旁邊，便抽出香菸來請我。一個瘦小的少年說：「你卡好命，來採訪我們呀？」

我苦笑著，無言以對。「看來你們非常危險的。」

「當然危險，常常在死人。」一個看來像外省籍老兵後代的青年，直截了當地說。他的國語講得非常流利，臉上也有一對慧黠的眼睛。他湊近我的耳朵，小聲的說：「前幾天才死一個。」但我知道每個人都聽到他的話。

「怎麼死的呢？」我抬頭望他。

幾個人仍然在抽菸，默不答腔。有一、兩個人把眼神移向工頭的方向，並且四處觀望，彷彿防範著什麼。

「被悶在船艙裡，油泥沒弄乾淨，起火了，活活燒死在裡面。」年輕的工人說。

「燒得爛爛的，伸手一拖，肉都掉下來。」一位中年人接下了話題，語氣平靜。

「這裡，常常這樣……，出人命嗎？」我愕然地隨口問。

「常有的事。」他們說，但眼神卻望到我背後。我一回頭，看到一個監工正在走過來。

轟然一聲，又是一塊鋼板上岸了。陽光下，滿地的灰塵簇擁著飛起，散開……整個拆船場都瀰漫著一股灰濛濛的顏色；加上乙炔切割，空氣中便混雜著油污、灰塵、以及切割燒焦的氣味。吸入肺中，一陣難受。久了以後，漸漸感到胸部似乎有東西擠壓的窄悶。

尤其是將鋼塊運到陸上作業場去的卡車，來回穿梭，載負著超額的重量，不勝負荷地沉下去，晃搖著，然後加足馬力，把鋼塊運出了海上作業場。這時，從排氣孔冒出來的重油直撲地上的灰塵，隨著輪子滾動，捲起一陣濃重難聞的煙塵。

關曉榮從陸上作業場回來時，我看見他的臉上也蒙著一層汗水和灰塵，恍惚中帶著深深的疲憊。

從「冒險樂園」到「死亡遊戲」

我們交換了彼此的見聞，繼續朝工人中間走去，看誰偶然得空，就進行採訪。慢慢的，我知道了他們的工資，約莫是一天六百至一千元不等。有些年紀較大的熟練工人，也有高達一千五百元一天的。但平均說來，大都是每天八百元上下。每年的工作天數，估計有八個月左右；其餘的時間，則既無工作又無薪水，既無勞保，又無法打工了。因此，一遇到工作的日子，他們便拚了生命，連續趕工加班，貪圖那工資、那加班費，直到精疲力竭才肯歇息，為的也無非是那沒有工作的幾個月裡，能有點儲蓄，好養活一家大小。

就在這樣朝不保夕的生活條件與工作環境中，我們的拆船速度大幅攀昇了起來，而拆船場工頭與拆船業鉅子也因此賺進了大筆鈔票。這裡面還包括節省下來的廢船在碼頭上的停靠費用，以及早日脫手的利息。別小看這些賺頭，一艘船的停泊費是日以數萬來計算的。而利息也是日以數萬計的，尤其在鐵價下跌的時刻，早一日脫手，轉手間便是數百萬元的差額。

說是投機也罷，是暴利也罷；是工作勤奮、技術高明也罷；對資本家而言，這毋寧是一個「冒險樂園」。

就工人來說呢？卻是另一個世界。業主的百萬元、千萬元利益的「賭博遊戲」，與工人無關，他們只是這賭博遊戲中一個小小的籌碼而已。換一個角度來觀察，工人每日為了賺取數百元的生活，幹的卻是捨命的「死亡遊戲」！

然而工人們彷彿總有什麼顧慮似的，吞吞吐吐，一直不曾暢所欲言。是因為我對他們太不熟悉嗎？是因為這兒原屬工作場所，不便談話嗎？還是有其他我所不能理解的因素呢？

下午四點半，我開始感到口渴難耐，像是沙塵飛煙都雍塞到了胸口，呼吸也很艱難。匆匆走到拆船碼頭邊的小攤上買了一瓶飲料。在碼頭邊，不乏這樣的小吃攤，它們多半用幾片鋼筋建起來，擺幾張簡單的桌椅，就是一個營生的所在。販賣的，大都是泡麵、冷飲、或是零星的吃食。

蒼蠅在四周飛舞，煙塵不時揚起，地上丟棄著飲料的空罐……小吃攤旁，隨意張貼著歌舞表演的海報。那是幾張極盡挑逗的海報，透明秀、處女秀、香艷刺激……等字眼，陪襯著扭捏風情、半掩輕羅的女性肉體，在這混濁的場景中，在滾滾煙塵之下，在滿身油污的工人身旁，彷彿一個最最矛盾的對比，最最不堪的諷刺。

「這賺得到吃不到的……」

再度回到指揮臺上，觀看著螻蟻般的工人，在黑污污的巨大油輪上切割、拖吊。心裡昇起剛剛採訪時的一個工人的叮囑：「你要幫我們說話呀！」

說什麼話呢？你們生活的世界是什麼？這樣危險的工作，日日在鋼鐵叢林中掙扎，錘鍊出的，是一顆什麼樣的心？一個什麼樣的生活夢想呢？

這些沉默的、螻蟻般的影象，在我腦中飄浮，然而我無法得到答案。只感覺到動物般的危疑與懼怖，以及那隱隱撼動著我的焦灼和不滿。

說出你心中的問題，指出那實際的弊端吧！我可親可敬的工人朋友們，請你告訴我啊！……我在心中沉沉呼喊著。正準備再一次進入工群人群中去採訪時，一轉身，一個六十歲上下，嘴巴因老邁而下陷的老人緩緩跨上了石階。

老人直接走到指揮工頭的旁邊，氣呼呼地唸著：「幹！船頂那麼熱，鐵板像火上的鍋子，熱滾滾，走不到兩步就要死囉！幹！怎麼做？」

工頭冷靜地觀望著工作場。一塊船板正要卸下，他頭也不回，繼續自己的指揮，待拆落地下以後，才轉過頭對老人說：「什麼事？怎麼不工作？」

老人邊嘟噥邊嚷了起來：「這是人做的嗎？鐵板熱得燙死人，走不到兩步路，腳底燒燙燙，頭頂偌大的日頭，不跌死才怪。……這種工作，不做啦！不做啦！」

工頭不理他，面無表情地問旁邊一個老人同來的中年人：「他怎樣了？」

「我也不知道，在船上直喊會燙死人，不做啦！就跑下來了。」他茫然，但陪笑著說。

那小工頭模樣的中年人望著猶在嚷嚷不已的老人，走到他身邊，「回去做啦？別這樣。」

「幹！賣老命在船頂拖磨，燒燙燙怎麼工作……X你娘，不賺啦！這賺得到吃不到的。」老人的牙齒大約都掉光了，又沒有去修補，說起話來，語音很不清晰。然而矮小瘦弱的身軀內，宛如有一股強大的怨氣要發洩出來，一邊說著，一邊顫動著手臂和身軀。

工頭不再理會他了，中年人也不知如何是好。那老人兀自嘟噥著，彷彿不斷在重複著一句話。到最後，自討沒趣一般，聲音愈來愈低，他終於垂下了頭。洩氣地沉默了片刻，他又喃喃唸著走下指揮臺。

「無效啦！做這個無效啦！賺得到吃不到啦！……」他的聲音愈來愈低，這個瘦弱矮小的老人的軀體，在煙塵滾動、卡車轟隆和一層樓高的船板之間，迅速被掩沒了。

「這賺得到吃不到的，這賺得到吃不到的……」我心中反覆的唸著，彷彿明白了其中的含意，以及對工作條件的無奈的指控。

黃昏，離開大仁宮碼頭前，訪問了一家拆船公司的業主，但問不出所以然。尤其涉及購船原則、購船價格、購船流程、利潤、貸款等等較具體的問題時，都被支吾過去，不是以「看情況而定，很難說」推托，就是「這些資料應該去問公會」。

離去時，這位老闆的兒子駕車送我們回到高雄市區，他所開的是一部上百萬的進口轎車。在臺灣，這算是代表身分地位的名車了，然而這位小開說，他父親開的是另一輛同類型的車。

「好開嘛！所以買一樣的。」他說。

對比鮮明的兩個世界

在車中，由於我的詢問，他談起工人的種種狀況。基本上，他認為工人本身知識能力低，無一技之長，又嗜賭，以致於身無恆產。他常勸工人儉省些錢，貸款買房子。這樣既能達到儲蓄的目的，又能使人安定下來。但工人本身不知振作，以致於中午常在工作場所賭博，輸贏動輒以千元計，一日所得轉眼間便輸光了，怎麼有保障呢？

至於勞保，他表示，每個工人都必須透過工會加保，才能進入拆船場工作。因為資方也很怕出事，要負賠償的責任。如果勞工本身有勞保，資方也就有依恃了。

臨下車前，他邀請我們一起晚餐。

休息了一陣子，我們從飯店走出來，到達約定吃飯的高雄國賓飯店。金碧輝煌的裝潢，衣著光鮮的中外旅客，充滿高級而華貴的氣味。

「同下午比起來，真是兩個世界啊。」曉榮跟我都有著同樣的感慨。

吃過飯後，我們被帶上頂樓的酒吧。向外望去，夜間的燈火在遙遠的腳下閃爍，如幻如夢；幾排路燈長串地延伸出去。

同下午的情景比較起來，這明滅的燈影，桌前的燭光，高腳杯，琥珀色的洋酒……倏地飄忽起來。摸摸褲管上的塵漬，我嘲弄地對自己說：「這個我啊，還是同一個人吧？」

夜，有著恍惚的神色。

我，也有恍惚的心情。

在談話中，他說，工人的知識低，不圖振作，是導致他們生活困境的主因。對於拆船場的塵煙，他認為也是很難改善的，因為碼頭有租用期限，港務局隨時可以收回，如果興建了各種設施，投資過鉅，恐怕到時損失不貲，所以碼頭只能保持目前的沙土原狀，無法增鋪水泥了。至於廁所等衛生設備的闕如，則是因為工人的工作環境太大，從海上下船，再到陸地上廁所，一來浪費時間，二來浪費體力，還不如就地「方便」了事。當然了，拆船公司本身的職員還是有衛生設備的。

從他的談話與各種解釋裡，我進一步理解到，拆船工人不僅工作斷斷續續，薪水不保，連一些工作場所應有的福利或基本衛生設備，大概也增添無望了。

一九八六年四月二十三日　高雄

早晨去採訪另一位拆船業鉅子，他也是鋼鐵界的名人。

同昨天的情形一樣，他不願談論任何實質問題。只是強調，拆船業在不景氣的衝擊下已成為「夕陽工業」。往後，拆船業將會慢慢「淘汰出局」了。但問起倒閉的公司如何？答案卻與這個前提相反：沒有人因拆船而倒閉，大多是轉投資錯誤被拖垮的。很顯然，所謂的「夕陽工業」，也許只是一個托詞而已；拆船業自稱的「慘澹經營」，用來阻塞外界要求改善工作環境的批評，可能還頂管用的吧。

職業災害紀錄觸目驚心

下午，採訪拆船工人的工會。然後，我才明白，這裡的所謂「勞保」，與一般我們的認識竟然不同。這勞保是透過工會來辦理的：拆船工人必須自己每月來繳錢，才有勞保，否則就停掉了。只要勞保一停，萬一出了事，可就分文都拿不到。看來，工人在這種狀況下，不自求多福強買勞保也不行。想想吧，拆船場的傷亡率那麼高，沒有了勞保，只消略有疏失，不僅造成個人的憾恨，一家大小也將跟著挨餓受凍，這是千萬馬虎不得的。然而，據說工人之中還是有一大部分沒辦勞保。

在工會中看到一份職業災害紀錄簿，記載著投保者受傷、死亡的日期、經過、原因等等，細細翻閱，真是觸目驚心。

總的統計是這樣的：一九八三年，死亡十人，傷殘五十八人（這時參與投保人數太少，統計偏低）；一九八四年死亡一四人，傷殘一三七人；一九八五年，死亡一四人，傷殘一五二人。至於今年呢？才過了三分之一，已經有年初的阿拉輪爆炸事件了，當時共有八人死亡（其中還有一名十五歲的童工）。往後，誰能擔保不出事？一行行讀下來，竟如在翻閱一部「血書」，每一行字上彷彿都沾著血漬。

從這份統計，我們多少明白了如下的事實：

⑴死亡人數不斷增加，傷殘人數也不斷增加。這當然是勞保者漸多，統計上也因此而愈多所致。但這份資料僅是投保的那一部分，如再加上未投保的許多人，則死亡傷殘數目當會倍增吧。

⑵這麼多的死亡傷殘者，工會也只能做些代辦勞保之類的事，連替工人向資方爭取權利、要求福利設施的力量都沒有。甚至這種紀錄也從未公開過。隨便舉幾個紀錄簿上的例子，就足以驚識這「血書」內流露的沉哀。

「七十四年五月十六日，上午十時四十分，切割通風孔時，機艙殘氣外洩，火花引爆艙內油氣瓦斯，並起火燃燒，致八人輕重傷。

七十四年六月二十日，上午十時左右在解體碼頭工作中，撈油，跌落艙底，致死。

七十四年六月三十日，上午十一時，在解體碼頭工作中，不慎由高處墜落致死。

七十四年四月二十六日，上午十時，在解體碼頭工作中，船艙油氣爆炸，落水致死。」

……

其他還有：被鐵板壓碎頭顱致死，被鐵管穿胸而過致死，被鐵索絞斷四肢殘廢……等等，不勝枚舉。

每一行字，都是一個生命的血肉模糊，悲慘掙扎的記載。

職業工會只是資方的附庸

這些慘痛的記錄與拆船碼頭的狀況，正印證著工人為什麼會走上賭博酗酒的道路。正如昨天下午那個六十歲左右的老人說的：「這賺得到吃不到的！」

為了要得到那一份職業災害紀錄的影印，我們與工會的職員吵了半個小時。這工會原本是為了團結工人，以幫助工人與資本家談判的團體，然而這個解體船的「職業工會」卻不僅無法團結工人，甚至因其為工頭（也就是大小包商）所把持，幾乎成為資方的附庸了。除了幫忙辦勞保手續之外，對職業災害，工會不曾主動去記錄，而是有工人來申請職業傷害的勞保補助手續時，才加以記載。更奇特的是，各工頭也不支付勞保費用，而是由工人自己出資付錢。

從工會出來，我們的憤慨和感歎，轉化為無言的沉默。兩人心情沉重的轉往一戶被扣留異域的漁民家裡。由於這位家屬的丈夫被扣在印尼，她只得投入拆船場當搬運女工，以苦力養活嗷嗷待哺的三個孩子。

據她說，漁船被扣，船員本來也早就可以歸來了，但因船東希望船員能夠留在當地，以便回程的時候，順便開船，還可以沿途捕魚而歸，多賺些錢。所以這些船員雖然洗脫了法律責任，雖可自由歸來，卻因船東不給旅費，他們硬是被迫流落在印尼了。她也只得到拆船場去賺那血汗錢過日子，每天默禱著丈夫的早日歸來。

「又是一樁業主的暴力事件！」我暗暗的想著，心境卻愈沉愈深、愈淒苦黯淡了。

一九八六年四月二十四日　高雄

早晨到「臺灣清艙公司」去，冀圖了解清艙過程。卻沒想到挖出來一個內幕。原來拆船業主所謂的「在國外清艙乾淨」根本是個大謊言。

臺灣清艙公司已經成立一陣子了，是臺灣僅有的一家清艙公司。但成立以來一直因為找不到清艙碼頭而開不了業。為了早日取得清艙業務，一位員工對我毫無顧忌地暢談一般拆船業主的內幕——如何買國外的清艙證明；如何造假文件、瞞天過海的入港；再如何請這些退伍老兵和山地人，以便宜的人力進行清艙……，是這些因素的累積，才會導致今年初的阿拉輪爆炸慘案啊！

清艙公司由王慶禾擔任董事長，他是現任國營會副主委王玉雲的弟弟，也是去年倒閉並向法院聲請破產的「聯禾興鋼鐵公司」的董事長。

問題是愈挖愈多了！

要成立一個清艙公司相當不容易，它必須有整套處理廢油的全自動裝備，包括蒸氣、沖洗、抽油泥、乃至再處理的過程等等，複雜異常。據說，經過這一程序的處理，不僅可以取得廢船裡的剩油，也可以避免廢油造成海面的汙染。但在這個功能的背後，不也說明了目前拆船業者，當他們暗中清艙時，其實也正在汙染著高雄港的海面！

為什麼沒有清艙的廢船，卻能堂堂皇皇的開進港灣，停泊在眾人來往的碼頭前呢？這又是何等危險的事！老船長搖頭說：「想辦法去打通關節呀！」「想辦法」，是送紅包嗎？是用關係嗎？我不知道這位老船長指的是什麼，但我知道問題是愈挖愈多了。想著這些淤積著廢油的解體船，想到工會的紀錄：「墜落艙底，致死」，啊！那不是等於掉到油泥中，窒息而死嗎？這是何等恐怖的死亡啊……

清艙公司的樓上，就是「臺灣區舊船解體工程工業同業公會」了。

這個業主的聯合「公會」有不少宣傳的簡報，卻對許多資料保守異常，不願透露；談到若干重要問題時，模糊帶過，不曾回答。當我們提起拆船碼頭「不許拍攝」的禁令時，更搬出一整套的「匪諜滲透、竊取技術」的理論，我們幾乎是白跑了一趟。

從「公會」得到的唯一有效訊息是：今年拆船業「景氣大好」，碼頭排滿了船，業主們準備大幹一番。當然，從拆船工人的立場來看，又有工作做，有錢賺了；加班也會多了起來，總是好事。但是，勞工的福利，傷亡的比率，能不能因「景氣大好」而改善，而減少呢？

出了公會，我們直接往拆船碼頭走去。

為什麼不給他們休息的場所

正午的拆船碼頭，陽光直射，有如刻意烤炙這一片除了鐵板與廢船之外，再無一物的荒土。強烈的陽光，使一切顏色與物體都變得迷離恍惚了。

放眼望去，這兒卻除了油污與鋼鐵的黑沉色調，連人的膚色都不易看到；藍色而明亮的天空，竟是唯一的顏色。在沾滿油污的面孔上，在污漬疲憊的軀體上，這兒只有黑色，對比著陽光的透明的白，而天空竟然是這般嘲弄的藍！

空中飄浮著油漬被烤焦的氣味，以及塵沙飛撲的乾燥；不遠處，大海奇異的閃動著亮光。一切都彷彿變成了幻影。

在小吃攤上吃飽了的工人，隨便找個沒有陽光的角落，或坐或躺，尋求片刻的午睡。疲倦的身軀躺在一張張報紙鋪開的地上，或者蜷伏在工寮的機器上；有的人來晚了，看看沒有陰涼的所在，索性趴在機車上睡著了。

另一些無處可睡的人，便坐在小角落裡玩牌。我想起那位業主兒子的話：「工人不好好休息睡午覺，卻寧可賭博。」如今看來，工人們實在無處棲身睡覺，又無事可做才會玩牌的吧。為什麼不給他們搭蓋一些休息的所在呢？

一點半，拆船碼頭在烈陽下甦醒過來，拖著恍恍惚惚的身軀，工人們又回復到各自的崗位上去，切割的切割，上船的上船，拖吊的拖吊。這巨大而粗暴的「拆船機器」再度運轉起來。

空氣中又充滿乙炔的氣味與卡車揚起的沙塵。

一整個下午，我們都和偶然歇息的工人聊著，大夥漸漸熱絡起來。他們有的人留下地址，囑我們黃昏以後去坐坐。

「從來沒有人想來了解工人」

「像這樣的夏天黃昏，坐在客廳，我總會想起我的妹婿。好像又聽到他從窗前經過，安靜的走進來，說：『去買一瓶啤酒來喝吧！』」

在一個修理切割器具的店裡，陳先生回憶起兩年前的黃昏景象。他平靜地敘述著：他的妹婿兩年前死於鋼板墜落，壓碎了身軀和頭顱，留下三個孤苦的孩子。如今陳先生的妹妹也到拆船場作業，為的是養活這些孩子。死亡的陰影，不時會安靜的掠過他們心頭。

前來小店修理器具的工人透露，這切割器具不僅要工人自備，修理也得自掏腰包。老闆只負責供應乙炔而已。至於衣服，由於油漬無法清洗，用過兩天便得丟棄重買一套新的。而所謂的「新」，也不過是別人不要的舊衣服罷了。每天早晨，都有人在碼頭上專賣這種衣物。

「一切都是吃自己，靠自己。」一個剛剛回來的工人說。

小港的夜，有著被漠視與遺忘的荒涼。我們按址尋到廢棄的鐵道邊一個工人家裡的時候，天已完全黑了。一群工人圍在小桌子周圍，看到我們都熱情的招呼著。

「來來去去的記者，都被老闆請到大餐廳去招待了。沒想到你們真的會來。你們是我第一次遇到的採訪工人的記者。」一位年輕的工人過來和我們握手，同時有些激動的說。我們坐落下來，露天的庭院輕拂著沁涼；啜了一口啤酒，那位綽號阿居的工人慫恿他的朋友說：「好幾年了，從來沒有記者想要來了解我們這些拆船工人。今天實在難得，大家有什麼話，就說吧！」以下就是這些工人朋友所談述的問題，我以最直接的方式記錄出來。我忘不了他們說這些話時的激動和真情。

——他爸爸最可憐了，一生都當拆船工人，去年才加入勞保，今年發現有癌症，可是工會竟然不許他繼續辦勞保，說是與規定不符。這不是要逼死一條人命嗎？

——拆船老闆實在可惡，那麼大的碼頭一間廁所也沒有。工人有時候為了大、小便，蹲在鋼板下；要是堆高機一拉，整片掉下來，人就活活壓死在那裡。

——每次出事，連意外死亡都沒有報案，救護車就來了。明明人壓得肉醬一樣，死得那麼慘，救護車還是一抬就走。是不是為了消滅現場的意外死亡痕跡？

——上一次，我還切割過一塊鋼板。明明人已被壓得粉碎，為了消滅證據，他們叫我把鋼板切開，把人弄出來。我看到滿地血肉，嚇得全身發抖，手顫得無法切割……

——死了人也沒誰會管。有勞保，去工會辦手續，還得被刁難看臉色。勞保要是慢幾天去交，他也不通知就自動給你撤消。

平日還得很小心才行。

——這種工作，根本是人命換來的。頭家都說我們拆船技術世界第一，中共會來竊取技術。上次有個報紙發表拆船場的照片，說它污煙瀰漫，沒有廁所，不符合安全規定，從此以後，就說有「匪諜」來拍照，不准別人去採訪了。這是搞鬼嘛！

——最可惡的是，人死了，還跟老闆一點關係都沒有，連看都不看一下。好一點的工頭會給點錢，但有些小工頭本身也沒什麼錢，想幫忙也幫不上。

——每一件事，都是騙人的。只有紅包才是真的。清艙證明也是假的，安全檢查也是假的。四月初，一艘油輪上面，還發現一枚未爆的飛彈。粉紅色的，兩尺高。後來叫軍方的人取走，才沒出事。

——看到人死掉，我們當然也會怕，可是不做也不行。一天不做，就沒有飯吃。按日計酬，有做才有錢。

——整年下來，平均也不過工作八個月。剩下的四個月只有靠平常存下來的錢生活，要打零工也不容易找。老闆真是現實啊！要工作時，他可以千求萬求，拜託你加班趕工；沒工作時，就算你跪下來磕頭都別想他給你工作。

——最好是收歸政府經營。我們至少會有保障一點，否則，這種賺得到吃不到的，太可怕了。

……

那一雙雙的眼神和充滿期待的表情，使我感到自己的愧疚與卑渺。那麼多的期望，我又能為他們做到多少呢？那麼多的欺瞞與不義，覆蓋在他們的頭上，我又如何去追索、暴露，如何批判、改變這結構性的問題呢？

張木藤一家人的悲劇

夜的小港區，有一種無奈與荒涼。

張木藤一家人住在偏遠的地方，他的大哥張明友死於拆船場；他的父親在拆船場被鐵鍾擊成腦震盪，至今還在治療，卻已沒錢看醫生了，只能吃中藥草藥。張木藤本人於去年又被鐵板擊傷，脊椎骨神經受損，至今下半身殘廢，無法大小便，也無法行動。

父親的病已把家中的積蓄花光了；大哥的死也沒有獲得什麼賠償；大嫂因不堪生活的負債，終於離家出走，留下三個女兒，天真、純稚卻又多麼淒涼地挨著這苦苦掙扎的日子。

張木藤本人雖獲得工頭九十幾萬的賠償，但沒有勞保，全靠自己治療。這筆錢經過幾次住院開刀，早已折騰一空。最後他靠著某種便宜的成藥，來克制這下半身錐心刺骨的疼痛。服用量最高時，竟是一般正常用量的十倍，但是除此之外，他又能有什麼辦法？

「過一日算一日吧，不然怎麼辦？忍著吧！」張木藤的母親已經六十多了，傴僂著背，無言地負起照顧三個小孫女和殘廢兒子的工作。「拖磨，拖磨到死吧。」她自顧自地說。

「如果我死了，反倒不必再拖磨，這樣也好。」母親望著夜色歎息。「可憐的只是這三個孫女和我這個殘廢兒子，不知道誰來照顧。」

夜的小港區，有一股寂靜的蒼涼。

夜的小港區，有難以止息的怨戾。

然而龐然無比的「拆船機器」的齒輪上，充滿了血與肉，吞噬著幾百條人命了，為什麼還能冠冕堂皇的運作著呢？

深夜，採訪結束，我與曉榮進入最沉默的狀況，彷彿生命力已耗竭殆盡，只剩下一股無可平息的憤怒和悲涼，在心底熒熒燃燒。

一九八六年四月二十五日　高雄

最後的一個採訪站是工礦檢查所。在這裡，我們遇到一位年輕而有良心的鄭先生，他對這種種不公和欺罔，了然於胸，也希望做一點事，然而他卻只是不斷地搖頭歎息。彷彿有一張巨大的黑網，籠罩在他和拆船業之間。

「等著吧！遲早還會再出事的。」鄭君無力地感慨著。

中午，我在夢魘與憤怒中，離開了高雄市。

一九八六年八月十二日　現實

現實，竟然比想像更恐怖。

現實的一切，竟超出一切文學、藝術的想像力之上。

爆炸的卡那利輪上，失蹤了九個人，但我可以推斷，這些人在爆炸聲中，在熊熊燃燒的船艙中，早已屍骨無存了。

這一切再度驗證了一個事實：真正的現實，往往是被掩蓋起來的。問題只是，你敢不敢去掀開，聞到其中的血腥和暴力，然後，才有勇氣去控訴，去奮鬥，去澈底改革它！

我清楚記得小港區的那一張期望、等待、託付的工人的面容。然而一個人和一支筆，又能制止多少悲劇呢？

終於又爆炸了，那些面孔之中，有沒有人被炸得不復能看見呢？那個抱著女兒站在榕樹下同我握手的父親，如今還在嗎？他的懷孕的妻子是不是生產了？

生命是多麼渺小，而又惘然。

現實，永遠比想像更複雜。

如今，我們該集結每個渺小的生命，勇敢的站出來，指斥這拆船場的黑暗，讓它暴露在陽光下，還給人間一個公道。

（本文原載《人間》雜誌一九八六年十月號）

後記：

由於卡那利輪事件，使得當局再度注意到拆船安全問題，並重新檢討拆船業的安全檢查，因此拆船業成本增加。再加上拆船業的油輪油汙嚴重汙染海港水域，在各方抗議下，大仁宮拆船碼頭被政府收回，一九八九年闢建為高雄港

第五貨櫃中心。

一九九〇年一月八日黃昏，高雄港第二港口的十五號碼頭，一艘領港船悄悄進入碼頭，指揮一艘拖船，把停泊長達一年的一萬零六百噸待解體的波多公主號拖離高雄，前往菲律賓蘇比克灣，從此，長達五十餘年的臺灣拆船工業正式劃上句點。

註釋

1 Canari，另譯為加拿利號。

五。

媽祖廟的香火，
點燃社會轉型的火種

——反杜邦運動三十五年記

前言：

一九八〇年，臺灣各地的汙染事件頻傳之際，民眾苦於求助無門。向當地政府告發，當時尚未有專責的環保局，只有衛生局，卻無力取締；而企業財團往往與在地政治勢力結合，民眾也無力對抗。

從一九六〇年開始的加工出口型工業，發展到一九八〇年代，臺灣幾乎成為美日汙染工業的「公害輸出」地區。其實，亞洲四小龍皆是。號稱「經濟起飛」的背後，是土地與人民的超負荷的環境與健康的犧牲。汙染毒害愈來愈深，直至民眾再無法忍受。

鹿港反杜邦運動開始之前，已有臺中三晃農藥廠汙染事件。在地農地受汙染，種出來稻米不能吃，地下水源都有農藥味，可見其嚴重，但民眾求告無門。最後只好自力救濟，試圖集結民眾去包圍工廠。但工廠依然在夜間悄悄排放。民情憤怒，無奈之至。

鹿港反杜邦運動，對臺灣社會運動而言，是一場具有革命性意義的大事。

它突破了美麗島事件之後，群眾不敢走上街頭的侷限，第一次成功走上街頭抗議，平安落幕，這帶給政治運動很大的啟示。林正杰隨即發起「為司法送終」的街頭游擊抗議。

第一次以環境運動為主旨，發動群眾抗爭，歷經一年餘不斷的陳情抗議，最後獲得成功。這帶給民間很大的信心。

這是環境運動的起點。

它突破了環境運動的侷限，突破民眾受害再申告求助的限制，反而在公害來臨前，即提出反對的異見。它逼使得杜邦公司宣告不到鹿港設廠，而政府與環保團體也開始參考國際的投資慣例，在設廠前要提出環境影響評估。許多環境法令與規範，在社會的壓力下，開始設立，並逐步完善。

反杜邦運動突破了許多社會運動的限制。最明顯的，不僅在街頭的示威遊行，甚至他們曾集體到總統府前，舉牌抗議。他們的牌子上寫著「怨」、「我要鹿港，不要杜邦」、「我們只有一個地球」。訴求是正當而平和的，但其行動卻是站在總統府前，舉起了標語。這在戒嚴時代，確是石破天驚的一刻。自此開始，總統府前的凱達格蘭大道，不再是禁區，而是群眾運動有可能到達的新高度。

反杜邦運動的環境關懷從鹿港踏出，進而關懷新竹李長榮化工，大潭村鎘汙染，恆春核電廠，乃至於核四廠。這是環境運動的大串連。它的社會動能是不斷擴散的。它的時代影響力尚未被好好估量過。

反杜邦運動的興起與影響力，固然與當時臺灣社會處於「社會再結構」的轉型時期有關，但它卻是以鹿港天后宮那傳統的、溫柔敦厚的底蘊，也就是那「天后宮裡燒香的人們」為基礎，從而打開社會運動的大門。社會對社運的接受度特別高，也正是從此開始的。它和後來農民運動在五二〇事件中衝撞立法院，與警察在街頭武鬥，是完全不同的。反杜邦運動的性格，使得臺灣的社會轉型，不像第三世界的轉型易於在劇烈的群眾衝突、警民毆打、暴力流血的循環中，走向暴力。而是有著傳統的溫厚人情。這是它最為特殊的貢獻。

在臺灣現代化的進程中，一九八〇年代的「社會再結構」是後來李登輝得以在一九九〇年代順利民主化的重要基磐。它讓民間的力量開始覺醒，開始參與社會改變，從而有了「以民為主」的理念與實踐。反杜邦運動是其中非常重要的開端，也是一個典範。

一九八〇年代，採訪社會運動的過程中，我曾多方參與，協助策劃串連；自己也策動過群眾演講，對社會巨變過程中的人性與在地文化、人文性格，充滿興味。我總是希望，有一天可以從人性與人文的角度，來寫一寫社會運動的歷程。反杜邦運動一直是我參與最深，情感最濃，也是長期關注的。所以總是想好好寫一則深度的報導，為歷史留下見證。

本文即是在事過三十五年後，以李棟樑和反杜邦為主軸，所做的歷史再現。許多當年以為尋常的平民百姓的閒談，生活中的一些細節，鹿港小鎮的人情等等，後來回顧，始知它代表的重要意義。希望此文可以為當年的臺灣社會巨變，留下真實的見證。

一九八六年的縱貫線

一九八六年六月初，下午，鹿港海邊一座古老的廟宇，幾個老人坐在廟前，鐵架搭出來的屋簷下，搖著團扇，悠悠然抽著紙菸，斜著眼睛，帶著幾分保持距離的冷淡，默不作聲，看我把車子停在廟前廣場邊的大樹下，關上車門。他們對望一眼，眼神陌生，帶著幾分觀望，幾分對陌生人的防備。

午後的陽光很強烈，地面被烤得發燙，海風拂過一大片木麻黃林，帶來微微海鹽的氣息。再過幾天就是端午節了，氣溫已經炎熱起來。

我和鍾喬先去洗手間，洗過手，用冷水沖一把臉，站到樹下，抽出香菸點上。吹一陣海風，略感涼意了，再觀望一眼，決定走向廟宇。

坐在廟前板凳上的幾個老頭子，仍用冷淡的眼神看我們。我不明白他們為什麼帶有這麼明顯的提防感。因為我所走過的農村，一般廟前庭子上的老人家都有幾分悠閒，或許無聊，特別愛聊天。

我們兀自走進廟裡，點上三炷香，向廟中的主神合十敬拜，祈禱此次來鹿港採訪，一切平安順利。雖然我看不出供奉的是媽祖還是什麼神明，但廟的香火旺盛，神明的臉都被燻黑了。

我們走到老人旁邊，逐一敬上香菸。他們一共五個人，坐在老式藤椅上，兩個搖搖手不抽菸，三個接受。我在他們身邊的一把舊藤椅坐下，回望著廟宇說：「咱這一間廟有上百年了吧？」

「神是好幾百年了，廟沒有那麼久，以前不在這裡，是後來才改建的。」抽著菸的老人說。他願意接受我的敬菸，會比較有善意。

「啊，拜的是媽祖？」我看「靈安宮」三個大字，卻不知道它的來歷。

「不是啦，我們拜的是大宋太后娘娘。」和前一個不同，這個老人的口音有很濃重的鹿港腔。所謂鹿港腔，其實就是泉州口音，尾音中有一點音樂感，讓人會想起南管。

「真的是大宋朝的太后娘娘？這也太古早了。」我有些驚訝。因為拜到宋朝太后去了，這未免牽連得太遠。

「咱這一間廟是有來歷的。當初咱們村的漁民在海上撿到一塊大木頭，拖了回來，後來太后娘娘來托夢，說那木頭是要刻成神明的，因為是太后，所以有很多陪祀的王爺。」一個坐中間的老人，指著廟裡面說。像很多農村的老人一樣，他穿著白內衣，灰色西褲，趿一雙褐色拖鞋，平凡的外表看起來很樸素，說話有濃重的海口音。但說話的架勢，銳利的眼神，比較像是鄉下常說的「頭人」，應該是幾個人之中的老大。

「哦，這麼久的歷史，真是了不起。」我表示敬意的點頭。

他們沉默。抽著菸的老人斜眼問：「你們要去哪裡？下南部路過哦？」

「去鹿港。」

「哦？你們來鹿港要做什麼？」老人帶著質問的眼神。

「去採訪啦，我是臺北來的記者。」我回答他。

「真的是記者嗎？」他看著鍾喬的小平頭，又看我拿著香菸，一副充滿疑慮的樣子。

「我還在當兵啦！他才是記者。」鍾喬摸一摸自己的平頭，指著我說。

「我在《中國時報》啦。記者。」我用臺語說。很奇怪，記者的臺語音，講起來像「乞者」。

幾個老人的面容有幾分相似，五、六十歲，都有一張被海風雕刻得皺紋很深的臉，為了遮蔽海風和烈陽而習慣性瞇縫著的眼睛，在小而封閉的村莊只熟悉相識的人與事，慣常了寂寞的、漫長的日子，以及對陌生人的幾分戒懼。

這並不奇怪，我走過的農村大體都是這樣。他們的孩子大部分在城市裡工作，很久才回來一次，村子裡大多只剩下老人和小孫子。小孫子是因為年輕夫婦無法負擔城市請保姆養孩子的費用，只好把孩子帶回家鄉托爸媽帶。我也是其中的一個。

從臺北南下，我走的海線縱貫道，一路所見，年輕人很少，不是老人便是小孩。

這是一條連通南北的濱海道路，從臺北的淡水、八里一路可以南下到臺南、高雄，俗稱「海線」。另一條南北縱貫道則是沿著山路，從桃園一路往南走，過新竹、苗栗，叫「山線」。

海線連接北至基隆港，中間經過桃園國際機場、臺中港，往南通到高雄港，這些都是外銷的大港口，貨物要從這裡上大船出洋，所以海線是大貨櫃車、貨運車的交通要道。在外銷生意非常好的一九七〇、八〇年代，趕時間出貨上船，趁外國的旺季前交貨，是中小企業的生存守則。

工人加班趕貨，貨車司機為了趕赴船期，往往開夜車，因此養成了吃檳榔提神的習慣。沿海線縱貫道兩旁便開了許多小檳榔攤子。為了搶生意，那些檳榔攤往往做成一間小小的房間，妝點著粉紅色小燈，教一、兩個年輕性感女郎，穿著迷你裙、三點式比基尼站在裡面，人們稱之為「檳榔西施」。買檳榔的司機停下來，總是要喝一杯維士比、保力達，再跟檳榔西施吃吃豆腐，摸摸小手，閒聊兩句，提提神，等精神好些了，再繼續上路衝刺。

粉紅小屋的檳榔西施，不僅是海線的提神興奮劑，更是旖旎的風景。

除此之外，開車所見，沿途的海線小鎮卻有一種荒涼感。道路邊是木麻黃、林投樹、沙堡的景觀。破落而寂靜的小村街道，老人的傴僂孤單的身影，單調的水泥房子，灰濛的老屋，蒼黃的老樹。

幸好，有這些粉紅色檳榔攤、比基尼女郎，像一個外太空來的奇異存在，綺旎的夢幻，點綴在荒涼的縱貫道上。而它的前面總停著幾輛巨大的大拖車、貨車，幾個粗壯的司機，面目黧黑，全身大汗，跳下來買檳榔，大口咀嚼，然後往地上，用力的啐一聲，吐一口鮮紅的檳榔汁。一轉頭，仍繼續跟比基尼女郎調笑吃豆腐。那比基尼女郎早就習以為常，朱唇輕笑，打情罵俏，毫無懼色。

然後，司機大喊一聲「走啦」，繼續開車上路。

如果開夜車，這些粉紅燈光和檳榔或許是貨車司機唯一的指引，寂寞的旅伴吧。

也許是海濱的人特別信神，海線縱貫道上，有許多建得非常宏偉的廟宇。雕樑畫棟，飛檐翹角，大紅大綠，色澤浮誇，彷彿是鄉村也富裕起來了，便有人捐錢來建大廟。

這樣矛盾而互相交融的景觀，構成為一九八〇年代，臺灣經濟奇蹟的「魔幻寫實」的風景。

羅大佑的〈鹿港小鎮〉

或許是下午時分，我們沿路開下來，路上行人不多。直到快靠近鹿港，才終於忍不住要停下來上廁所。

雖然停在一間路邊小廟前，一樣有著閒閒的老人，在這裡聊天。廟門口有一張板凳，上面放了一個白鐵的「奉茶」壺子。

「飲茶啦！」一個瘦瘦的老人說。他們在寒暄後，接受了我遞上的香菸，開始有一點善意的笑容。

「你們來鹿港採訪什麼？」

「採訪五月節啦，採訪划龍船。鹿港不是有比賽嗎？」

我想，這裡已經是鹿港的地界，他們應該算鹿港人了。「五月節」是指端午節，只不過閩南語沒有端午節這個說法，都叫五月節。

「還有兩天才比賽啦，你來得太早。」老人手指著海邊說。

「想先來看看，聽說這裡很熱鬧啊。」我說。「聽說，鹿港人在反對一間美國化學公司來設廠，這次五月節有活動呢！」

「哦？你怎麼知道？」那個頭人說，語氣又有點防範的味道了。

「在臺北有看到你們地方的報紙啦，報紙都有寫啊！」我警覺的說。

「哦？你是來探聽消息哦？」他態度轉為冷淡起來。

「也不是啦，我想要了解咱老百姓的想法啊。」我說。

「咱們，憨憨的老百姓，每天討海做田，什麼都不知道，怎麼會知道美國人要來做什麼。那是政府的代誌啦。」頭人口氣冷漠。

「但是，一間美國工廠若設在這裡，不會影響你們的生活嗎？」我問。

「你們是專門來探聽的？」他眼神斜視，掃過鍾喬。

我才忽然想到，他會不會因為鍾喬的平頭，懷疑我們是情治單位的人。

鍾喬跟我同一年從研究所畢業，我因為少年時生過慢性骨髓炎的病，不必服兵役，直接就業，在《中國時報》當記者；他依法去服兩年義務兵役，還好，也快到頭了，已經進入倒數饅頭的日子。只不過他很好命，在臺中老家附近當預官，每個周末可以休假回家，跟上班沒有兩樣。

臺中也是我的故鄉。兩年前研究所畢業前夕，生下女兒，因為夫妻都在上班，只好把女兒帶回臺中老家，請父母親幫忙帶，每個周末回臺中看她（當時周休一天半）。因為高中老同學都在臺中，每個周末夜，他們總是等我哄女兒睡著之後，相約在十點半左右，去中興大學附近的忠孝路夜市喝酒聊天，往往喝到半夜兩、三點。

包括鍾喬、翁志宗和我都是以前臺中一中文學社團「繆思社」的創辦成員，因此感情特別好。連帶的，大學時代的文友：詩人盧思岳，正在彰化精誠中學教書；中興大學畢業的范振國，現在一間私立商專教書；在臺中做皮雕藝術的顏山揚，也常常一起來聚會。

那一年春天，開始傳出美國跨國公司杜邦打算在鹿港設一間化工廠的消息，沒有人知道它要生產什麼化工原料。但化工廠的空氣汙染有多嚴重，凡是經過彰化縱貫線路邊臺塑公司的人都體會過。那種化學的氣味，不只是臭，而是一種異味，刺鼻而難以消除。鹿港人從彰化進進出出，早已膚受其苦，一想到化工廠就想到臺塑，而如果化工廠設在鹿港，那些古蹟被化工氣味汙染，腐蝕，古老的鹿港文物就完了。

這個投資案是經濟部的計畫，從一九八五年八月即由經濟部做為重大外國投資案，對外宣布，要生產的是一種化工原料，叫「二氧化鈦」。到了一九八六年一月十二日，媒體披露了設廠地點在閒置許久的彰化濱海工業區。

彰濱工業區在鹿港海邊，是一大片整出來的海埔新生地，因為沒有人來投資設廠，已經閒置很久。此時經濟部帶杜邦的人去現場視察，通過投資案，總投資額為六十四億，是當時最大的外資投資案。杜邦公司並依照國外的慣例，找了一間很大的公關公司，幫他們做鹿港在地的公關宣傳。

然而，鹿港人恐慌起來了。民間傳說紛紜，議論紛紛，卻沒有人知道內情。此時參選鹿港鎮長的王福入發起「鹿港鎮民反對劇毒二氧化鈦廠萬人簽名活動」。連署的人很快破萬。與此同時，參與縣議員選舉的李棟樑，也提出「反杜邦萬人簽名活動」連署。

李棟樑當選縣議員後，連署仍未停止，很快到達一萬六千多人。此時，在彰化精誠中學教書的盧思岳看到彰化地方版的新聞報導，帶著小小的剪報，跟范振國和鍾喬說起此事，認為「我們要主動去看看」。

過不久，他就和范振國騎著一輛破破的小摩托車，到了鹿港，找到李棟樑的縣議員服務處，事實上也就是他的家，表達了對鹿港環境運動的支持，希望能夠當志工幫忙。

李棟樑看到兩個不認識的年輕教師主動找上門，也不知對方是真的老師，還是情治單位派來刺探的探子（這在當時是很普遍的），就將他們介紹給了一位長得矮矮壯壯的小學老師——粘錫麟。粘錫麟也不知他們的來歷，但彼此有共同的教師身分，很快混熟起來。他們發現反杜邦雖是一場反汙染的環境運動，但李棟樑也好，粘錫麟也好，乃至於他們自己，都沒有人知道環境運動要怎麼走下去。要怎麼跟民眾宣傳環境理念，怎麼向政府表達抗議，怎麼達到反杜邦設廠的目的，整個過程沒有人知道該怎麼做，一切都在摸索。

唯一知道的是：臺灣的汙染已經這麼嚴重，河川發臭，魚蝦不生；空氣汙濁，呼吸不淨；土地汙染，農作難存。再下去，人們再也無法生存了。

當時的臺灣，唯一有過的反對汙染的對抗是臺中市大里的三晃農藥廠。三晃農藥廠設在當地的農田中，未管制廢水排放，就直接流入農田的灌溉溝渠裡。跟著農民灌溉水流一起流入水溝、溪流，一路毒死了許多魚蝦、生物，並且滲透到地下水源，連農民抽地下水出來生活飲用的水，都帶著農藥味。居民嚇壞了，去衛生局舉報。但當地政府根本沒有來徹查，甚至許多時候，明明有毒廢水剛排放，證據明顯，民眾立即舉報，可衛生局的人姍姍來遲，等到廢水停止排放了，衛生局的人才出現。

這造成民眾很大的憤怒，覺得這根本是官商勾結，無法解決問題，於是憤怒的民眾團結起來，去包圍農藥廠門口的通路，不讓廠區的汽車進出，他們就無法出貨。這逼得農藥廠出面談判。事實上，民眾的要求也很簡單，消除汙染，管制汙染，不再排有毒廢水而已。

可是僅僅是這麼簡單的訴求，苦苦哀求，到處陳情，抗爭了一、兩年，卻沒有結果。

那時開始流行起一句話「自力救濟」。也就是當政府無法保護你的時候，你只能靠民間的力量拯救自己。

至於怎麼拯救才有效，誰也不知道。更何況三晃是已經設了廠，杜邦根本還沒來。所以鹿港人反對杜邦來設廠能不能成功，誰也沒有信心。更何況，這是比臺中三晃農藥廠更大的美國公司，它背後的實力，比日本人更強大太多了。

鹿港人好客又能喝酒，粘老師也能喝幾杯，由於想法接近，盧思岳、范振國和粘錫麟很快成為好朋友。不久鍾喬也因為在臺中當兵只是閒差，假日常常往鹿港跑。只是他仍有軍籍，必須隱身幕後。

我是在鍾喬和盧思岳的介紹之下，決定來鹿港採訪的。畢竟到目前為止，所有關於反杜邦的消息，都只是地方新聞，出現在彰化地方版的小小一塊報導，其他縣市根本看不到，引不起全國性的注意。他們希望在《時報新聞周刊》工作的我可以寫作一篇報導，讓鹿港有反汙染運動的消息廣為人知。

事實上，我給報社的出差報告上，仍不敢說這裡有一場環境運動，因為它根本還沒有成型。我只能說，有鹿港人在連署，反對美國杜邦公司去設廠，如果設了廠，羅大佑歌中的鹿港古蹟和漂亮的古鎮風光就會被破壞了，所以該去採訪。

我的成行，坦白說，要感謝羅大佑那一首歌〈鹿港小鎮〉。它太風靡了，以致於人們想到鹿港，就想到那個歌詞裡的「我家就住在媽祖廟的後面／賣著香火的那家小雜貨店……聽說他們挖走了家鄉的紅磚砌上了水泥牆／家鄉的人們得到他們想要的／卻又失去他們擁有的／門上的一塊斑駁的木板刻著這麼幾句話／子子孫孫永保佑／世世代代傳香火／鹿港的小鎮」。

這樣具有古老文化象徵性的鹿港小鎮，如果因為跨國公司的化學工廠而破壞，那鹿港就萬劫不復，而臺灣也永遠失去象徵的香火了。現在，鹿港在地的人要站起來反對。

報館同意我的採訪申請：出差五天，停留到端午節，看完鹿港的划龍舟活動之後。因為據說，端午節會有許多保護環境的活動，這是反杜邦的高潮。

就這樣，我和鍾喬才能站在鹿港旁邊的廟裡，和老人家聊天。在下午的驕陽下，喝著廟裡的「奉茶」。

拿筆的人和拿鋤頭的人

「你們是要採訪什麼？你是哪個單位，我們怎麼知道。」那個頭人發話了。

「我是《中國時報》啊，你們這裡也有地方記者。不過，我是從臺北來的。」我回說。

「你說是這樣說，誰知道你不是來探聽消息的。」一個瘦小的老頭子說。

「幹，常常有人假裝是記者，來探聽消息，去做報馬仔。前幾天就有一個來探聽的。」另一個人吐出一口香菸說。

「啊，原來如此，難怪這麼提防。」我在心中暗想。

「誰知道，那個美國人的公司就還沒有來啊！話就傳出一大堆。」頭人用冷淡的態度說。

雖然還未進入鹿港，海邊的老人家就用一種防範的態度迎接外來客，很顯然，各種壓力已經無所不在的來臨了。

為了取得他們的信任，我乾脆遞出名片，擺明了態度，而且用家鄉腔的臺語說：「我要來採訪，是因為我也是臺中人。以前，讀書的時候，我常常來鹿港玩，去看那個文物館的古蹟，也去海邊看人討海。咱鹿港的海產也很好吃呢。聽說，美國公司是化工廠，若是按呢，咱們鹿港的古蹟是不是會破壞了了，所以咱在地的人，要來關心啦！」

「哦，你也是臺中人。」那頭人開始改變態度了。「前幾天，有調查局的人才過來問東問西。我們都會怕。」他誠懇的說。

「他們這麼過分嗎？老百姓要保護地方的環境，也不行？」我附和著說。

「唉，誰知道。伊們美國人，拳頭母較大隻，咱草民、老百姓，講話敢有人聽？」瘦小老頭說。

「聽說，伊美國人的公司，去印度設化工廠，毒氣漏出來，附近的老百姓死了幾千人。這款的工廠，專門要來害死老百姓的。」頭人繼續說。

「伊講的那些有的沒的，都是化學名字，有毒無毒，誰知道？咱們看得懂嗎？我們什麼都不懂，你就故意來這裡設廠，是要欺負我們這些憨百姓不識字嗎？」另一個老人忿忿的說。

沒想到，連印度波帕爾的化工廠毒氣事件（Bhopal disaster）所造成的數千人中毒死亡的消息，都在鹿港民間傳開來了。這出乎我的意料之外，因為即使在臺北，除非是關心環境問題的知識分子，或許會注意這消息，其他人知道的很少。沒想到這裡的海邊漁民都知道了。事關己身安危，顯然鹿港人非常關心，街談巷議傳播得比新聞報導快。

「幹，伊美國人土地那麼大，怎麼不回去美國設在伊家裡就好？要用也不必運費啊，幹嘛還跑來臺灣設廠？幹，不安好心啦！」一個老人說。

「這鹿港的古蹟很珍貴，他們如果破壞了古蹟，以後再也無法找回來了。」我說。

「什麼古蹟？人較重要啦。幹，咱鹿港海邊的漁民，靠海生活的人有多少，你知道嗎？這個美國公司若來，漁民抓沒魚，那海邊，飼的魚啊蝦啊，死了了，伊是要叫咱去吸毒氣自殺哦？」頭人憤憤的說。

此時我才想到，古蹟是我們這種文化人才有的想法，對當地的人來說，生存才是最重要的。

細談了一陣子，我才了解，他們根本不知道杜邦公司是什麼，只知道是一間跨國公司、化學工廠，至於生產的二氧化鈦是什麼，有多大汙染，根本沒有人知道。

但這一、兩年內，臺中的三晃農業廠造成農田汙染，連抽出來的地下水都有農業味；臺南二仁溪重金屬汙染，海邊挖出來的牡蠣是綠色的，報紙上登得特別大張，彩色的那種螢光綠，綠得非常駭人。河流汙染、空氣汙染、海洋汙染，無處不在的汙染，鹿港人怕到了。

更何況，鹿港海邊還有許多人靠海為生。鹿港旁邊的王功，海邊「種」滿了牡蠣，藉此維生的養殖漁民固然不少，更多是靠著幫人挖開牡蠣殼，取出鮮蚵去出售的家庭婦女和老人。和許多沿海的城鎮一樣，年輕人都出去打工了，只有老人和婦女留下來，靠沿海的一點手工維持生計，如果連這個都無法生存，那就真的無路可走了。

此外，鹿港海濱還有不少養殖漁業。沿著海岸線走，可以看到養蝦、養魚、養鰻等精細而高價值的養殖魚池。如果來了化工廠，海風一吹，汙染空氣飄散，這些魚池全部毀光光。當然，也還有許多靠近海捕魚維生的漁民，他們也有漁市漁會，每天早晨在市場出售。如果有了汙染工廠，怕這些人的生計都會受到影響。

這樣的生存恐懼，才是反杜邦連署會得到萬人支持的原因吧。

「你們真的是記者嗎？」訪問已到尾聲，頭人模樣的老人家凝神注視著我，認真的問道。

「是啊，我不是給了你名片。那上面都是真的。」我認真的說。

「那我們跟你說這麼多話，你會報導出來嗎？」他問。

「會啊，但不一定是你說的全部。我們還會再採訪李棟樑啊等等的鹿港頭人。他們也有說法，要合起來寫。」我認真回答。

「唉，你要真的寫出來喔！」老人有點沉重的深深感嘆著說：「我們拿鋤頭的人，只會做田，不會講話，講話也沒人聽。你們拿筆的人啊，才能夠寫出來，才會有人聽，就要說出我們心聲啊。」

「會的，我會寫出來的。」我直視他的眼睛，鄭重的承諾。

我未曾料到，他輕輕說出的這幾句話，卻像鉛塊一樣沉重，重重的落入到我的心底。

「拿筆的人啊，要幫拿鋤頭的人說說話」，不只是在寫鹿港報導的時候，更是在寫所有報導的時候，乃至於這一生，都牢牢記得這句話。

筆便是我的鋤頭，是我在大地上唯一的勞動，唯一的奉獻。這筆，是要為無法說出心聲的人說話的。

每當我覺得難以繼續寫作，每當虛無襲上心頭，每當內心軟弱無力的時刻，我總是想起他的那一聲感嘆的叮嚀：「你們拿筆的人啊，要幫我們拿鋤頭的人說話」。

賣著香火的小雜貨店

出乎我的意料之外，李棟樑的家，雖然不是在天后宮的後面，卻毫無疑問的、確確實實的，是「賣著香火的那家小雜貨店」。

李棟樑家門前放著幾個民眾燒金紙用的紅色鐵筒，都是全新的，大約是出售用的。木製的老式木頭拉門大開。大門進去，牆兩邊俱是各色金紙。小時候，過年過節拜拜，我常常要幫祖母去買金紙，因此知道壽金、天公金、四方金等，對這種香火店的燭香味，非常熟悉。在香火店的櫃臺側面，有一道小門，進去才是李棟樑的辦公室。

一如中南部殷實商人家中常有的擺設，一尊大大的彌勒佛木雕，笑口常開，放在屋子的一角，幾張長型的辦公桌連在一起，上面堆了一些毛筆字寫的海報。就海報來講，字寫得很工整，看起來還真不錯。標語寫著的無非是「我們只有一個地球」、「我要乾淨地球，不要美國汙染」、「鹿港人不當汙染的共犯」等內容。

李棟樑不在，只有兩、三個志工在這裡議論。他們也都是鹿港人，有做木工的，也有漁會的幹部。我有點好奇問他們漁業生產對他們來講有多重要。

他們聽說我是《中國時報》記者，從臺北派來的，又是朋友鍾喬帶來的，可以信任，便很激動的你一言我一語，交叉說了起來。

那漁會的人用濃重的鹿港口音，很憤慨的說：「咱們鹿港就是靠海生存啦，伊娘咧，你來一個化學工廠，把海都汙染了了，魚都毒死了了，人是要按怎生存啦？」

「伊這個化學工廠，聽說是印度汙染，毒死幾千個人，才要遷來咱臺灣。好死不死，要遷來毒死咱鹿港！」

「真夭壽哦，這個政府，叫人來跟咱們說，伊是美國公司，不會有汙染。若是不會有汙染，你為怎不去設在臺北，要來設鹿港海邊？幹，印度死了幾千人的化學工廠，怎麼可以讓它進來？」

「你想想，彰化那個臺塑，只要經過那裡，臭味傳千里，我們鹿港人那一個沒聞過？你要來設一個化學工廠，叫我們天天聞，人要怎麼活得下去？」

「何況，現在我們的孩子，天天聞得到海風，空氣還算乾淨，你搞一個化學工廠，臭氣滿天，這樣孩子能養得大嗎？」

「我們只有一個地球，我們只有一個臺灣，不能讓它來鹿港，也不能讓它來臺灣！」

我邊聽邊記，才發覺一個很有意思的現象。他們對化學工廠的印象，就是來自印度波帕爾事件毒氣外洩，害死了幾千人，他們口耳相傳，以為要來的就是這個美國公司。而對化工工廠的實際體驗，就是來自臺塑。這兩者相加，構成鹿港人對杜邦來設廠的認知基礎。如此壞印象，不反對也難。

不久，李棟樑回來了。做為金紙店的兒子，他長得身材高大，形體健壯，抬頭挺胸，方頭大耳，很有氣派和自信，更有一種敦厚穩重的氣質。

我心想，敢於帶領鹿港人起來反對一間美國跨國公司，這實在需要很大的勇氣，因此問他反對杜邦設廠的理念。他的回答並沒有什麼高深理論，也沒有更多的資料，只是平平實實，有時說到一些臺北知識分子常用的理論，如「我們只有一個地球」等，還有一點結巴。顯然他不是搞理論的人。不過，他談到鹿港有重要的海洋資源，鹿港海邊有許多養殖業，產值非常高，如果汙染了，不只會傷害鹿港人的生計，而且海洋資源破壞之後，整體是臺灣的損失。

「這一片海洋是我們鹿港人的根本，我們靠它養大了小孩，是我們的祖先留給我們的，也是我們要留給子子孫孫的，不能在我們的手上斷送。」

他用泉州口音的臺閩南語講「子子孫孫」的時候，還特別加強「子子」的仄音，講了好幾遍，有一種很奇特的認真和慎重，以致於三十幾年後，我彷彿還能聽到他的那種特殊加重口音。

我提醒他，鹿港還有深厚的歷史文化根底，這是外界最在乎的，不容被破壞。他才想起來說：「鹿港是臺灣人來臺開發的最早港口之一，一府二鹿三艋舺，鹿港保存臺灣人的傳統，鹿港有幾百年的老廟、老街，而且我們還有划龍舟，這些很傳統的民俗，保留下來。如果海邊汙染了，我們去哪裡划龍舟？這些民俗也沒有了。」

至於未來怎麼反對下去，除了連署之外，有什麼作為？他倒是沒有說出什麼抗爭策略，只平和的說，一步一步，向政府表達我們鹿港人反對杜邦設廠的意見，我們一定不要杜邦來鹿港設廠。

李棟樑實在不是一個有理念的環境專家，更不是煽動型的演說家，講話踏踏實實，也沒有說出標語式的環保概念，然而一旦談到海洋、土地、鹿港的民俗文化，他就充滿感情。特別是「祖先留給我們的，我們也要留給子子孫孫」，這種傳承的感覺，從他平凡的口中說出來，反而有一種「大地之子」的味道。

訪問完，我跟盧思岳、鍾喬他們先站到門口觀望附近地形，順便抽菸。望著這一間賣著香火的小雜貨店，堆疊起來的金紙，成束成束的沉香，從屋子裡飄出來，我在想，這一家店，李棟樑應該是傳承自他的父親，他也會把它傳承下去。文化的傳承，便是在「祖先留給我的，我也要留給子子孫孫」。環境保護，如果能這樣想，就好了。我們的這個地球的子民，能這樣想，就好了。

隨後，李棟樑帶我去察看幾個活動現場，因為明後天就要辦了，他也要看看籌備的情況。

事實上這是一個觀察的機會，因我不知道反杜邦運動到底多少群眾基礎，那些漁民和廟宇裡的老人，是不是有足夠代表性。

我們先去鹿港一間國小，小學的圍牆外，靠馬路邊的一面，掛滿了小學生的畫作。那些水彩、蠟筆所作的畫，構圖純真，花鳥草木，藍天大海，人物房舍，線條簡單，各年級都有，色彩繽紛，活潑可愛。可細看主題，全部以保護環境為中心，圖畫中寫著「我們只有一個地球」、「不要汙染我家鄉」、「花香鳥語是我家」、「我愛地球」諸如此類。但寫得最多的，仍是「我們只有一個鹿港」、「我愛鹿港，不要杜邦」。總之，在鹿港的街道上，竟然已經寫滿反杜邦的口號，而且是由中小學生畫的。

這大大出乎我的意料之外。這表示學校已經有動員力了。我問李棟樑，你們怎麼辦到的？學校是很保守的地方，怎麼會配合這種活動？

李棟樑說：「學校老師和校長，有很多是鹿港文化教育界的名人耆老，他們支持我們的活動啊。那我們就請鹿港青商會來主辦，在幾個中小學辦繪畫比賽，定的主題是『我愛地球，不要汙染』。結果學生自己就畫成這樣了。端午節那天，我們還要給選出來的優秀作品頒獎，還有獎金哦，雖然不多啦，學生嘛，意思意思。」

我們一邊走，一邊聊。

「那這些作品這樣展出，情治單位不會有意見嗎？」我擔心的問。

「他們能有什麼意見？學校辦的比賽啊，而且主題也是很正確的。愛護環境，反汙染，有什麼問題呢？只是學生要畫成這樣，成了反對杜邦設廠，他們也毫無辦法。」李棟樑笑著說。

「看起來，連中小學生都動了起來，那學生的家長也就都知道了。這不就是鹿港人都動起來了。」我感嘆的說。

「小學生也要在乾淨的環境長大啊！」李棟樑呵呵笑著說。

鹿港的大街小巷掛滿了學生的畫作，顯得五彩繽紛，特別熱鬧。再加上為了划龍舟而做的宣傳海報，整個鹿港小鎮的街道，彷彿大節慶要來一般。

此外，許多活動在端午節當天舉辦。海邊有划龍舟大賽，寺廟有拜拜、頒獎典禮、服裝展示等等。

隨後，我們走到了一間學校禮堂。

李棟樑來此是要察看一個端午節當天要辦的活動。為了慶祝端午節而舉辦的特別節目中，有一項「肚兜大展」，展出鹿港最著名的刺繡，而刺繡中最著名而性感的即是肚兜。

只要你走進鹿港一定可以發現，老街上最多的是做精緻雕刻的神明桌和木工漆器的店。神明桌也需要精緻漆工，這兩者是合一的。另一個便是給神明大轎、廟堂神殿裝飾用的刺繡。這刺繡功力，當然也用在服裝穿著上，特別是有錢人家，花錢在外衣的刺繡，是給人看的，花錢在精細的內衣，便是肚兜上的紋樣。

將細緻的荷花、牡丹、蘭花、鴛鴦、仕女等圖案，以花團錦簇、寶藍艷紅、清雅柔細的色澤，以細細的針線，刺繡在肚兜上，襯著細緻白皙的肌膚，那大約是有錢人家才能享有的閨房之祕，房中之樂。

想像在典雅的古屋中，八腳雕花眠床上，白紗絲帳輕垂，斜坐著一個穿著刺繡肚兜，白皙水嫩的少女，那種帶著古典幽暗的神祕之美，才真正是極致的性感。我心想，鹿港老家族還真懂得性感與審美。

此次辦「肚兜大展」，是展示肚兜的刺繡與設計之美。但這只是衣著，擺在櫃中，有何美感？所以還要辦一場肚兜的走秀。邀請模特兒公司聘請美女，穿著肚兜，露出長腿走秀。

這是多棒的點子！想像舞臺一個個漂亮女子，明眸皓齒，身材玲瓏，上身只穿著一件繡著牡丹花的肚兜，鮮紅寶藍的色澤，襯托著雪白的肌膚，白嫩嫩的手臂和胸部，被小肚兜緊緊包住，更顯出胸部的豐潤如玉，性感無比。在幾百年的古廟老鎮裡，展示古老的美麗。那是多好的畫面。

李棟樑就是來看看這舞臺搭得如何了，以及反杜邦的宣傳海報有沒有擺好。

其中有一張海報上竟然寫著「我要肚兜，不要杜邦」。

我一看就樂了，跟李棟樑說：「這構想，太厲害了！真有創意！」

黃昏的時候，夕陽西斜，餘暉照亮老街古蹟的時分，我們來到龍山寺。

鹿港龍山寺始建於明末清初，乾隆五十一年（一七八六）遷建到現址，到今年（一九八六）正好兩百年。鹿港藉著端午節所舉辦的各項慶祝活動，總不忘把龍山寺拉進來。

李棟樑走進龍山寺古老的廟宇大埕中，廟埕的四周已擺了許多海報，上面寫滿各種「我愛鹿港、不要杜邦」、「愛鄉愛土，不愛汙染」等等標語。

廟前已聚集了許多人在看那些海報。

此時天色已昏。夕陽光緩緩轉為金黃。金光燦燦，斜照在古蹟上。

攝影的人都知道，古蹟的色澤偏老舊，如果正午陽光，裸照而下，古蹟並不好看。但在黃昏的夕陽光下，或者清晨的初升陽光中，古蹟會像浮雕一般，敷上一層金粉，打出最漂亮的光。而此刻，夕陽正一點一滴的在龍山寺的背後，慢慢沉沒。那些最後的金粉之光，恰恰打在古蹟上。而古蹟的前方，那掛著的海報上，正寫著「我愛鹿港，不要杜邦」。

兩百年古蹟，在夕陽下，拚了最後的餘光，對抗跨國公司的入侵，而對抗的標語，竟是「我愛鹿港，不要杜邦」、「我愛肚兜，不要杜邦」。

用肚兜，對抗杜邦；用美感，對抗汙染，這畫面，太經典了。

我忍不住按下許多快門。可是這時，我所用的是一臺尼康（Nikon）的舊相機，是臨時跟一個親戚借來的。他的曝光表一直有問題。我一時間也不（知道該如何才算準確，於是只好用不同的曝光，逆光連拍七、八張。心想，反正總有一張給我矇上了。

李棟樑看我拍照，也覺得好玩，就說：「這個很幽默哦。我們地方的社團辦的，特別邀請模特兒來演出哦。女孩子都很漂亮，到時候，穿古裝的肚兜走秀，一定大轟動。你一定要來看。」

「美不勝收啊，一定要來看！」我心想，這真是百年一遇的奇景。

後來我才知道，這點子是范振國給出的。他看到大展，就給粘錫麟說，不妨寫出這標語。粘老師快手，書法又好，便寫了幾張海報，給掛了出來。

李棟樑非常好客，酒量又好，當夜他約了鹿港的幾個好友，漁會的陳景松、老書法家施文炳、木工公會的阿男等人，在一家海鮮餐廳，當晚就喝開了。

他還特別介紹一種海邊人愛吃的紅色鮮魚，叫「紅新娘」。魚身不大，鮮紅修長，用油炸過之後，細骨都帶著酥脆，味道極是鮮美。那真是下酒菜的極品。

首度見面，我直覺李棟樑有一種很特別的大地之氣，誠誠懇懇，憨憨厚厚，含笑呵護，具有某一種讓人信任放心的特質。

後來我曾帶好朋友李疾去鹿港，跟李棟樑認識，也一起喝酒。從事《民俗曲藝》採訪的李疾流浪各方，訪過各種奇人怪俠，他後來說：「李棟樑那個人啊，頭大面四方，肚大奇才王，你不覺得，他就是我們豎在田中央的那一尊土地公嗎？保護一方土地，保護一方子民。從臉型到個性，就是一尊土地公。」

這大概是最精準的刻劃。

我們只有一個鹿港

沒有來到鹿港小鎮，我真的無法想像，一場環境運動，竟然可以在地方上點燃火把，變成全民參與的活動。

真的是「活動」。端午節那一天，各種活動歡度節慶般展開。地方上的頭人、來自天南海北的鹿港企業家、民間公會、糕餅小店、家長學生等，全都走上各個活動現場。而「我們只有一個地球，我們只有一個鹿港」、「我愛鹿港，不要杜邦」的相關標語，貼滿了街道。彷彿它不是一種抗議，而是一種愛鄉土的宣告。

許多社團，如獅子會、扶輪社等，同時舉辦各種活動。小朋友繪畫比賽、學生演講比賽、服裝設計大展、划龍舟比賽、廟口的南音表演等等，這些熱熱鬧鬧、繽繽紛紛的活動，內容中竟都加入了愛鄉土、愛地球、反公害、反汙染等內容。甚至不相干的肚兜大展，也要來一下標語。

在環境問題上，一本由臺北學者所寫的《我們只有一個地球》（註1）雖然已經變成環保的基本教義書，但所引用的多是外國的觀念，在鹿港這種小鎮，看過的人沒幾個。知識分子對環境的訴求，雖然訴諸地球生態，但它與地方上的民間生存、生計、生活缺乏連結；更何況，生態的破壞也不是只有一家，如果沒有直接威脅到居民的生存，他們為了怕麻煩，也怕被情治單位約談，大部分人也不願意站出來。

在這種情況下，即使各種公害事件，從多氯聯苯、綠牡蠣、大潭村鎘米汙染、淡水河汙染，再到臺中三晃農藥廠汙染，大多只見到受害者的報導，卻無法形成一個夠強大的社會壓力。唯一形成地方民眾力量的，是臺中大里的農藥受害者成立公害防治協會，但只是部分附近居民參與，未能形成群眾團體。環境運動一直無法開展。

然而鹿港這一次卻完全不同。就民眾的參與程度來看，從漁民、木工、商業團體到學生、社區居民，幾乎全員參與了。而原本屬於知識分子的語言「我們只有一個地球」，被轉化為「我們只有一個鹿港」。將國外的環境觀念，成功嫁接到鄉土大地的認同，並且能召喚出民眾的參與。這確實是以前未曾有過的。

是民間對汙染的承受度已經達到飽和，終於起而反抗？還是鹿港特殊的歷史文化積累、愛鄉愛土的情感特別深？或者對未知的恐懼，使得鹿港展現前所未有的大團結？

更有意思的是李棟樑這個人，他並不高調，也並非是知識分子那種理論型的人物，而是一個地方型的縣議員。所關心的議題也多半屬於地方建設之類的。此次出手連署反對杜邦來設廠，有人認為是和議員選舉有關。他也確實以最高票當選。但他在當選後仍堅持要把連署進行到底，連署人數達標之後，他帶著名冊北上，送交給經濟部、行政院、立法院、監察院等陳情，希望能夠阻止杜邦設廠。

他也懂得團結各方社團。舉凡商業、公會、工會、廟宇、文化、教育、慈善等，各方面的社團，都是他聯絡的對象。鹿港是臺灣最早發展的港口，清朝稱臺灣三大城為「一府二鹿三艋舺」，都是水岸碼頭。鹿港隔著臺灣海峽，最接近的地方是泉州，所以泉州移民最多。鹿港人的口音完全與泉州一樣。而泉州自宋朝以來，即是世界第一大港，有上千年的商業傳統，因此鹿港人也很會經商。全臺灣各地，從南到北，從傳統的商業百貨到高科技，都有鹿港商人的足跡。他們在各地都有同鄉會，互相支援。因此當這些社團要動起來，人脈、錢脈、知識的資源，是非常豐沛的。

也因為鹿港的深遠歷史文化傳統，這裡有許多文化人、書法家、教育家、社會運動者。日據時期就有詩人、漢學家保持抗日傳統，一生不願認同日本統治，因此鹿港人一直自認是中華文化的傳承人。

羅大佑所唱的「媽祖廟裡燒香的人們」、「紅磚古厝」之外，其實鹿港更珍貴的是它無形的文化資產。

這一點，從李棟樑反杜邦的標語上就看出來了。那些掛在牆壁上的白布條，有許多是在地書家的手筆。他們認同這一場運動，自己來當義工，動手就寫。

不分身分、如此團結的環境運動，如此舉鎮動員的力道，那種把反抗當節慶辦的氛圍，是以前未曾有過的。我知道，改變臺灣環保運動的契機，可能就在這裡。

回臺北之後，我寫了長篇報導，從當地民心民情、鹿港生計、農漁業產值、古蹟等，做了故事性的描述。然而，最讓編輯臺震撼的是那一張龍山寺黃昏的照片。兩百年廟宇前，夕陽金光燦爛，斜照著那古老的雕樑畫棟、飛檐老牆，但它的前方卻掛滿抗議的標語，抗議一個化工公司的可能到來。

歷史古蹟對抗工業文明，漁民生存對抗汙染工廠，鄉土之愛對抗跨國公司，古老的美感——肚兜，對抗現代醜陋的化工公司。所有的矛盾，凝結在這一次的社會運動上。

那一張照片被做了彩色跨頁。放大的照片，讓黃昏光線下的古蹟與標語，看得更為細緻。

這一篇報導終於讓鹿港反杜邦運動從地方新聞躍升為全國性新聞。全臺灣都知道鹿港正在發生大事，而環境運動的契機，已經從最古老的小鎮、最美麗的廟宇開始。自此，許多文化人到鹿港表達關心，也有不少媒體加入採訪。

需要知道的是，當時的報紙，在戒嚴體制下，限制只能有三大張。扣除掉各種廣告版面，大概只剩下兩大張，大概八個版，其中就包括全國新聞、副刊、生活家庭版等，所以，報紙特別有地方版，乃是將各地方性的新聞，分為北中南東等七、八個縣市劃分，以增加新聞的涵蓋面。但如此一來，這個地方不了解另一個地方發生什麼事。例如臺北人就不知道高雄發生什麼事，除非它重要到躍上全國版。因此上全國版的新聞，意味一件事情的影響力大增。

鹿港反杜邦運動若能躍上全國版，意味著成為全臺灣關注的焦點，對環境運動的影響，確實太重要了。

鹿港古廟的結拜

大約發表了報導兩個星期後，盧思岳打電話給我，說那報導後，有許多媒體來採訪，確實效應很好，但由於引起臺北執政當局的注意，地方上的壓力也大增。地方的情治單位、警備司令部的人，直接來找李棟樑談判，要他如果有什麼計畫，要先報告，同時為了怕給地方招麻煩，他們乾脆勸他：「你已經搞到這個地步，全國都知道，很有名了，鹿港人也知道你已經兌現反杜邦的承諾，你就不要再搞了。這時候收手，還來得及。」

「可是，這是我對鹿港鄉親的承諾，怎麼可以放棄？」

「再搞下去，臺北會直接下來管，你麻煩就大了。到時候，可能由警備總部、安全單位接手，那就不是我們地方上的人可以幫忙了。你看著辦！不要現在勸不聽，以後要後悔就來不及。」

李棟樑身邊有些社團、公會也接到情治單位的電話、拜訪，要求他們不要再參加李棟樑的活動，以免碰到麻煩。

盧思岳頗為擔心李棟樑會不會承受不了四面八方圍過來的壓力，動搖了。雖然這個時候，《人間》雜誌已經派了蔡明德來採訪，陳映真非常關心，鍾喬也隨時會跟他回報，但他仍希望我去看一看，畢竟李棟樑對我頗為信任，希望我能多影響他。

南下的那個下午，李棟樑正好有事。本來想約隔天，但後來他說：「其實只是一個選民服務的項目，要去大肚，幫人家處理車禍的賠償，如果你不介意，我們傍晚一起去看看，晚一點再回來鹿港一起吃晚餐。好好喝一杯。」

我於是決定陪他去走走。那是一個家境並不是太寬裕的家庭，在大肚山上，因為車禍而影響生計。李棟樑幫一個鹿港人送去慰問金，也順便和對方商量賠償的金額。他的態度誠懇，對方也有著農村的純樸，體諒彼此的困難，很快達成協議。

回程中，我問他來自各方壓力的事，他直言：「我還好，可是身邊的朋友被情治單位找去約談，實在很不好意思。他們都是生意人、教育家、書法家、地方上有頭有臉的人，你也知道，大家本來都是好意，可是很怕麻煩。」

他嘆了一口氣：「我只好跟他們說，不要怕，有什麼事，你就說，不是你們負責的，都是被李棟樑邀請，才被動去參加的。叫他們有什麼事，來找我就好。唉，給朋友帶來麻煩，真歹勢。」

「他們會怕嗎？是不是有人退縮了？」

「大部分的人都會怕啦。鹿港是一個小地方，大家都認識，平常跟這些調查站、情治人員也都是朋友。他們其實也說不上是來壓迫，有一點強制，又像拜託。大家就有點不好意思了。」

「他們有來勸你要收手嗎？」

「是有人來說，臺北的行政院、經濟部看到新聞，都知道了，我們可以停下來，等他們再做決定就好。」

「可是，你們一停下來，人都散了，不怕他們就這樣，突然通過了，你們再反應都來不及？」

「就是啊，人若散去了，要再找回來，很不容易。我們申請的彰化縣公害防治協會，也還沒過，萬一就這樣散了，公害防治協會也做不起來。」

「如果大家的支持停下來，他們看你們氣勢一弱，就更敢來設廠了。這一旦通過，以後就很難阻止。」

「是啊，你說得沒錯。可是，我們該表達的都表達過了。我們的區漁會、青商會、扶輪社，甚至彰化縣長黃石城都表達反對杜邦設廠，這些意見，上面都沒看到嗎？蔣經國難道不知道嗎？」

「他們可能認為，跟很多地方的環境運動一樣，吵一吵就過去了吧。我去採訪過三晃農藥汙染事件，農藥廠基本和地方的衛生局是有勾結的，所以每一次去舉報，都是很久才來，汙染水源的排放早就結束了。民眾也吵啊，包圍啊，但有什麼用，大家還是要過生活，總不能天天抗議，天天放下工作，只為了包圍工廠。所以他們不怕啊！」

「由此可見，如果杜邦真的來了，以後就再也不會走了。」李棟樑說。

「所以啊，如果反杜邦不能成功，等它來了，就別想再反了。」我說。

「啊，應該讓他們都知道，不然會沒有決心。」李棟樑說。

「其實有機會，也該讓更多的鹿港民眾知道，上街頭辦一辦演講，讓大家多一點環境保護的觀念。」

「有啦，我們有在構想了，以後會儘量在鹿港的村里來做宣傳。不過，要像端午節那樣大規模來辦活動，也很不容易了。」

確實也是如此。像端午節這樣鹿港全民參與的活動，是由於恰逢傳統節慶，依附在傳統既有的活動上，把宣傳灌在裡面，容易做到。但如果要單獨辦活動，也就是舉辦環保演講，自己號召群眾，一起討論公共事務，那又是另一回事。直白的說，民眾敢不敢參與，原本支持者敢不敢來參加，都是另一重考驗。

更何況，從一九七九年美麗島事件之後，戒嚴令特別嚴格，早已沒有人敢上街辦演講活動了。

接下來，在戒嚴令的限制下，反杜邦只能小範圍的在鹿港辦活動，或者繼續上臺北，去向經濟部、行政院陳情。是陳情，不是抗議。

然而，我所擔心的，反而是他。他畢竟是一個地方型的縣議員，沒什麼政治心機，對臺北中央的政策、戒嚴下的情治手段、政商利益的共犯結構，似乎還不是很了解，帶著純粹的初心，為了保護鹿港、愛護環境，站出來抗爭，可是未來如果遭逢更大的壓力，他會扛得住嗎？一個縣議員，只能影響縣議會，影響力遠遠比不上省議員、立法委員，未來的壓力，他能承受嗎？

看起來，環境運動如果要有影響力，還是要有人士進立法院才行。

因此我問他：「你自己呢？這運動這樣做起來，你有什麼打算？」

「就是讓反杜邦，不要來鹿港設廠啊。」

「可是，一個縣議員，力量總是有限的。想想看，如果是省議員，可以影響省的決策，立法委員，可能影響中央的決策。這樣才有影響力。」

「哦？我才剛選上縣議員啊。」他呵呵笑著說。

「我是說未來啦。我東跑西跑，到處採訪，總覺得環保很無力，可是如果有人可以影響決策，那才有力量。所以，你可以規劃一下啊！規劃自己的未來生涯。」

「啊？怎麼規劃呢？」

「你現在是縣議員，慢慢有了群眾基礎，可以選鎮長、省議員，全臺灣那麼多汙染，那麼多老百姓沒地方去申訴，多可憐，也該有省議員幫他們說話啊。等到省議員做得更有經驗了，你可以去選立法委員。那時就可以影響中央的決策。很多汙染問題，就可以在中央解決了。才不會像現在這樣，都在地方鄉鎮，叫天天不應，叫地地不靈。中央根本不聽地方的。」我慢慢地說。

「可是，這選舉啊，一層一層選上去，我基礎還不夠，要慢慢來，哪有那麼容易！」他老實的說。

「現在以彰化縣公害防治協會為基礎，先關心彰化的環境問題，擴大你關心的層面，就可以建立彰化的基礎，等基礎穩了，再往上選啊。一步一步來，一定可以做到的。」

李棟樑點著頭，說：「啊！你說得有道理，有道理。從公害防治協會開始做好。一步一步來選上去。」李棟樑說得很慢，顯然他有聽進去了。

我們回到鹿港老街已經八點半了。車在一家海產店裡停下來。李棟樑熟識老闆，要了幾道時令的海鮮，又要了四尾酥炸紅新娘，說是下酒的。他很開心，拿來兩瓶紹興，一瓶給我，一瓶給自己，說：「一人喝一瓶，沒有占便宜。」

菜剛上來時，我們已經喝了一杯。一口就乾，已是他的習慣。我看他既然豪爽，就激他道：「不必如此麻煩，倒來倒去的，先乾一瓶再說。」

他大感訝異：「啊？你也這麼豪爽！」

因他一直敬重我是臺北來的記者，存著幾分客氣，如今看我這麼豪爽，他大樂，舉瓶道：「我還沒見過這麼豪爽的人，好，就來乾一瓶。」

喝完一瓶，再來一瓶。這次喝得慢一些了。但瓶口對著嘴喝，很快就喝完了。

那一晚到底喝了多少瓶酒，已經沒有記憶。唯一記得的是，我們喝得很醉，相扶相持，搖搖晃晃，走在路上。他看見一間廟，規模還不小的樣子，廟門很大，很高，還開著。他伸手要合十敬意，忽然想到什麼，反過來拉起我的手說：「走，咱們進去結拜。」

「好，結拜做兄弟。」我豪爽的說。

他帶我走到廟中央的主神前，恭恭敬敬的合十，雙膝就跪了下來，跪在神壇前的墊子上。我跟著下跪，雙手合十。

「今天，我李棟樑跟楊渡，來這裡結拜，結拜來做兄弟，拜請咱神明來做見證。以後我們一世人，無論風風雨雨，都是好兄弟。」

說完他恭敬的三拜，我也跟著拜。

因為醉了，拜的時候頭很重，伏在神前，頭放在手背上，感覺特別沉。

後來，大約是他送我去住路邊的一間熟識的老旅館，我倒頭便睡熟了。

第二天，好像記憶只停留在昨天晚上結拜時，他說的那幾句話。但只有模模糊糊的印象，好像他還說了很多，但我完全不記得了。只記得站起來的瞬間，頭就昏了。

臺大學生調查團

我有許多好友，情同兄弟，義氣相交，但從未想到要結拜，也未曾有任何結拜兄弟。那一天真不知是鹿港的那一間廟的神明在暗中指揮，彷彿跟著他搖搖晃晃，走過廟門，不知不覺走進去，見神跪地就結拜了。

我有時候回想，那大約是神明拉著我們進去結拜的吧。

第二天，我去看他，他只記得很認真結拜，但到底是那一間廟，他竟然也忘記了。只說是在回來的路上，有一間廟，廟門也不小，香火鼎盛的，但鹿港的廟太多，最古老的文廟、武廟、媽祖廟、觀音廟等，算算上百間，因為不記得從那一條路回來，也無從查起了。

我們哈哈一笑，承認唯一相同的是，他也不曾和人結拜，這一生只有這個結拜兄弟。

既然義結金蘭，我自然要更盡心盡力的幫李棟樑出謀劃策了。

隨著知名度大增，來鹿港幫忙的朋友愈來愈多。做文宣有盧思岳、范振國，長駐特派記者有《人間》雜誌蔡明德，此外，還來了一個很會街頭演講的陳秀賢。他的臺語比電臺的吳樂天還流利，很會使用俚語、俏皮話，善於比喻，將高深的環保理念，化為生活語言，常常引得街頭的老人家哈哈大笑，反杜邦的力道大增。

六月二十四日，美商杜邦公司舉辦的第一場二氧化鈦投資設廠說明會在臺北舉行。李棟樑為了對抗，特別在文武廟前的停車廣場上，舉行抗議示威。鹿港的鄉親，特別是許多盤桓在廟宇泡茶的老人家都來參加，舉著標語牌，喊著「我愛鹿港，不要杜邦」的口號。其實人數並不多，一、兩百個人，但南區警備總部卻出動了大批警力來加以包圍。為了怕他們遊行，刻意把他們圍在文武廟前。

此時李棟樑有意帶領民眾突破重圍，去鹿港街頭上遊行，於是前往交涉。他堅持說：「鹿港是我們的家鄉，我們是鹿港人，在自己的家門口散步，也不可以嗎？」

但警方不同意，硬是阻擋起來。

兩邊僵持不下的時刻，幾個老阿伯趨前去跟警察議論，卻發現艷陽下滿頭大汗的一個年輕警察，竟然是一個認識的朋友的兒子，他跟他爸爸是好朋友，曾在他家吃過飯、喝過酒，於是上前說：「啊，你不是某某人的孝生？」

那警察一臉尷尬，被認出了，只能苦笑說：「阿伯，你也來了喔？」

那阿伯說：「啊，你不要擋在這裡啦。」於是伸手去拉。

此時警察的手本來互相挽在一起，中間還夾著警棍，可是這一拉，那年輕警察尷尬的說：「阿伯，你不這樣啦……。」可是他不好意思擋，放鬆了手，手一鬆開，防線鬆動，斷開一條路，老人家就一起走過去了。擋了一上午的封鎖線，就這樣被突破了。

一、兩百個反杜邦的老人家和民眾，舉著標語牌，高高興興在鹿港遊街、喊口號。沿途上，那些賣著香火的雜貨店本來就有鞭炮，便紛紛拿出來點燃。鞭炮聲震天。很多店家乾脆也買了來放，一時間，街道像迎神賽會似的，充滿慶典的歡樂，沿途鞭炮不絕。連宣傳車上的演講聲音都聽不見了。

一九八六年正是大家樂超級風行的年代，中南部的大街小巷都有人在簽大家樂。歡喜遊行的鹿港鄉親有人忽然感悟到：莫非這是天意，讓我們可以遊行。那這一天一定是老天爺安排的，於是就以六月二十四日為明牌號碼，不知怎麼去「領悟天道」的，有人悟性特別高，號碼加加減減、排列組合，居然簽中了，小賺了一筆。得意之餘，到處宣揚「一定要反杜邦啦，神明都知道，很有靈性，都來報明牌」。

歡樂的結局，當然是拿出來請喝酒。

美麗島事件後，原本法令規定森嚴，不許上街遊行，連黨外人士的街頭活動，像抗議戒嚴法的「五一九綠色行動」也全面被封鎖在龍山寺裡，整整十一個小時。可以說，在警方嚴格的執法下，無人能夠上街遊行。然而，鹿港竟然以一、兩百個天后宮裡燒香的老人家和尋常民眾，舉著「環境保護、愛護鄉土、不要汙染」的大旗，給突破了。

這個突破口，給臺北的林正杰很大的啟示。後來在抗議司法不公的街頭行動中，就是以「野雞式的街頭抗議」，採取游擊行動，隨時就舉起牌子抗議，讓警方措手不及，除了全力跟監，也無從防備。

鹿港的街頭行動，等於是警方的失敗，當然給李棟樑招來更大的壓力。然而，行政院似乎未警覺鹿港的反抗民意如此之強大，竟然在兩天後宣布，杜邦公司的設廠符合臺灣環保標準，對油漆工業有提昇作用，並增加在地的就業機會。這更引起地方的憤怒。

行政院長俞國華雖然出面澄清，一定會對地方民眾詳加說明，等到鹿港民眾疑慮消除後，才會讓杜邦來設廠。但對鹿港人來說，這等於是緩兵之計而已。

此時，臺大學生運動「自由之愛」的那一群學生也開始與學校抗爭。他們主要針對刊物內容被校方檢查，要求刪改，表示強烈不滿，所以故意留白。但他們幾度對抗後，也覺得在字句之間爭論，實在無聊，但也找不到其他議題，便來約我私下座談，想問問有何出路。

參與者有後來著名的林佳龍、鍾佳濱、吳介民等人。我聽了他們的對抗活動與抗爭議題，只圍繞在校園的小圈子裡跟學校對抗，而論題無非在文字上打轉，和社會脈動、民間生計並無關連。如此格局，終究無法有新思維，我於是講起鹿港反杜邦的事，並建議他們，走出校園吧，去和外面的社會運動、環保運動串連，這樣才有力量。並且，環保運動是一股新生的社會動力。

他們感到很大興趣，問我怎麼串連？

我想了想，說：「你們既然是學生，身分上比較中立，不屬於政治團體，可以用臺大學生的名義，去鹿港搞民意調查，調查鹿港人對杜邦設廠的看法。你們也可以結合臺大教授，一起參與。」

我主要想，現在鹿港需要新的議題，且李棟樑在鹿港如果被情治單位盯得緊緊的，活動又太敏感，難免不好做事。如果有一群臺大學生、教授來參加調查，一方面可以緩和對立，另一方面也表示鹿港反杜邦已受到學術界的重視。學術界都如此重視，鹿港人怎麼可以退卻呢？

如此，鹿港小鎮還有議題可以熱鬧一陣，李棟樑會多一層助力，情治單位也會多一點顧忌。

此外，東海大學的學生施威全，他是鹿港教育世家的子弟，才大一新生，自己一個人，悶著頭在街頭做反杜邦的民調。那民調寫得很直接，簡直像反杜邦的宣傳，實在很天真。有時候覺得他如此傻勁堅持，簡直不可思議。我在想，如果有臺大學生加入，說不定他會有幾個伙伴，不會那麼孤單。

當然，對臺大學生來說，走出校園溫室，真正走入社會運動現場，體會鹿港的群眾基礎、反抗動力、環境理念、現實生存處境等，這才是思想、理念、行動力的一種啟蒙。

後來臺大「自由之愛」這批學生開會討論後決議，組一個鹿港反杜邦調查團，請我幫忙介紹在地的人，好進行工作。我找了李棟樑，代為聯繫安排。鹿港的父老也很疼惜這十五個外來的大學生，協助免費的住處，安排交通吃食，踏查海濱，訪問漁民，調查民意等等。

有趣的是，這一批學生很懂得宣傳，出發前就大張旗鼓，開記者會，宣告要去鹿港做田野調查。可以想見，臺大學生調查團是在「串連學生運動與環保運動」的構想之下，安排去鹿港採訪的，能調查出什麼結果，已可預見。但他們很聰明，打著學生調查團的名義，做了調查結果報告書，彷彿很獨立的做出「學術性客觀公正」的樣子，也有學者贊助出書，頗引起了一陣轟動。

當然，對我而言，最重要的是為反杜邦社運，注入學生的動力，讓反杜邦運動的影響力超出鹿港，逐步增加外圍的學術助力，這對反杜邦是有幫助的。

反公害串連

雖然鹿港民意鮮明反杜邦，但似乎中央政府難以抵擋美國的壓力。一九八六年七月四日，經建會主委趙耀東在例行記者會中表示，汙染性工業如果能有效控制，仍應准許其設廠。而鹿港警分局則拆除了中山路兩側的反杜邦看板。

國民黨的民眾服務站更有趣，想發起一個「鹿港鎮各界阻止杜邦公司設廠行動委員會籌備會」，並預訂場地準備召開。李棟樑認為，他們只要加進來，跟我們一起反杜邦就好，幹嘛自己再做一個？顯然其中有詐。

盧思岳則認為，這是想魚目混珠，把反杜邦的民眾分散，才不會集結成一股力量，所以要全力抵制。很顯然民眾反應不好，這個構想無疾而終。

這些作為顯示，杜邦公司與政府仍在幕後運作。

僅僅是反對設廠，似乎也不是辦法。畢竟反對的聲浪再大，終究無法說明鹿港人的意志。但如何設法呈現鹿港人的民意呢？民意又如何讓中央知道？

在鹿港閒聊時，我忽然想到一個辦法：公民投票。在鹿港舉辦公民投票，民意不就能清清楚楚顯示出來。

李棟樑非常同意，就說：「阿渡，拜託你把這個構想寫下來。我們印下來當傳單來發。」

為了拚時效，我在鹿港當場寫了一份傳單，標題是：「鹿港鎮全民投票，決定要不要杜邦」。

文字不長，然而意思很清楚，現在爭議杜邦有沒有汙染，環境保護如何，都不如鹿港人要不要杜邦來設廠重要。即使再大、再好、再有錢的投資案，只要鹿港人不同意，什麼案子都不應該來。鹿港人可以選擇過什麼樣的生活，為了文化，不要跨國公司；為了乾淨的天空，不要化學工廠；但鹿港人也可以選擇要汙染、要經濟、要發展。這一切應該由鹿港的民意來決定。而顯現民意最好的辦法，就是公民投票。

這是臺灣破天荒第一份宣告以公民投票來決定公共政策的主張。

因為此前在戒嚴時代，未曾有過，此後也是解嚴後，一九九一年十月，民進黨通過臺獨黨綱，主張透過公民投票實現臺灣獨立的理念。它的政治性使得公民投票反而成為一種極端敏感的課題，失去了像瑞士等國家將公民投票是直接民權的顯現。

但在一九八六年夏天，當這一份公投的傳單，堂而皇之的，出現在鹿港小鎮的街頭的時候，誰也沒有警覺是多麼敏感的話題。

事實上，我提出「全民公投」的要求看似公允、公正、公開訴諸民意，但它暗含更深的謀略。

首先，為了一個投資案而在地方上舉辦公投，這是未曾有過的。更何況在中央民意代表都未曾全面改選的時代，這種「鹿港公投」的說法，等於承認直接民主，間接批判了戒嚴時代的不民主。

其次，如果舉辦公投，要如何設定投票人口。設若僅由鹿港人來投票，則結果很明顯。但若設定全彰化人都可以投票，則可能得到一個詭異的不同結果：大部分彰化人同意杜邦投資，但鹿港不同意，那要如何處理？難道可以讓杜邦去投同意票多的地方設廠嗎？如果全彰化都不同意，那政府還要不要做？還有，如果設廠是經濟部的決策，那要不要全臺灣公民投票？到時候，同意者與不同意者的比例如何？萬一全臺灣的公投通過，但唯獨彰化與鹿港都不要，那要如何處理？

這便是這個「鹿港鎮公民投票」所隱含的兩難陷阱。它不是要解決問題，而是掛著民主、直接民意的訴求，提出一個讓政府無法反駁，卻完全兩難的困局。

公投傳單在鹿港散發後，頗引起一些迴響。主要是鎮民反應說：「對啊，我們鹿港人的同意與否，才是投資的關鍵。」

可惜的是，我是在李棟樑的辦公室寫完這一份文字，他們打字後印成傳單就散發了。我未曾留底，最後也沒有保存傳單，只有蔡明德當時拍下的一張照片上，留有那張傳單的樣子，還可以看出大字標題，以及盧思岳、范振國在整理傳單的年輕身影。三十多年後，還是盧思岳提醒我：「你曾幹了這『臺灣首次提出公投』的文宣，石破天驚啊！」。

我這才回想起來。

公投只是拋出來的一個戰略。另一個戰略是環境運動的「全島大串連」。

由於反杜邦逐漸回到地方新聞，缺乏全國性的關注，因此反抗的聲勢略微減弱，李棟樑問我有何對策。

我站在臺北新聞編輯臺的角度想，如果只是限定於一個鄉鎮，新聞上回歸地方版，這是正常的。除非你是上臺北到經濟部、行政院去陳情。但陳情也陳情過了，總不能再來一次。但若是只停留在鹿港村里的「環境保護說明會」，終究是一場又一場的演講，並無新議題。

於是我想起自己曾採訪過的大潭村鎘汙染事件、新竹李長榮化工汙染等。於是建議，不妨走出鹿港，帶著鹿港鄉親，去大潭村看汙染，讓他們了解汙染的危害，是多麼可怕而無可挽回，帶著他們去看李長榮化工，看化工公司的汙染會造成什麼後果。這些已經設廠的地方民意是如此悲哀，足以警惕鹿港鄉親。他們回來一定會全力宣傳反杜邦，變成最死忠的支持者。

當然，這個行動本身也隱含著「環保運動大串連」的意味。以鹿港為主體去串連大家。

至於行程的安排，作為鹿港天后宮的管理委員成員的李棟樑很實際的說：「我們媽祖廟的阿公阿婆，信眾很多，本來也有進香團，我們可以成為『反公害之旅』，如果順路，順便也帶他們去進香。」

事實上，此時的反杜邦運動已經成形，「彰化縣公害防治協會」雖然還在籌備階段，但已有許多鹿港的企業熱心捐獻，帶著鄉親進行反公害之旅，提升環境認識，是非常好的活動，經費上也不會有困難。

反公害之旅自此展開。首站是桃園縣觀音鄉大潭村。他召集了天后宮的信徒，準備兩臺遊覽車，由於當時鹿港的街道太小，遊覽車停在較寬廣的公路上等待，卻不料遇上警備總部的阻撓。他們以未申請集會遊行為由，禁止已經集合的群眾走出街道，去上遊覽車。

雙方在街道僵持了兩、三個小時，李棟樑反覆交涉，並保證一定不會去臺北街頭抗議，一定把人安全帶回來，他們才放行。

踏上旅程的大伯大嬸，無比開心。沿途唱歌，聽李棟樑和陳秀賢等人講環境保護的故事。

大潭之後，還有李長榮化工。此時李長榮汙染已非常嚴重，附近居民深受其苦而不知如何是好。在李棟樑來拜訪之前，我和范振國特地去新竹拜訪蔡仁堅。他已經選上市議員，應該有機會出來領導反汙染運動。如此，對他在地方上的影響力也有幫助。如果他願意，我們便打算把李長榮這邊與李棟樑串連起來，互為支援，環境運動就可以有鹿港、臺中、新竹、桃園的串連之勢。而鹿港的聲勢較大，則可以做為主要推動者。

有一個全臺灣的串連，環境運動才不會孤單單在地方上被政商共犯給壓得死死的。

我仍記得去找蔡仁堅的那一天下午，他因為有事，會晚一點回來。我和范振國在新竹市的三角公園裡閒坐。那裡有專為公園裡下棋、聊天、等候的老人而開的泡茶小攤子。一壺烏龍茶不過五十元，可以讓下棋的人泡上老半天。

然而不只是這樣，公園裡還有幾個提著菜籃子的中年婦人，身材窈窕，穿著洋裝，化了淡妝，籃子裡也不見有什麼菜，只是閒閒的晃來晃去，偶而跟幾個老人打情罵俏。

一個老人似乎說得興起，很想跟一個女人回去的模樣，可一轉眼，他忽然想起來了，忙說：「啊，不行，時間快到了，我得去接孫子。」轉頭騎上自行車走了。

那女子有些失望的回首，幾分怨嗔說：「每次都這樣，只會說說！」

幾個老頭安慰笑說：「他每天都這樣，假仙假觸，妳別理他了啦！」

我們看那女子像是傳說中的菜籃族流鶯，卻也有幾分姿色，不禁好奇起來。果然那老頭說，她們有幾個是固定會來的。

過不久，幾個下棋的老頭也各自散去，回家吃飯去了。

我忍不住和振國哈哈大笑說：「咱們退休後，也帶孫子來這裡住。天天打情罵俏，再去接孫子下課。」

後來我們問蔡仁堅才知道，這裡是新竹有名的流鶯的所在。我們兩個傻瓜小夥子，跟著泡了半天茶，才終於看出端倪。

蔡仁堅回來後，直道歉說：「啊，真是對不起，剛剛去參加公祭。今天日子太好，我參加了兩個公祭。一個還要我幫家屬唸祭文，落落長，唸了好久。可是沒辦法，他們就是要我唸。」

「為什麼？」

「可能是我唸得比較好，像用唱的，有文言文的底子吧。」他自嘲說：「你別看這個，市議員能選上，靠的是這個建立起來的交情。在人家最需要的時候，去唸上一次，就是一輩子的情義。以後，全家族的人，幾十票都是你的了。」

蔡仁堅很務實，他聽了鹿港的情況，再衡量當地的實際反對汙染的運動，以及清華大學、交通大學學者可能參與的情況，才終於樂觀的說：「嗯，可以來試一試。下一次反公害之旅來的時候，我把他們找出來一起座談，你們讓李棟樑來報告鹿港反杜邦的經過，這樣可以鼓舞他們起來抗爭。」

他也很快明白，環保在新竹是一個非常好的議題，對他的政治前途有幫助。

於是，下一站便搞定了。

過不久，李棟樑由范振國帶著，到新竹參加由蔡仁堅召集的民眾集會。他們向水源里民眾放映鹿港反杜邦的活動幻燈片，一張一張，詳細解說，包括端午節活動、六二四遊行、經濟部陳情、行政院陳情、街頭演講、在警方面前拿麥克風演說等等。每一張，都像是一種如何搞社會運動的教戰守則。

用范振國的話說：「整個主題，是在談鹿港的反杜邦如何自力救濟，但實際上是在教他們怎麼起來造反。」

看到鹿港如此反抗而能奏效，過程與步驟都有了典範，過不久，水源里居民也開始了。如同自力救濟的教戰守則所顯示的，一九八六年十一月，水源居民包圍李長榮化工，不讓貨車進出，並且以水泥硬是封住出入口。這逼得李長榮化工無法營運，不得不出面談判。

以前對民眾抗爭置之不理的公司，終於正式談判了。

串連的效果，開始顯現。

總統府前高舉「怨」字

或許是我參與得太深，有關我與李棟樑結拜，對鹿港的影響力，終於在記者之間傳開來。當然杜邦公司的人也知道了。

有一天晚上，負責幫杜邦做公關的負責人打電話給我，直接表明了：「我們了解到您對鹿港的影響力，可否給我們一個機會，出來談一談。我們希望能讓您更了解杜邦公司。」

「談什麼呢？」我有點訝異。

因為我在鹿港的時間有限，最多隔個兩周去一趟，平常主要盧思岳、范振國在地方上幫忙。但不知道為什麼，或許是有人竊聽李棟樑的電話吧，他和我的交情，似乎情治單位和杜邦都知道了。

「談杜邦公司在美國對環境保護的原則與做法，我相信，以杜邦的信譽，應該會在臺灣也會做得很好。杜邦是一個有信譽、負責任的公司。如果有可能，我們也希望請您到美國實地考察，讓您了解杜邦在環保方面的努力，它的歷史與信譽。」

他的態度非常誠懇，我知道，他們花了大把銀子，請工業局的官員、臺灣的記者，去美國考察過了。可是這些記者的文字已經無法說服人，在總體對臺灣汙染現況失望的社會氛圍下，這些努力皆屬徒勞。

我有點訝異他們打電話到報館來，但仍坦率的告訴他：「鹿港反杜邦的事，現在已經變得很複雜。它不再是一件杜邦投資案，也不是經濟的問題，或環保的問題，而是和臺灣的各種環境問題、社會問題、政治問題糾結在一起。它是一個總體問題的爆發，這已經不只是杜邦的事了。」

「啊？可是，可是畢竟影響到杜邦的投資，我們希望可以好好溝通。」

「那是民間社會的集體反應，我們談了也沒有用。」

我最後回絕了。

是的，在戒嚴體制下、在美麗島事件後的沉悶中，缺乏社會運動的當時，反杜邦等於為臺灣壓抑已久的社會力找到一個出口。人們積累的社會不滿，期盼改革的希望，藉由環保這種非政治性的議題，開始有走上街頭的理由。再加上當時鹿港當地由廟宇、地方社團、民意代表所組織起來的力量，形象如此本土而溫和，與過去的政治運動完全不同，終於演變為影響全臺的環境運動。

應該說，鹿港反杜邦運動所造就的不僅是環保，而是向整個長期受壓抑、不能集會遊行的戒嚴體制挑戰。

杜邦公司投資案，在這個社會裡，反而已不是個重要議題。或者更正確地說，對臺灣社會而言，杜邦是一個特定社會條件下的「犧牲者」，它變成一個新時代來臨的「突破口」，是臺灣社會的集體不滿的出口，當時真正的希望是帶起社會運動，而不只杜邦。要突破的，是戒嚴體制，而不只是環保。

參與鹿港反杜邦運動愈到後來，我心中愈明晰，這是一場可能改變臺灣的社會運動。

而來到鹿港的各路人馬也愈來愈多。左的、右的、政客、學者、商人等。還好，李棟樑有一種土地公的個性，人人來，人人好，只要願意幫忙的，都是朋友。

一九八六年十月十二日，彰化縣公害防治協會舉行成立大會。這是繼臺中縣公害防治協會之後，第二個成立的反公害團體，鹿港舉辦盛大的活動。

李棟樑打電話特邀我去參加，還特別拜託我：「兄弟啊，你可不可以幫忙寫一下演講稿，今天來了全國重要的學者專家，他們要致詞，我是地主，新任的會長，不能漏氣啦。」

我只好使上自己曾經助選過、寫過臺語講稿的「洪荒之力」，把稿子寫成通俗有力的臺語，讓他在鹿港鄉親面前得了好幾次熱烈掌聲，覺得很有面子。結拜兄弟能做的，就是這樣。

成立大會之後，鹿港民心大振。參與反杜邦的公會、漁會、社團幹部都興奮得不得了。那一夜聚餐，社團幹部拉著盧思岳、范振國、鍾喬、翁志宗、蔡明德等來幫忙的老友，從鹿港的晚餐，喝到王功海邊的卡拉OK，再從海邊續攤到彰化酒家。

我後來僅有的記憶，是王功的海風非常涼快，一道小橋，一條河流，流向深沉幽暗的大海。海濤聲隱隱約約傳來，一波一波，讓人非常舒暢。我張開雙臂，面朝大海，迎風站立，感受海風微鹹的氣味，以及一種生命迎向海洋的自由與無限。

隨後，鹿港木工工會的阿男站我旁邊，我們帶著醉意，面向大海，一邊尿尿，一邊說：「男兒立志反杜邦，事若不成誓不還！」

然而，隨著反杜邦的深化，壓力也更加強大。而杜邦似乎沒有退卻的跡象。鹿港這邊，盧思岳他們已認知到杜邦的背後是美國政府，寫出「反杜邦就是反美帝」的傳單，直接點名美國才是關鍵。但臺北的中央官員面對美國的壓力卻一點抵擋的承受力都沒有。

甚至李棟樑曾帶領六十多個鹿港鄉親，簽反對杜邦設廠的血書，去中華經濟研究院，要求參加在那裡舉辦的杜邦投資案討論，至少要讓被投資的鹿港人有說明自己立場的權利。但他們就是不讓他進入。

雖然蔣經國也知道了這件事，曾找了彰化縣長黃石城去談，當面告訴他，杜邦投資案一定會尊重鹿港的民意。

但鹿港人，或者說所有臺灣民眾，在重大的汙染環境下，對這個政府無力取締汙染、保護百姓，甚至變成汙染的共犯結構，已經不再信任。蔣經國的承諾也沒有發揮作用。

在這種情況下，李棟樑決定做出一件讓社會震驚的事。

一九八六年十二月十二日，深夜，我接到李棟樑的電話，他直接講明：「我是在公共電話打的，辦公室不方便。」

「有什麼事嗎？」我心知，他辦公室的電話已被全面監聽，他必有要事，且是不能被監聽到的事，才會如此緊急。

「你明天不要離開臺北，我會北上。我們再約見面，你要等我電話。」

「好。」

「明天早上，等我電話。」他說完立即掛上電話。

我心中懷著忐忑不安。明知他會做出大動作，但我深怕他在血書之後，做了傷害自己的事。而我已經兩個星期沒有去鹿港，不知道他們那裡有什麼變化，會不會導致他的激烈化。然而。電話中不可能詢問，我只能靜靜等待。

次日上午十點多，終於接到李棟樑從頭份交流道打來的公共電話。（那時還沒有手機，緊急聯絡也只能透過公共電話。）

他要我一個多小時之後，去中正紀念堂正門集合。我算了一下，差不多就是他們從頭份到達臺北的時間。

我在中正紀念堂等待時，只見蔡明德、綠色小組也都接到通知來了。

不久，李棟樑帶領的七臺遊覽車到達杭州南路，中正紀念堂停車場。那些鹿港街頭熟悉的面孔都來了。鄉親們高高興興的下車打招呼，三百四十幾個人，閒閒散散，抽菸的抽菸，喝水的喝水，男女老少，純純樸樸，一副南部鄉下人出來旅遊的模樣。。

隨後到達的，是兩輛轎車，幾個中壯年人緊張的跳下車，趕緊跟了過來。但他們並不來跟鄉親站在一起，只是警戒的在周邊觀望著，一看便知是跟監的便衣。

李棟樑匆匆跟我打過招呼，開玩笑指著便衣說：「他們也辛苦了，一路從鹿港開始跟，怕跟丟了，又怕出事。也不知道我們要幹什麼，只能緊緊跟著。」

「你們這一次有什麼計畫哦？他們怎麼這麼緊張。」

「他們怕我們來臺北，把事情鬧大，他們就會被修理了。」他把我拉到一邊，附耳悄聲說：「你先知道就好，等一下看著，我們會有大動作。」

我說：「好。」

望著這些鄉親，我心中有些擔心，這麼老實的鄉親，能怎麼做呢？

然而，鹿港鄉親依舊嘻嘻哈哈，極是開心，站到中正紀念堂前，排排站，拍拍照，彷彿一群歡天喜地的南部觀光客，一點都沒有緊張的氣氛。

李棟樑跟他們歡喜笑鬧，叫這個站過來一點，叫那個帽子戴漂亮一點，叫大家：「要笑哦，拍緣投一點，回去給你老婆看，我們去了中正紀念堂。」

合照了幾個角度，也拍了「大中至正」的牌匾，李棟樑才高高興興的說：「走吧，我們去總統府旁邊的公園那邊拍拍照。」

他們沿著介壽路走（後來才改名凱達格蘭大道），悠閒如散步，過了外交部，一直跟監李棟樑的偵防車上，跳下來一個警官大喊道：「你們要去哪裡？」

「去總統府拍照啦！」李棟樑回喊。

轉到了貴陽街邊的介壽公園，李棟樑帶他們走進去，在公園裡的蔣公銅像前拍照。

公園不大，雖然是十二月，但天氣溫暖，何況這個公園位在總統府前面，旁邊是北一女中，北市府有細心照顧，一些樹枝修剪得整潔有致，杜鵑花、茶花開得很漂亮。有個鄉親媽媽帶著好奇心議論說：「伊這臺北人的花園，實在顧得很水喔！」

許多鄉親也開開心心的在花間拍照、合照。

人群慢慢移動，李棟樑引導他們說：「來，我們走到總統府前面去拍照。」

三百四十幾個人，慢慢走到總統府前的大廣場上，而且逐漸靠近重慶南路，接近總統府了。

這時候，總統府前的衛兵緊張的排成了一排，面向他們，嚴肅的舉起了槍。

「不許動！」一個聲音大叫。

一排槍正對著你，那是非常恐怖的場面。鄉親站在當場，沒敢動。

一個掛著連長軍銜的人衝了過來，大叫一聲：「你們知道在哪裡嗎？」

「我們不知道。」李棟樑站上前，代表回答。

他是群眾之中，唯一穿西裝的人，那連長大概也看出來，他是帶頭的。

「你們知道這裡是國防要塞，闖入者，格殺勿論！」連長口氣肅殺的說。

「我們不知道啊。我們是鹿港來的鄉親，要來向蔣經國總統陳情。」李棟樑不慍不火的回說。

「陳什麼情？」連長聽到鹿港。再看看那些鄉親中不乏阿公阿嬤，口氣緩和了一點。

「我們鹿港人是善良、純樸、愛文化的人，我們不要汙染的工業，我們只要乾淨的鹿港，所以我們不要汙染的杜邦公司來鹿港設廠。我們要告訴蔣經國總統。」

「你們有陳情書嗎？」連長問。

「有啊，我們有一萬六千人的陳情書。我帶來了。」

「今天總統沒有上班，不能陳情。」連長說。

「那我們可以交給總統府祕書長蔣彥士嗎？」李棟樑知道蔣彥士，他是一個友善的文人。

「祕書長也不在。」連長說。

「那我們可以向誰陳情？」李棟樑執著的問。

「我進去請示一下。」連長說。

那連長迅速回去總統府報告後，跑回來說：「今天，只有值星官在，由值星官代表接受。可以嗎？」

「好。」李棟樑說。

「那你們派十個代表，一起進去交陳情書。」

李棟樑找了十個鄉親，和他一起，走向總統府正門，在門口的接待室，由值星官填了表格，接受陳情書。

李棟樑出來後，不知是熱還是緊張，全身冒著大汗。他穿著西裝，帶著群眾走回廣場，移向公園這邊。

這時，郭繁男和另外兩個男子提了幾個袋子，從北一女那邊走了過來。郭繁男是木工工會理事長，為人仗義正直，是個有勇有謀的漢子。李棟樑一開始就交代他，帶兩個人，提著那個重要的袋子，和他們保持不遠不近的距離，跟隨著行動，以免被抓了。

李棟樑和他交換一下眼神，郭繁男揚一揚眉，點點頭，李棟樑也點點頭，低聲說：「給他發下去。」

於是郭繁男從袋子裡拿出一疊紙板，紙板長寬約有一尺，四方型，黑底，中間用白字寫一個大大的「怨」字。

郭繁男給每個人發一張。另外，有人拿出準備好的一面國旗，一面彰化縣公害防治協會的會旗，以及寫著「民意」、「民怨」的黑底白字大板子，站在總統府前，三百四十幾個人排排站，成一個隊型，以總統府為背景，

「好，我們把牌子舉起來！」李棟樑下令道。

那舉旗的揮起了旗子，拿「怨」字的舉起了牌子，一個三百多人的抗議陣型，在總統府前排開。

我和蔡明德站在前面拍照，簡直不敢相信自己的眼睛。

三百多人同時舉起「怨」字標語，剎那間出現在總統府前，那場面，是未曾有過的。

「好，我們轉過去，面對總統府。」李棟樑下令。

此時，李棟樑帶頭高喊：「我愛鹿港，不要杜邦」、「我愛臺灣，不要杜邦」。

這是國民黨統治臺灣三十七年來，未曾有過的，大水沖到龍王廟，這簡直是造反了。而且造反造到了總統府。

這簡直太大膽，太厲害了！

李棟樑很節制，喊兩三次完成使命，拍過照，太陽太烈了。

「好，我們先撤退到公園邊的樹下，休息休息。」李棟樑指揮說。

人群撤退到公園旁邊的人行道上，幾個人安靜的在樹蔭下抽菸。

李棟樑眼看事情已完成，決定撤退，但他特別交代說：「咱鹿港的鄉親，咱鹿港人是愛鄉土，保護環境的人，所以咱們不要留下一片垃圾，一根菸蒂，所有的垃圾，都要清理乾淨帶走哦。我們要愛護地球。」

最後才帶著鄉親，再度走向中正紀念堂的方向。

這是一場完全不可能的行動。卻在鹿港鄉親沉靜、溫和的行動中，圓滿結束。

然而，這樣把三百多個群眾拉到總統府，會不會出事呢？他會不會被抓？難道他沒有想過後果？把群眾拉到蔣經國前面，拉到總統府，這是未曾有過的高度啊！

事情結束後，我特地問李棟樑：「你是怎麼做到的？」

「我事先就和鄉親預定了，要去臺北做反公害之旅，順便去中正紀念堂玩一玩，拍照留念。他們都信任我，媽祖廟這邊的信徒也都信任我，跟著一起出來了。」

「他們不知道要去總統府嗎？」

「不知道。這個事前不能講，我一句口風都不敢露出去。我們這麼好的結拜兄弟，電話裡面也不能說啊，他們在竊聽。」

「那鄉親只知道要出來反公害之旅？」

「是啊，他們如果事先知道了，以後要追究起來是有責任的。如果他們都不知道，以後就可以說，是被李棟樑騙了。李棟樑說要帶我們去臺北旅遊，誰知道他把我們帶去總統府。這樣他們不知情，就不會有法律責任。」李棟樑微笑說。

我覺得這個人的微笑有點過分，好像太樂天了，便說：「如果是這樣，那你知道，法律責任都是你一個人扛嗎？」

「我知道。要做這種大事，一定要有人扛責任。我既然要帶頭，當然是我來扛。」他自信的說：「如果你不敢擔責任，誰敢跟你走？」

這種做人的原則，比起我在臺北看到的政治人物，簡直好太多了。

「那你是怎麼安排的，竟然可以這樣天衣無縫的讓他們把『怨』字拿出來，動作齊一，這太厲害了。」我問道。

「我已經悄悄安排很久了，我先叫人印好這個怨字標語，帶上車。早上出來的路上，我都不敢講，一句口風都沒露。他們誰也不知道。車子到了頭份休息站之前，我都不敢把怨字標語牌發下去。因為我怕我們在休息站的時候，那些便衣的會跟過來探聽，若有人說漏了嘴，情治單位會提早防備，我們就沒有法成功了。」

「一路保密，好厲害。休息站之後呢？」

「休息站之後，也沒說。我們就這樣下車，一路拍照，一路走向總統府。可是我安排了郭繁男，他很有膽識，而且為人敏捷，做事俐落。我安排他拿著怨字的標語牌，帶了另外兩個人，提著袋子，跟我們一起走，但他靠著北一女那邊的路上走，跟我們有點距離，才不會被發現。」

「那你們進去時，他不會擔心嗎？」

「會啊，我們都怕。但他很有膽識，照常等著。等我去總統府交了陳情書，出來以後，我才真正放心了。我對他使個眼色，叫他把那怨字標語牌拿出來，發給大家。也把國旗和防治協會的會旗，跟那大標語牌，一起拿出來。於是大家就把那牌子舉起來了。」

「剛開始的時候，你站在總統府前，一排憲兵把槍端起來，對著你，你不害怕嗎？」

「怕啊，很恐怖啊，如果掃射了，我對鄉親怎麼交代？」

「後來咧？」

「後來那個連長來說，嚇我一跳。國防要塞，格殺勿論。哇，我們都不知道這麼可怕。還好，我們說了要來陳情，就慢慢緩和了。」

「鄉親會怕嗎？」

「會啊。有人問，如果出事怎麼辦？我就說，如果出事，你們就說，都是李棟樑叫我們做的，你們去找他負責。」

「你們從總統府拿出來『怨』字，舉起來的剎那，實在太驚人了。一聲令下，一個口令，一個動作。簡直天衣無縫！」我忍不住說。

「咱鄉親，實在是真配合，真感動！」李棟樑說。

「那一剎那，總統府的人一定沒想到啊。」我說。

「還好，我們都有準備陳情書。是來陳情的。」李棟樑微笑說。

「這會不會真的出事啊？」我忍不住擔心起來。畢竟抗爭抗到總統府，這是石破天驚的大事。

「不知道啊，」李棟樑用一種直率的態度說：「如果他們要辦，我們也沒辦法。可是，我們畢竟是用合法的方式來陳情的，非常守法的把陳情書送出去，他們也接受了陳情。應該不會有問題吧？更何況，我們的鄉親，在總統府前面都很守規矩，非常愛乾淨，連一根菸蒂都沒有留下。我跟他們說，我們要做環保運動的模範生。」

「好像也沒有違法。」我只好這樣說。

然而，把群眾帶到總統府前，公然把標語牌舉起來，三百四十多人，舉著怨字，那是多麼大的反諷。他們能忍受嗎？以前如果有人敢到總統府前舉牌，大概馬上被抓了。可這一次竟然平安撤退。

這可是國民黨來臺灣以後，戒嚴體制下未曾有過的抗議行動，是臺灣史上的第一次。李棟樑是不是太樂天派了？

還好，後來的結果顯示，蔣經國承受下來了。

從這件事，我也看到李棟樑縝密慎重的一面，他有天后宮的群眾基礎，卻也有木工工會理事長郭繁男，有陳情書的安排，也有合法合理的說詞。

因為這一群鹿港鄉親不是政治訴求，不是政治活動，而是愛護鄉土，訴求柔和，行動也完全合法，如果採取高壓政治的手段，恐怕會適得其反。

透過這一次行動，鹿港人把反杜邦的堅定意志，完完整整呈現在執政者的眼前。即使抗爭到總統府，也在所不惜。全臺灣的人都聽到了。

整個過程，受傷最大的可能是鹿港的情治單位，因為未能防範未然，甚至情報掌握完全失誤，讓總統府被突擊，被上級處分。

戒嚴體制下的突破口

總統府「怨」字行動後，鹿港反抗的聲浪並未停息。宣傳車的街頭演講，隨時在各村里之間舉行。很會臺語演講的陳秀賢成為街頭英雄，到處宣講環保理念。把環保變成群眾運動，深入民間，在廟口、古蹟、菜市場口宣講，這大概是臺北的生態保育學者所不敢想像的。

李棟樑也在臺北舉辦座談會，邀請學界、政界、文化界的人來參加。陳映真有多次參加了座談，並在《人間》雜誌做了專題報導。反杜邦已成為一個不只是鹿港的環保運動，而是民間追求環保的共同的願望。它是一個擴散的力量。

一九八七年三月十二日，杜邦公司終於宣布：取消在彰濱工業區的設廠計畫。

宣布的那一天，民眾主動在鹿港街頭放鞭炮。好像放了一整天，都不累似的，誰家聽到消息，就自己又跑出來放一把。

三月二十二日，鹿港居民辦了一場「還願遶境大遊行」，歡歡喜喜的民眾在古蹟龍山寺前集合，上香。那個曾打動無數人的古蹟黃昏，那個掛著「我愛肚兜，不要杜邦」標語的牆壁，那掛滿學生標語的圍牆，都成為美好的奮鬥的回憶。如今人們來龍山寺向觀世音菩薩還願。而後，遶境遊街，向鹿港支持的民眾致謝。

歡天喜地的鞭炮聲，祈福感恩的致謝聲，歡慶揮手的笑鬧聲，像歡樂的浪潮，淹沒了鹿港。

遶過文廟武廟。遶過不知多少座古蹟廟堂、多少紅磚老牆，遶過多少百年餅舖香燭老店，終於遶呀遶的，遶到了天后宮，眾人齊齊在廟前致意，一起叩首，向媽祖致上深深敬意，感謝媽祖保佑，終於讓鹿港拒絕汙染，保有純淨鄉土，合境平安。

這是最具有意義的還願。

沉靜的香火繚繞，李棟樑率領反杜邦的所有同志，父老耆宿、教師、書法家、漁會幹部、木工、雕刻師父、農民等等，所有信眾，兩、三百人，一起燒上香，跪在神明前，合十叩謝。

反杜邦成功後，慶祝活動也結束了。大家回歸自己的工作。士農工商，漁民木工，教師編輯，詩人書家，自在崗位，各司其職。

李棟樑一樣當彰化縣議員。他的家，一樣是賣著香火的小雜貨店。

但有些人的生命，永遠改變了。

盧思岳離開學校教職，北上參加勞工運動，成為一個社會運動的街頭戰士。范振國離開學校，到《人間》雜誌擔任編輯，跟隨陳映真工作。鍾喬退伍後，先是到《人間》擔任編輯，後來參與《夏潮》雜誌的編輯，後來更組織劇團，從事民眾劇場的創作與編導。

因為反杜邦而齊集鹿港的各路英雄，就像古代的游俠，抱著一種「大事已成，重歸江湖」的義氣，各自流浪四方去了。

反杜邦運動像一個時代變革的開端，打破了戒嚴時代的諸種禁忌。上街遊行、到行政院抗議，甚至到總統府陳情，所有政治壓抑下的社會抗爭與群眾運動的禁忌，全部被破除了。

一九八〇年代後期的社會運動，自此揭開序幕。自此而後，群眾開始湧上街頭，提出自己的訴求，包括勞工運動、農民運動、學生運動、原住民運動、女權運動等等。

毫無疑問的，反杜邦運動可以說是一九八〇年代「變革的起點」。

從環境運動到社會運動，再延伸為政治上的成立民進黨，解除戒嚴，一九八〇年代的臺灣，用發自民間的社會運動，開始了社會「再結構」（Restructure）的過程。

反杜邦的過程中，我一直在《時報新聞周刊》工作。反杜邦報導之後，我陸續完成了「拆船廠的血肉長城」、「林園工業區」、「南部沿海地層下陷」、「核能電廠危機」等報導。為了這些題目，我常常往返高雄、臺北之間。鹿港是我的中間休息站。既可以去鹿港看看進展，和李棟樑談談近況，出出主意，也可以回臺中和老友相聚。

事實上，報社大約也接到了一些情治單位對我參與反杜邦的報告，言談間有一點顧慮，又不能明說。但由於我報導的內容，在讀者閱讀率的調查上，總是名列前茅，編輯部對我特別包容。

總編輯王健壯總是開玩笑說，我是「筆鋒常帶感情」。

事實上，對我的生命來說，這是一段非常特別的日子。

我依著自己的計畫，進行調查採訪，是為了想弄明白一個課題：「臺灣有沒有革命的社會條件」。一如毛澤東搞革命之前，先從事湖南農村調查一樣，帶著「文學革命青年」的激情，高喊激進的口號之後，我才發現自己根本不了解，臺灣有沒有革命的社會基礎？我仍不明白，歷經一九七〇年代的加工出口型工業之後，經濟高速發展，臺灣的社會力已經改變，但它變成什麼模樣？臺灣的農民、工人、漁民、學生、原住民，真的有起來推翻現有體制，把一切重新來過的思想準備嗎？

浪漫的口號無法取代真實的生活，我於是決定重新了解臺灣社會力。

為此，我在報館的圖書資料室看了許多研究報告，擬定一些題庫：農民農村的變遷，漁民漁村的現況，工人與工會，環境汙染，核能等等。

由於我在周刊不需要跑固定路線，因此得以把幾個主題研究好，弄清楚問題綱要，等到某一些時事出現，便可以立即進行採訪。例如菜價高漲，供需出問題，便可以去南部的果菜市場做調查採訪。

反杜邦，其實是我社會力調查的起點。在鹿港，我看見一個新興的社會力正在從最底層的民間社會爆發出來。那不是知識分子眼中的中產階級，也不是傳統左派的無產階級，而是農民、漁民、中產階級、文化人、地方議員等，共同發動起來的。

那是什麼樣的社會力？為什麼它會如此出現？它代表著什麼樣的社會的、經濟的、政治的、文化的涵意？那是一種結構性變遷的開端嗎？

隨後的兩年間，我進行系列的採訪，從農村到漁港，從工運到各種社會運動，我試圖作做「一九八〇年代臺灣社會力分析」。最終，寫成了《民間的力量》和《強控制解體》兩本書，試圖分析解嚴前夕，臺灣社會脈動與衝突的根源、結構、矛盾的核心、以及將要走向何方。

當然環境問題仍是當時的重心。事實上，一九八六年六月反杜邦開始之前，我即已依著自己的採訪計畫，在高雄、恆春、花蓮、雲林等地採訪，其間幾度南下恆春，只為了等待一個核三廠的工人的回音，但一直沒有結果。

一直到一九八七年春天，為了核三廠可能關廠，這些建廠工人需要有人幫他們製作傳單，教他們抗議海報怎麼寫，白帶條怎麼製作，這才主動聯絡上我。

多次的採訪後，我寫下核電廠一個工人死亡的故事，以及核電廠危機的報導，讓核三廠工人的故事廣為人知。

一九八七年三月十二日，杜邦公司宣告放棄投資的時候，我已在籌備恆春的反核說明會。三月二十二日李棟樑舉辦完「遶境還願大遊行」之後，隔了幾天，三月二十七日，星期五，反核說明會就在恆春登場了。

李棟樑非常夠義氣，在我的邀請下，一起轉戰到臺灣最南端。

他拿著麥克風，晚上九點多，站在恆春街頭，面對數百個全副武裝的鎮暴警察，齊眉長棍與盾牌陣列，在十二月寒冷的海風吹拂中，他依舊高亢的吶喊：「恆春人，自己要站起來。看我們鹿港人，用愛鄉愛土的心，自力救濟，改變了政府的政策。我們只有一個心願，祖先留給我們乾淨的土地，我們也要給子孫，留下乾淨的土地。」

那個天后宮前香火店的孩子，如此訴說。

我知道，來自土地的呼喚，來自民間的力量，已經開始要改變臺灣了。

我想起鹿港海邊的老人家叮嚀的：「你們拿筆的人啊，就要幫拿鋤頭的人說出我們的心聲……。」

重返鹿港，二〇二一／十一／二二

車過新竹，冬日的陰雨便停了下來，到了臺中，陽光忽而明亮起來。沿著二高向南，右方，是臺灣海峽遙遠的海平面，海面映著午後的驕陽，銀光閃閃；左邊，是大肚山和緩的山坡，深秋的蘆葦花，白茫茫一片，竟也迴映著斑爛的白光。車行至此，頓覺一片天寬地朗，胸臆坦坦然暢快起來。

由於疫情，已有好長一段時間沒有回臺中老家了。以前回老家過農曆年，總是要穿過東北季風的冷雨，新竹的冷風，等到車過苗栗火炎山，天空才會慢慢放晴，陽光和煦，草木青翠，空氣乾爽。然而，當時總是被年節的高速公路塞車，搞得疲憊不堪，只希望快快到家，可以好好休息。

如今在疫情深重的悶局中，從陰雨的臺北返鄉，回到熟悉的南方，回到「光之源」的南方，忍不住心底一暖，才知道這天清地朗的人世，這一無罣礙的心情，這坦然自在的旅行，是多麼難得的福分。

更難得的福分是，我和鹿港的結拜兄弟李棟樑已約好了去看他。

多年不見，疫情之後，我們曾通過電話，他在回想起當年去總統府舉牌的往事，依然清晰如昨日般鮮明，連郭繁男拿出標語的勇敢模樣，都記憶如新。唯一有點掛念的，雖然他爽快宏亮的笑聲依舊，可以打散所有的陰霾，但語速沒有以前的快，好像慢下來了，是否身體微恙呢？

海風依舊吹著老街的市招。幾年未見的鹿港小鎮，沿路的兩旁依然是做神桌、神壇的店招，看來鹿港木工的工藝依然受到肯定，幾十年堅持不變，似乎家中如果要有高品質的供桌和神壇，便要來此購買。這種景象讓人感到心安，彷彿在這瘟疫橫行，人人孤獨存活，無依無靠的世間，還有一種信仰和堅持是不變的，還有一種抵擋的力量。

變的是鹿港市區的一些景觀，許是觀光化了，開了許多給觀光客逛的小店、小吃、小紀念品攤子。沿著小河邊，原本老舊的雜木閒置地，也都清理乾淨了，變成了新的社區活動公園。車過過摸乳巷的路口時，我還跟旁邊的妻子開玩笑說，這亮堂堂的大道邊，已經沒辦法摸乳了。

沒想到這一玩笑，車竟開過了頭，找不到去李棟樑家的路了，只好打電話問他，再用谷歌導航。

當年像走灶腳一樣的路，竟然忘了，我正跟自己懊惱，卻見他已站在路邊等待。在那一間賣香火的老店，門面沒有變，可是現在已經掛上「綠多寶」的招牌，賣的是生態有機肥料。雖然店內仍有一點香火紙錢，但李棟樑說，燒紙錢，這個有點不環保，就賣得少了。

至於有機肥，他說：「是跟日本生態學者買的技術，可以用一比六百的比例兌上水，變成有機肥料。很節省，很有效的。」

他很開心泡茶招呼，聊起當年去總統府前，每個人手上拿出怨字的時候，一排憲兵，荷槍實彈，對準他們說：「你們已踏入禁區，可以格殺勿論。」

「當時內心跳了一下，也是會怕啊。」他說：「我只好勇敢的走上前去，跟他們說，我們是鹿港的老百姓，我們只是來跟蔣經國總統陳情，我們想保我們的家鄉。」

他指著牆壁上的大幅照片，那是蔡明德拍的，一群鹿港的鄉親，大部分是五、六十歲的長者，純樸的面容，無畏的、安靜的舉著「我愛鹿港」的標語。背後是高大的總統府。

「你看，這照片裡的人，有一半都不在了。唉，真快，也三十五年了。」

是啊，三十五年後，李楝樑也八十二歲了。更何況當年五、六十歲的農漁民朋友。

那個勇敢的郭繁男一接到李楝樑的電話，立刻趕過來。一見面，毫無隔閡的，立即熱血拍著我的肩膀，說：「啊，你後來是跑哪裡去了啦？有三十年沒再見到了吧！」

「啊，後來被報社派去大陸採訪，有幾年時間，都在大陸各地浪流連。後來又被調回來寫社論，關在臺北，就比較少出來採訪了。」我說。

「哦，我們工會也常常跟大陸有交流活動，去過好幾個省市。我們也很熟！」他開朗的說。

阿男一點也沒有變，精壯結實，豪氣明快，講話直爽，真情流露。他一直是彰化木工業職業工會的理事長，並且在大家的推舉下，已經成為全國木工工會理事長。

「上一次，好像你去臺北有見過一次面，在萬華喝酒是不是？」我說。想起當時他好像帶了一個女孩子，長髮飄逸，身材姣好。

「是啊，都三十幾年了。」他大笑說。

「很懷念跟你去王功海邊的那一間酒家。哈哈哈，那卡西唱到茫茫茫！」我笑起來。

「啊，你還記得那裡！」他大笑說：「王功海邊那一家，當年是我地盤，整個三樓都是留給我專用的。」

「都不記得是在二樓還是三樓了，太茫了！」我說。「只記得有一次喝很醉，想躲一下酒，就跟振國、盧思岳遛出去，站在面海的河堤邊，對著茫茫大海，拉開褲子，尿了好久，被海風吹得冷吱吱。」

「哈哈哈，你竟然都還記得！」他大笑起來。

「哈哈哈，老朋友的樣子都還記得啊！」我說：「還記得有一次，那個大學來的老師，喝到茫了，把他身上剛從美國帶回來的美金，拿出來當小費。那些小姐樂得直抱著他唱歌。我心想這下不好了，他喝醉了，肯定要大破財，想過去阻止他。不料他根本人醉心沒醉，笑著跟我說：『你免擔心，都是美國沒用完的零錢，放在口袋裡的。一元、兩元的，沒關係！』」

那整個晚上，王功的酒家小姐沒看過美金，拿著美金前前後後的看，我們說：「免驚啦，是真咧。伊昨天才從美國回來，就來鹿港報到了，來不及換臺幣啦！」

「哈哈哈，太久沒見到你們了。大家都好嗎？那個老師咧？去了哪裡？」他高興的問。

「那個老師已經是一所大學的副校長，也快退休了，人生真快。」我說。

「我也要退休了，他們都不讓我退。真是沒辦法。」

「咦？王功的那間酒家還在嗎？」我忍不住問。

阿男說：「現在王功都做海邊採蚵仔的觀光生意。那些酒家後來也沒什麼人去，已經都關門了。」

三十幾年過去了，滄海桑田，王功海邊已換了風貌。

他看時間還早，便說：「你晚上住鹿港吧，明天再走，晚上好好喝！我先回去處理一下會裡的事。」他轉頭對李棟樑說：「千萬莫讓他走了！我們五點半去紅樓見。」

「等一下我們會先去媽祖廟拜拜，拜完了就過去。」李棟樑說。

龍山寺沉靜如昔。古老的山門的廣場上，石板依舊潔淨，斑駁的柱子在九二一大地震之後，曾重修過，也幸好修建時堅持修舊如舊，保持了那古老的柱石與木結構。特別是戲臺上方的八卦藻井，完全以複雜的木結構互相鑲嵌而成，沒有用一根釘子，靠著古老的工匠手藝，嵌出如此巧奪天工的天井，於戲臺的正上方，對戲劇的演出，有回音放大的效果，真是不可思議，太了不起了。

站在龍山寺裡，想起了當年初到鹿港採訪時，李棟樑帶我走到這裡，看見廣場上的標語，寫著「我愛鹿港，不要杜邦」，以及孩子畫的水彩海報，繽紛有趣，而那天正好黃昏，夕陽正要西沉，金色的光照亮了古蹟建築，那真是極其美麗的景色，襯托著不要汙染工業的標語，竟有如一個美麗的小鎮發出悲鳴的怒吼。

幸好，阻擋下來了，如今這小鎮美麗如昔，觀光產業的發展，帶來新的生機，否則，不遠處的雲林麥寮，那汙染的情境、好發的癌症，不正是鹿港的對比嗎？

山門前的階梯有點高，我看李棟樑下來的時候，身體有一點不平衡，便伸手去扶了他。

「身體都好嗎？」

「不要緊的，只是下樓比較難。身體動一動就會好一些。」他用力搖了搖雙手，讓身體保持動感，似乎因此平衡感會好一些。

我們點上香，從前殿到後殿，逐一上香敬拜。李棟樑站中間，我和妻子站兩邊。

「咱龍山寺的觀世音菩薩，我今日和我結拜的兄弟楊渡和他太太，一起來參拜，希望菩薩保佑，他們身體健康，闔家平安，國泰民安。」

「也請保佑棟樑兄，身體健康，闔家平安。」

天后宮在鹿港老街，雖然已近黃昏，天色轉灰沉，但依舊有不少人來參拜，特別是年輕人居多。

「那時候，我們每一次要出去辦活動，我很怕出事，所以都會來這裡參拜，祈求媽祖保佑，我帶人出去，也會平平安安，把每一個人帶回來。」李棟樑臉色溫柔的說：「媽祖真有保佑哪，我們都平平安安，辦完每一場活動。雖然，當時是那麼的敏感的事情啊！」

他走到廟口的一間小香火店，那店裡的婦人拿出一疊香火紙錢，便給了李棟樑。他伸手掏錢，那婦人伸手制止說：「你拿去就好啦！」

我暗示妻子，於是妻子把錢遞給婦人說：「是我們要拜媽祖啦，妳要收下來。」

那婦人還在推。妻子便說：「是我們對媽祖的心意啦，要自己買才行。」

李棟樑有點為難，便告訴那婦人說：「妳收下吧。」

走進廟裡的時候，李棟樑才說：「我們家是做香紙的，年輕的時候，隔幾天，我就要搬一箱一箱的香紙來這裡，大家都是老主顧了。我們家這幾年不做了，我搬不動，少年人也不做了！」

我想起當年他也是天后宮的董事，在那環保運動風起雲湧的年代，天后宮的信眾，天后宮的周邊的小商販，都成為臺灣環保的先鋒。他們只是小工、小販、漁民、農民，面目黧黑，手足胼胝，手上還有著木工的刀痕，魚網的刮痕，卻義無反顧，站上最前線。可即使站在最前線，卻是那麼安靜、沉默、卑微，只是舉出牌子，站在廣場上，連警察都不好意思加以取締。

雖然那些老人家過故去了，天后宮的志工已改換了一批人，但香火依舊。鹿港古蹟的吸引力，帶來許多年輕的信眾，在廟裡細細參觀。

我們先拜中殿的媽祖。李棟樑代表說：「今日弟子李棟樑，和楊渡，和他太太一起來參拜。感謝媽祖，我們在反杜邦的過程中，保佑咱鹿港的鄉親，每一次的活動都平安，順利回來，保護咱的鄉土，賜給咱一方的淨土。請媽祖繼續來保佑，咱的故鄉在這次的疫情裡面，大家都平安健康，楊渡和他的家人都平安健康。保佑咱國泰民安，世界和平。」

我看他身體有點虛弱，卻還在保佑世界和平，忍不住加上一句說：「也請媽祖也保佑棟樑兄，身體健康，闔家平安。」

我們循著程序，慢慢走著，參拜著，說著往事。

想起那時候的鹿港的書法耆宿施文炳老師，總是在我們想出什麼新鮮標語的時候，立刻揮起大筆，用他一生練就書法功力，寫出大字。現在想想，當時真該當墨寶給保留幾張呢。他年紀大了，幾年前已故去。

當年正當壯年的粘錫麟老師，曾為運動出了大力，招呼前來探查的大學生，也介紹在地的問題給所有媒體，在文宣上起了很重要的作用。反杜邦結束後，他輾轉各地，宣揚環保理念，自稱是「環保弘法師」，約莫十年前也過世了。

「你為什麼特別會回頭來寫這一段歷史呢？都三十五年過去了。」李棟樑問。

我們站在天后宮裡，即將要離開了，卻有一點捨不得，便望著海邊的方向，黃昏的天色暗下來了，廟宇的建築在紅色的燈籠光線裡，呈現一種金褐色的光澤。李棟樑的臉上也映著那光澤。

「最近重看臺灣的歷史書寫，才發現以前國民黨的歷史，未曾記載這一段，民進黨的歷史，也只講他們的政治運動。可是一九八〇年代社會運動的這一大段，它包括了環保運動、勞工運動、農民運動等等，是那麼重要，如果不是從鹿港開始的群眾運動，美麗島事件後的臺灣，根本沒有人敢搞街頭群眾遊行啊，是從你們這裡開始的。後來林正杰跟我說過，你們既然都可以，為什麼他不可呢？於是他開始了『向司法送鐘』的野雞式的街頭抗爭。如果不是這些衝破體制的社會運動，當然，也就不會有後來的民進黨成立大會，以及臺灣的解除戒嚴。這一段歷史，是延續的。而起頭就是鹿港的街頭遊行。這些平凡的老百姓開始的啊！」

我們望著天后宮前，街道邊的香火小店和一些紀念品專賣店。黃昏的光線中，有些攤子慢慢在收了。

「謝謝你，還有心來這麼記錄啊。」李棟樑感嘆說。

「現在，臺灣的歷史書寫，都把這一段遺忘了。只因為他們不是民進黨的歷史，就當它不存在一般。然而國民黨的歷史只記錄他們的政治史，民進黨也只記錄他們的反對政治史，可是這一段，卻是臺灣人，從基層出發的，最真實的民眾史。那是屬於臺灣人民的真實的歷史。」

「啊，幸好你還記得。」李棟樑握著我的手。

「我不算什麼，要感謝的是你們。你們才是寫歷史的人。你啊，粘老師，文炳仙仔，阿男啊，還有天后宮裡燒香的人們，都是最重要的人。你們才是改變歷史的人。」

「要感謝媽祖，讓我們都平安走過了。」李棟樑合十，回身向著媽祖神像，深深鞠躬。

我跟著合十，深深敬拜。

不知道為什麼，腦海裡忽然閃現剛剛在龍山寺看見的對聯：

掃石西天懸月色

推門南海息舟人

後記：

二〇二三年十月二十七日，李棟樑先生因病逝世，享壽85歲。沒想到兩年前的拜訪，竟是最後的告別。棟樑兄是龍山寺的「掃石人」，一生為禮敬觀音、媽祖做了許多事。月色明淨，自會照亮他的前路。希望他推門前行的時候，有南海觀世音菩薩保佑，願他遠行的小舟，平安航行，一如當年保佑鹿港的子民遠行平安歸來。相信李棟樑先生的英靈，一定繼續守護他深愛的家園大地。

註釋

1　作者韓韓、馬以功，九歌出版社出版。

六。機場事件目擊日記

前言：

一九八六年是臺灣「風狂雨暴」之年。反杜邦的街頭運動，開啟了林正杰的街頭狂飆構想，他認為環境運動可以，為何抗議司法不公不行，反正既然要坐牢，那就決絕的抗議到底。從九月三日起至二十七日，林正杰展開「十二日長征」，九月二十七日入獄。而九月二十八日，即是民主進步黨在圓山飯店宣告成立。而年底選舉在即，因此十一月三十日，流亡美國的許信良宣告要學習菲律賓政治異議者小貝尼格諾．艾奎諾回國闖關的精神，決定闖關。而許信良的弟弟許國泰參選立法委員，也藉此造勢，發動各地立委參選人一起動員。桃園機場成為最大的造勢場子。

當時我是做為現場採訪記者，對政治人物、群眾、警方、軍方等的動員與內部的訊息傳播，有第一手的接觸，因此鮮明的感受到其中的脈動。特別是政治人物的誠信、勇敢或懦弱、投機與閃躲等，個中關鍵處，往往在現場，見到人的本性。

事件當時仍在戒嚴，因此新聞媒體多有扭曲。我在現場目擊事件發生的種種，心中之傷痛與沉鬱是外人難以理解的。於是留下誠實的記錄。當時的目的有二：

１，做為未來群眾運動者與群眾的借镜，知道民進黨與民眾的關係所在。從而在誠實，無幻想之中前行。

２，做治安機關或統治者的借鏡，提醒他們歷史不是握在誰的手裡，眼睛也非全然蒙蔽，見證者遲早會寫入紀錄，成為歷史的一頁。

以二十一世紀之今日觀點視之，則昔日的歷史，恰恰可以見證後來政治人物發展的投機性與兩面性。也可見證「暴雨將至」的氛圍裡，臺灣社會轉型的真實樣貌。

一，暴風過境（一九八六年十一月三十日）

醞釀許久的「許信良風暴」終於在十一月底的寒風中暴升了！

打從許信良在美國宣稱十一月底「返臺入黨」以來，此一風暴日漸成形。選舉中，許國泰並以此訴求，各地黨外候選人也陸續談及此事，但因返臺時間未確定，各地僅能訴求「臺灣人有返鄉的權利」為主。

十一月二十八日，中壢許國泰競選總部即通知各地候選人，期望各地候選人前來助陣。各地候選人也在政見臺上呼籲選民前往，並發布集合時間及地點。

二十九日夜，各地消息即有封鎖交通的傳聞，高雄市方面，臺汽中興號及國光號等停開。火車也停開，野雞車也遭封鎖。另外遊覽車也租不到。此舉使得黨外方面無法集體行動，群眾只能個別前往，或者包計程車，或自行開車。

三十日凌滿晨六時，臺中市方面，許榮淑服務處前聚集了數十名群眾，在無車可搭的情況下，分批包車前往。

至於民進黨方面，也曾數度開會，研商此事，成立工作小組，如糾察、救護、接機等等，並公布集體行動綱領。

鎮暴部隊，鐵絲拒馬

軍警方面對此事更為緊張。除通令各地之外，三十日凌晨五時許，軍警鎮暴部隊即開始集結。開往機場的道路設有兩個管制點，第一處設在離機場過境旅館前方三百公尺處；第二處設在南崁交流道通往機場的道路上。

南崁交流道的管制點共設有四、五道關卡，這一處管制點聚集群眾較為零星，並無衝突事件發生。

至於過境旅館前方的管制站，則設有五道鐵絲拒馬以澈底避免群眾衝入。

早晨八時許，中壢市許國泰競選總部前的道路即人潮擁擠，來自桃園本地人及各縣市的群眾逐漸到來。他們分別手持標語及縣市牌，將群眾列隊帶開。然而由於事前規劃不夠完整，秩序顯得相當混亂。

九時許，全省各地群眾陸續到達現場，合計約有二千名。此時許國泰總部內各地領導人猶在進行行動綱領的討論。

九時四十分、由桃園縣組成隊伍首先出發，在鑼鼓聲中，徒步前往。隨後是高雄縣、高雄市、新竹等。

事實上，九時三十分左右，張溫鷹、何春木等人即在機場被攔阻下來。由於他們並未前往中壢，而是五人開一輛車逕行前往機場，遭軍警阻下，並下車理論，終致發生爭執扭打。賴志川與何春木被帶入封鎖線，其餘人則乘車到中壢。

十時許，紀萬生、張溫鷹等人在出發不遠處遇上前進的行列，並大聲訴說其遭遇，群眾當場相當激動。

大批群眾即在此時舉旗幟，由中壢徒步行經大園鄉，走向機場。其中包括八十五歲的余登發所率的高雄縣民在內。

十時四十分，陸續有開車的群眾提早趕抵封鎖線現場，數百群眾在拒馬鐵絲網前喊叫，希望放人。

粉紅色水柱與石塊齊飛

桃園縣警察局長楊仲舒、團管區范司令以及縣警察局保安大隊萬隊長等人則陸續趕抵現場，並向張溫鷹、林濁水等人解釋，希望他們勸解民眾離去。

由於陸續有群眾集結，軍警檢查更澈底。除非擁有護照或能證實確是前往機場接送人者，完全不得進入機場。獲得放行的車輛也特別貼上小國旗標幟始獲放行。

十一時二十分，開車趕到的群眾陸續抵達現場，鑼鼓車隊也已到達。隨著張貴木、許國泰宣傳車的抵達，氣氛頓時緊張起來。

軍警方面的鎮暴車不時傳來喊話聲，要求群眾快快散去回家，免遭意外。但群眾則報以一陣回罵及鑼聲。少部分群眾甚至激動得衝到拒馬及鎮暴部隊前破口大罵。

十一時三十分，幾十位群眾衝向拒馬邊緣，也就是高速公路旁的斜坡草皮處，試圖搬開拒馬上的竹桿，開始動手推翻拒馬。此時團管區范司令一聲令下，憲警及消防車開始向群眾噴水柱。

粉紅色的水柱引起群眾的激憤及恐懼。在寒風中淋溼者有大多數人向後奔跑躲避，但有部分人則撿拾斜坡上的石頭向軍警投擲。一時之間，石塊與水柱齊飛。所幸並無人受傷。

由於寒冷海風直吹到大園鄉的機場，群眾的情緒暫時冷卻下來，走避不已。但衝突狀態則有升高之勢。

民進黨的行動綱領所規定的各主要領導人都尚未到場。部分主要幹部雖已到場，但秩序仍舊紊亂。各地前來的群眾既無人指揮，也無人能予管制。立在最前方的鑼鼓車上的麥克風，不時有各地來的民眾前往拿下喊話，使場面益形紛亂。

糾察隊與指揮成員此時仍未見組成，僅能由幾位拿著話筒的成員維持部分秩序，但一時之間仍難控制。

十二時許，徒步民眾陸續抵達，人數頓時壯大起來。一些激動者幾度擠向前方，大罵憲警人員，有些人則對憲警喊話，要他們真正保護人民，不可以打人民。

由於陸續抵達的幹部發現秩序大亂，遂趕緊找出糾察隊臂章，試圖維持秩序，同時由女性成員排成一列，站在最前方，以阻住往前擠的人群，場面此時始稍微控制住，但仍有少數激動群眾抓住麥克風，破口大罵。

十二時二十分，坐陣機場內圍指揮部的北警部胡司令接獲消息，趕到第一現場封鎖線附近。民進黨主席江鵬堅也到達現場，秩序一度恢復，隨後，江鵬堅即通過封鎖線，進入機場內談判。此時幾位女性成員開始唱歌，力圖恢復和平狀態。

然而，秩序卻隨著余登發步行隊伍的到來而全面大亂。

余登發所率高縣隊伍直往前頭走，在鼓掌聲中，衝開女性排列的第一線行列，直走到拒馬前方。此時，按捺不住的群眾又開始向前集結高聲喊叫，部分人則試圖搬開拒馬。

就在紛亂中，粉紅色鎮暴噴水柱再度射出，直往群眾中噴去。而群眾則紛紛衝下斜坡，有的試圖從斜坡上闖關。有的則到處撿拾石頭，準備丟擲。然而試圖闖關者被強烈水柱堵住，但石頭則是雙方互擲，亂成一團。

催淚彈瓦斯隨風飄散

約莫過了兩分鐘，軍警方面開始發射催淚彈。無色無味粉末炸開來，順風飄散，群眾在催淚彈的阻擋下無法張開眼睛，個個向後奔竄跌撞。同時有二人被軍警拋出的石頭砸傷，一人傷勢較重，頭破血流，當場休克。由張溫鷹扶著。

約莫十分鐘之後，瓦斯氣味始散去，但群眾仍睜不開眼睛，紛紛蹲在地上擦揉。

受傷的二人則於此時由車輛護送，到附近醫院急救。

眼睛刺痛的群眾則有人走入附近水田邊，撥起水渠的水洗眼睛、已無法顧到是否乾淨了。

由於催淚瓦斯的緣故，群眾首度認識到其厲害，紛紛安靜地靜待眼睛恢復，同時救護小組也廣播宣布可以前往治療，並呼籲民眾不要搓揉。但仍有不少民眾不小心，用手或袖子去觸及眼睛，將沾在上面的粉末又抹上，再度紅腫刺痛。

約莫下午一點半，軍機再度在上空盤旋巡邏，軍警方面則仍舊喊話，要群眾退去。但群眾已疲累得無力回嘴了。經過這一折騰，群眾開始覺得疲倦、肚子餓、口渴。但整個地區沒有東西吃。於是喊話器再度響起。請群眾休息一下、吃東西，再回來。

有些父母開始帶著小孩離去。有些同來的情侶則偎在一起以避風寒。此時陸續有販賣便當的小販抵達，但供不應求，大家都在找東西吃，在寒風中，吃飯一時之間成為最迫切的問題。但還是找不到食物。

隨後，陸續有小販抵達。一輛賣香腸的腳踏車，踩著緩慢的速度，首度到達時，更引起一陣叫好鼓掌之聲，熱騰騰噴香氣的香腸頓成搶手貨。這種小販隨政見會或群眾奔走的場面，大約是臺灣的群眾運動僅見的吧！而摩托車、腳踏車進入被群眾癱瘓了的交流道，也是臺灣所僅見的事。

交流道成為散步道

約莫二時許，有三十一輛警車突然開了進來，可能是因聯絡失誤，走錯道路，被群眾圍住，四輪放氣，陷在群眾包圍中，當場動彈不得。來自北縣的警察人員無奈的坐在車上，不敢有任何表示。其中有三輛車被擊破車窗，警方人員已離去，其餘警車中的警員則坐在車中，一籌莫展。

有些群眾上前向警員訓話，有些則苦口相勸，希望他們平日不要那麼過分，否則也會有這一天。警員則相當委屈，默不作聲。隨後有些人拿乾糧給警員吃，有些人則圍住消遣一番。

二時半左右，由於桃園的美麗島政治犯邱垂貞出面，帶頭唱歌，並要群眾坐下，場面終於恢復和平安靜，同時群眾也有了注意焦點，注意力便不復集中在軍警身上。這解除了可能的衝突危機。

在機場內，則是陸續趕到的民進黨民意代表，進入磋商協調。民進黨領導人計有江鵬堅、尤清、康寧祥、張俊雄、黃爾璇、周清玉等人，進入臺北關檢查組的指揮中心、與北警部司令胡佐政、航警局長孟昭熙協調雙方事宜。

江鵬堅等要求胡司令，應命令軍警人員切勿再以瓦斯、消防水和石頭回擊迎機民眾。但胡司令雖然應允這樣的要求，表示願為此事負全部責任，同時也要求民進黨人士應協調民眾勿以石頭或其他暴行攻擊軍警。雙方都各自接受對方的要求。於是游錫堃等四人於三時十分許，搭乘北警部的車子到達僵持現場，向群眾說明目前狀況，要求大家保持理性，維持體力，堅持和平接機事宜。

在協調中，江鵬堅等除了表明和平非暴力接機原則外，並且要求航政單位提供每一次東京飛來的班機的旅客名單，供辨識是否裡面有許信良。此項要求獲得答應。

胡佐政司令向江鵬堅等人表示，同胞歡迎鄉親是應該的事，他也請許國泰到機場裡面來，但許國泰卻不願到機場，表示要和民眾在一起，寧願與接機民眾被拒在外。胡司令說，機場的空間容納不了那麼多的接機民眾，如果讓他們都進來，會妨害機場秩序。

「這種不實報導的東西！」

下午三時三十分，軍用直昇機再度飛臨上空，撒下大批傳單。此舉再度引起群眾憤怒，轉而去踢三十一輛警車，同時砸毀部分玻璃。

警車旁一輛中國廣播公司的車子大約是隨警車前來的，也早已被放了氣，人已離去，此時也被砸破玻璃。

另外有一輛華視的採訪車不知何時進入，被群眾包圍放氣後，人也已離去，車輛被推入斜坡旁草叢中。民眾高聲議論：「這種不實報導的東西！」

下午四時五十七分，由於演講與歌唱結束，無人主持，加上天色將暗，群眾心焦不已。而許國泰的宣傳車自下午二時許又不斷廣播許信良已抵達機場，要群眾千萬不要散去。因之集結群眾再度擠向拒馬前。兩輛消防車此時再度噴水，雙方同時又開始丟擲石頭。雖然警方與民進黨成員都不斷高喊「不要衝動，不要丟！」但還是無法制止。最後因群眾後退，雙方才再度緩和下來。

但憤怒的群眾轉向警車踢打，捶車頂。許國泰的宣傳車一再制止，終於使群眾安靜下來。但在群眾要求下，開始向警車喊話，要求他們向上級反映，別再噴水，否則他們很難控制群眾去找警車、警察的麻煩。

過不久，警員即相率離開，留下空車在現場。

夜風愈益寒冷，群眾漸漸有人離開回家。同時，等待者益發不耐，希望知道機場裡面的真實情況。

翻倒二十六輛警車

六時許，天色漸暗了。許國泰的宣傳車開至拒馬前，一方面抵擋萬一有水柱噴來，一方面使群眾不會再向前集結，然後開始唱歌、演講。部分群眾仍堅信宣傳車所講的，許良信已回來。但部分民眾已開始動搖。

宣傳車上又宣布，若仍無結果，夜間八時就要到中壢去「散步」。

八時左右，江鵬堅出來了。他宣布：許信良無法搭機。因此無法來。他唸了許的聲明，並聲明已有十位人士入境。

八時四十分左右，許國泰正式宣布接機活動結束。他眼見群眾，從一大早支撐到現在，在機場的寒風中飢寒交迫，已疲憊不堪，遂不復有遊街之意。

九點左右，陸續離開的群眾於不滿中，將約莫二十六輛警車全部翻倒，始倖倖然歸去，各自散開，自行搭車返鄉。

許國泰服務處內則仍有二百人聚集，但許及其工作人俱已疲憊不堪。各自散去回家休息。

一場醞釀甚久的風暴，終於因此暫息。

然而在暗夜中，各自散去的人群與軍警雙方卻還有許多問題，許多後遺症，許多有待解決的事情，值得人們去沉思、去反省此一群眾事件的起因與過程、波動與影響。

十二月一日凌晨，北返的民進黨迅即召開中常會，並發表聲明譴責破壞警車之行為。

聲明中指出，該黨基於人道立場，對許信良返臺一事表示歡迎，並曾訂下和平行動準則，用以約束，昨日因與憲警衝突，無端一再施放催淚瓦斯，且丟擲石塊，對立升高，致有破壞警車之事，深表遺憾。

聲明中強調，該黨主張和平，反對暴力，對破壞警車一事嚴厲譴責，並要求治安單位查明肇事者身分，依法處理。如有該黨黨員涉及，將依黨紀嚴予懲戒。

十月一日下午，蔡式淵及許國泰則開著宣傳車相偕至臺北國泰航空公司抗議拒讓許信良搭機。經過宣傳車不斷喊話之後，由該公司張經理接受抗議書，再轉往香港總公司。

該次抗議於下午四時半開始，於五時左右因情治單位蒐證人員在場拍照，發生衝突，互相毆打，該名人員被蔡、許工作人員帶往民權二派出所報案。

風暴的餘波猶在臺北蕩漾，料必延長到選舉之後，且將影響選舉結果。

二，報告新聞（十二月一日）

風暴沒有止息。

風暴彷彿才剛剛開始。

三十日的事件顯然只是引子，正如一粒火種掉落柴堆裡，人們開始嗅出焦灼的味道，真正的燃燒正在醞釀。有人已開始搧風，試圖讓它擴大。而民主、改革、理性，這時刻都遺忘在腦後，我深深疑懼，真正的「掃蕩」是從選舉完畢後開始，那時才是主戰上場。

報紙與電視同聲譴責「製造社會不安的暴力陰謀分子」，尤其在聲光畫面之下的電視，首度出現第三世界那種鎮暴警察與群眾對峙、噴水柱、丟石頭的場景時，配合著「是誰在破壞我們的治安？」「我們要同心譴責」的呼籲，令人懷疑這到底是新聞報導？還是「政策宣導」？在學院與書本、報紙與新聞信條上強調的「公正客觀」這時候已隱身消逝，剩下的只是「宣導」。而敏感的人便要從宣傳中聞出焦灼的程度，事態的嚴重性，以及最後會不會抓人。

真的是這樣嗎？

父母、朋友、親戚紛紛來電詢問曾到達現場的我。「真的是這樣嗎？真相是什麼呢？」看完報紙與電視之後，他們都這樣問。我為新聞工作者感到一股極深的悲哀。

然而，更悲哀的是，新聞工作者憑其經驗竟變得比民眾更多疑。夜間在報社寫稿時，同事紛紛有人詢問：「到底怎麼一回事？像報紙說的那樣嗎？像電視那樣嗎？」新聞工作者竟至於不相信傳播媒體的「公正客觀」，又怎麼能讓人民相信新聞呢？反諷的是，他們比民眾知道更多，卻懷疑更深。

電視畫面已被「清理乾淨」。除了臺視偶爾有憲警也丟石頭之外，中視、華視一例是警方逃躲石頭的場景，受傷者被放大特寫，包裹在白繃帶中的面容慘苦無告，委屈地說：「為了社會的安定和諧，我們願意忍受……」

然而在現場目睹的我卻難以相信。在雙方丟擲石塊的過程中，就算是互有受傷，憲警也必然比民眾輕微。因為他們頭戴安全帽，身著雨衣，手執齊眉棍、警棍，前面還有一排鎮暴部隊摒擋。而民眾是沒有安全帽或任何配備的，有的只是一股民怨而已。配備齊全與手無寸鐵的比拚，在實力上已相去天壤，然而強者卻變成受害者。

更何況懸殊之處不僅在此。一方是精密鎮暴武器，訓練精良的部隊，擁有消防車、鎮暴車、催淚彈、瓦斯槍、直昇機（可以投擲催淚彈）以及後勤預備的裝甲車；一方是從各地興沖沖趕來的群眾，連便當都未曾準備，有些南部來的民眾甚至被冷水與海風沖得全身顫抖，不勝寒冷。高科技與高訓練的一方，對上臨時糾集的民眾，實力之懸殊已可立判。

強者變成受害者！

當天憲警在消防車上數度噴水，淋溼群眾的鏡頭已消失，民眾為催淚瓦斯掩鼻伏地、涕泗橫流的場面也不見了。警方丟石頭的鏡頭亦告闕如，只剩下警方挨忍，逃躲石頭的場景，宣告強者變成受害人。

歷史，難道像加布列．賈西亞．馬奎斯（註1）說的，有時候只是在轉圈子，重複上演嗎？我想起「美麗島事件」的歷史情境，心中不寒而慄。

匆匆寫完稿件後，我不斷質問自己：新聞工作在現代社會有其監督、平衡的功能，而公正客觀應是這功能的源頭，讓人民在真實中認識從而下判斷；如果喪失這功能，要新聞做什麼？難道像路易．阿圖塞（註2）所說的，只是「意識形態國家機器」的一部分？

在寫給發行於美洲的《時報新聞周刊》的稿件上，我刻意表現一件事，即民眾的非集體性、自願性，我努力呈現尋常人民的面貌，而不是政治人物。因為政治人物（那些帶頭吶喊者）都進入機場大廈裡、卻留下民眾在外頭挨餓受凍。

交完稿子，一位同事跑來問我：「他們是不是真的是『暴民』？」

「世界上大概沒有這種暴動與暴民吧？」我回道：「怎麼可能暴民的陣容裡有賣香腸的各種小販，難道他們不怕危險嗎？而且群眾還高高興興去買香腸呢？」

由於當天事件場面太大，對機場內的情況並不了解，我向同事詢問內部情景，才知道幾個進入機場的政治明星根本沒什麼事做，只是對外國記者發表演說，喝咖啡，有些人更提早從南崁交流道離去。

警車是誰掀翻的？

一位服過鎮暴部隊兵役的同事逐一解說各種武器的功能，我才知道事情並不如外在所見的那樣人牆對峙而已，而是隨地都隱藏著強大的鎮暴瓦斯與鎮壓力量。

另一位同事則談起他看見的場景：在南崁交流道檢查哨旁，他看到一列便服人員（約三十人），頭是平頭，但並非穿制服，而是便服，他心生訝異問有關人員。答案是：「這是我們自己的人，別怕。是要混進去的。」

攝影組同仁表示，他在警察後面拍照時，見到一堆圓形鵝卵石，他覺得交流道馬路邊必然是壓路機壓過的碎石，怎麼可能有圓石，正舉起相機要拍照，卻被阻止擋開，聲明不准拍照。事後他大惑不解。

另一位攝影同仁表示，夜裡群眾離去後，他開車追隨，卻見近百人留在最後與憲警會合。我記得最後離去者開始掀翻警車，果真如此，警車是誰翻的呢？那最後留下與憲警會合者手上應有資料吧！

各報記者大都站在警察身後

一切情況與同事互換訊息後，愈發顯現其複雜與繁密。有如經過布局，又有如一場混戰。真相遠比現場所見更為深沉。

採訪同仁因為採訪立場不同，也分成兩種人。站在群眾一方者，飽嘗酷寒飢餓之苦，也體會膚受水柱、瓦斯的厲害，與群眾感同身受，談論此一事件，判斷便不同。但站在憲警身後的記者，則因警方的無線通話器內傳出各種有關群眾「配備」危險武器的流言，對群眾頗為恐懼和疑慮。

因站立的角度不同，身受的威脅與傷害不同，則觀點、感受也迥異。而當天各報記者大都站在警察身後，果然報導觀點便不同了。

三，封鎖線內（十二月二日）

早晨，在睡夢中被風暴撼醒。

「許信良又回來了，這一次從菲律賓！」電話中傳來主管的聲音。

「不是在日本嗎？」我驚愕道。

「從馬尼拉！聽說人已經在機上了。你準備一下，回頭去接你。」

「唉！許信良！」我嘆口氣望望手錶，八點半。距離入睡時間才三個鐘頭。而前天從採訪機場開始，這連續三天每天睡兩個鐘頭。

這是極有趣的現象。有一個人在天空飛來飛去，繞著小島打轉「放空氣」，拚命想入境，卻牽動著一群人在地上疲於奔命，在小島內亂轉。其中包括：黨外人士、熱心群眾、情治單位、憲兵、以及新聞記者。

然而，這是一個什麼樣的人呢？

臺灣真是第三世界

「是不是艾奎諾夫人要替丈夫報仇？怎麼會從菲律賓？」一上車，我就忍不住問道。因為艾奎諾就是搭飛機回馬尼拉，在機場被殺的。

他們大笑起來。連稱說不定。

這笑話有個時代背景，需要特別說明一下。

一九八〇年代，臺灣與菲律賓都屬於威權體制，因此與威權政府對抗的人士有不少流亡美國，他們大多住在紐約，因為相同背景，又都是亞洲國家，因此彼此有不少聯繫。當時紐約是政治流亡人士的匯聚之地，除了艾奎諾外，還有臺灣的許信良、臺獨聯盟、韓國的金大中等人。當時他們彼此約定，誰先回國成功，就要幫助另外兩國。

流亡美國期間，艾奎諾仍不放棄回菲律賓的努力。經過長期協調抗爭後，斐迪南．馬可仕（註3）被迫於一九八三年起恢復反對派活動，同意於一九八四年五月舉行議會選舉。

一九八三年八月二十一日，艾奎諾終於在馬可仕保證其安全的情況下，獲得回菲律賓的機會，準備參加議會選舉，他經過臺灣，搭乘中華航空公司班機（CI811）返回馬尼拉，抵達時，步下飛機階梯的剎那，遭人開槍擊中頭部，立即身亡。時年僅五十一歲。雖然機場警察隨即槍斃兇手，並拘捕了數名疑兇，但一般認為該謀殺是馬可仕政府暗中策劃。

後來有消息指出，艾奎諾遇刺是臺北有人將艾奎諾的行程機密外洩，致使馬可仕安排殺手下手。時任副總統的李登輝也指出，當艾奎諾想回菲律賓無法回去時，他來臺灣住在圓山飯店，去找劉介宙，劉介宙與郝柏村關係要好，遂請郝柏村協助他回國，沒想到艾奎諾一到菲律賓就被槍殺。

艾奎諾暗殺事件因為媒體報導十分廣泛，成為國際焦點，並於菲律賓引發大量反對馬可仕政權的集會，原本銷聲匿跡的反對黨重新活躍起來。馬可仕被迫宣布於一九八六年二月七日提前舉行總統選舉。

一九八六年的菲律賓總統大選中，艾奎諾的妻子柯拉蓉·艾奎諾獲得菲律賓反對派的一致推薦參選。選舉過後，馬可仕企圖舞弊，國民議會在馬可仕的壓力下宣布馬可仕以一百五十萬票的優勢當選，但二月十六日起，馬尼拉約有兩百萬人走上街頭，示威抗議。此次群眾運動，被稱為「人民力量革命」。

此時馬可仕與柯拉蓉都表示自己當選。最後由於副參謀總長斐代爾·瓦爾迪斯·羅慕斯（註4）倒戈支持柯拉蓉，加上百萬人民包圍馬拉坎南宮，一些高官紛紛提出辭職，二月二十二日晚，國防部長胡安·恩里萊宣布脫離馬可仕政權，二月二十五日上午，艾奎諾夫人宣誓就任菲律賓總統。另一方面，馬可仕也自行舉行了總統就職儀式，但深知大勢已去，遂慌忙向美國駐菲大使求援，美國政府用直升機把馬可仕夫婦接往克拉克基地，次日清晨流亡夏威夷。至此，柯拉蓉正式就任總統，結束了馬可仕長達二十年對菲律賓的獨裁統治。

在對臺關係上，艾奎諾遭暗殺後，馬可仕以華航載運禁止入境的艾奎諾為由，中止與中華民國的航約，臺方也隨即禁止菲籍班機降落所轄機場做為報復。但約一個月後，兩國又恢復航班。

我笑說，艾奎諾夫人的報復，意指艾奎諾被暗殺，是臺灣有人洩密，那艾奎諾夫人柯拉蓉就送一個臺灣禁止入境的政治人物上飛機，讓戒嚴下的臺灣不如何是好，做為報復。

十點半，穿過南崁交流道檢查哨，並未見到有群眾聚集，也未見黨外人士。軍警戒備森嚴依舊，除非出示機票確定要搭機者，否則一律不准放行，連接機者也不例外。警察面容嚴肅，站在拒馬前列隊，逐一檢驗。背後則是一列真槍實彈的士兵，佇立侍命。鐵絲網、警察、軍人、槍陣，令人想起科斯塔．加夫拉斯（註5）的電影《戒嚴令》（註6）、《焦點新聞》（註7）等等，我在心中告訴自己：沒有錯，臺灣真的是第三世界。

機場裡出奇的平靜。沒有接機、送機的人潮，也沒有憲警手持武器大舉出動的場景，有的只是便衣情治人員四下裡搜尋觀望。他們分散在咖啡高腳椅上，電話亭旁，出入口，眼神呈現漠然與機警，飄移四射，時或喁喁私語。

按照班次，此刻馬尼拉來的飛機應已降落在停機坪，許信良應已到達，然而一切毫無跡象顯示出慌亂氣氛，反而有一份氣定神閒的冷靜。

十一點，因傳說黨外將率大批群眾前來接機，正在集結，往機場出發，我們遂決定分頭採訪。我與另一位攝影同事蘇俊郎負責過境旅館前方三百公尺處的檢查哨。據說，群眾將來此。

在通往機場的道路上，三十日的「戰鬥遺跡」猶在，有踐踏、輾壓的破碎痕跡，安全島上的草木橫七豎八，聞得一陣刺鼻尿味。

「這就是前天的廁所。」阿郎笑著說。

三十日站在群眾中，目睹數次衝突，猶覺得可能發生暴動，會出事，如今從機場內一路行來，仔細審視狀況，始知鎮暴部隊與裝備之嚴密，在拒馬前約有二百人的憲兵鎮暴部隊，隨後是上百警察，各個手執鎮暴盾牌、齊眉棍，嚴陣以待。這第一波萬一被攻破，第二波仍有二百憲警待命。同時兩部鎮暴車也在現場，隨時準備開上第一線。它兼具喊話、播送音樂、放出催淚瓦斯等功能，並可直接開入群眾中，進行驅散。第三波也是二、三百憲警整裝待命。如果這三波都被破，最後還有裝甲車可開出阻擋。

據一位服過憲兵役的友人表示，這些只是表象，齊眉棍與盾牌的防禦工事，效果有限，真正厲害的是鎮暴部隊第二排，即有催淚瓦斯槍，另外鎮暴車除可發射催淚彈，噴出催淚瓦斯之外，更可直開群眾，呈四面八方，放出催淚瓦斯，四周無法有人能走近。至於天空飛翔的直昇機也不僅是空飄傳單而已，而是兼具投擲催淚彈的裝備。

軍人就是要這樣

這高度裝備與重重防守，即或同等人力的鎮暴部隊都殊不易突破，何況是街頭走來的手無寸鐵的群眾。懸殊的實力對比，令人為三十日往前衝的群眾感到不勝「寒心」，因為衝的結果，就是慘重的傷亡，慘重的代價。

我們先去向軍方范祚胤司令打招呼。阿郎笑著說：「您那天自己站在消防車上噴水的氣勢，看起來真是神勇！」

范司令於是激動起來，說：「哪裡？這算什麼？幾顆石頭一丟，就往後退，真是太不像話了。想當初在金門八二三砲戰的時候，每天大砲在頭上飛都不怕，還怕這幾個石頭！」范司令流露出軍人本色，眉飛色舞地說：「你就是要比敵人勇敢，不懼怕，才能打勝仗。軍人，就是要這樣！」

過不久，無線通話器中傳出群眾已集結完成，開始出發。同時有一部小型貨車攜帶二百支木棍，應小心盤查。隨後，又傳出「暴民中有人攜帶硫酸」應予小心。

憲警為木棍和硫酸大大激動起來，議論紛紛。警方漸漸有同仇敵愾的憤怒，而憲兵則像是受過良好軍事訓練般的，保持執勤的沉默嚴肅狀態。

陽光照在這一大片濱海的遼闊平野上。整條四線高速大道平滑空蕩地延伸出去，沒有車，也沒有人，只有陽光柏油，閃映出浮動的反光。像某一種美國西部電影的大決鬥前氛圍，熱氣浮動，陽光烤炙。

拒馬前五十公尺處，有十幾名警察做先頭盤查。身影微小地移動揮手，有如並不真實存在。被阻擋回去的車輛，那些畏懼於這陣仗的人，帶著驚疑、退縮的面容，滑出大道，轉瞬間消失。

恍惚間，我彷彿聽到遙遠的鼓聲，歌唱的節奏，紊亂的步伐，以及一張張對危險茫然無知的歡喜或憤怒的面容。

然而只是空蕩蕩的四線大道，映出柏油的灰黑浮光。四野寂靜，十幾名情治人員手持對講機，咔嚓作響，喁喁對話，唸著許國泰所提出的二十名接機人員名單，這些人被允許進入機場大廳。「許榮淑、張富忠、周清玉、許國泰、康寧祥、江鵬堅……」

一聲「架走」邊拖邊打

道旁的稻田裡有成排成列的翠綠稻葉，明亮閃動光輝，顯出農村的安靜與遼闊。幾家灰瓦紅磚的農舍，零星散置在田野間，傍著白茫茫一大片蘆葦花。那葦花呈現出互相摩娑的依偎，迎空挺立。沒有鳥鳴的啁啾，也沒有風聲的沙沙。一切在死寂中，帶著一種肅殺的氣氛。

一架飛機從靠海邊緣，呼嘯著巨大哨音，「咻——」的一聲，緩緩飛抵，破空穿越死寂的氣氛，降落機場。幾名警察喁喁的聲音在飛機聲之後響起，帶著仇恨與憤怒，彷彿他們一如電視新聞上所說的，是被群眾丟石頭的委屈的受害人，而口吻中更充滿「報仇」、「讓他們知道厲害」的情緒。似乎他們已遺忘了自己當天也是丟石頭的人。

站在警察這一方採訪的自己，終於體會到群眾對立面的觀感了。

「來了，來了！」一位警察從對講機中聽到後，高喊起來。「攔下來！」

十一點三十分，蘇秋鎮偕同三個人到達，被攔阻下來的蘇秋鎮異常憤怒，他堅持有進入機場的權利。范司令再三解釋他不是名單上的人。但蘇不聽，隨即范司令臉色一變、在爭執中、叫人將兩名蘇秋鎮隨從人員「架走！」蘇秋鎮愕立當場，不料有此一舉動。

十一點三十五分，就在蘇秋鎮吵著放人與不放人的爭執中，一輛車抵達。警員隨即大吼：「就是他！就是他！那天有來，我記得，他也有來。」

那人隨即被拉下車，警員圍上，雙臂反扣、警棍架住，幾名警員棍棒隨即落在他身上。

他高喊：「我是名單上的人！我是名單上的人！」

但警員不理，邊架高反扣的手臂，邊拖邊打進去。攝影阿郎已拍下照片，返轉回來，我看那人背部挺眼熟的，便問道：「是誰？」

「張富忠。」他說。「亂打，實在不像話。打得好狠！」

我望著那背影被圍在一圈警察制服中間押入，無語返身。我跑去問一個警察：「人要押到哪裡去？」

他支吾答稱：押到憲兵單位偵查。

外國記者目睹的怪現象

十一點四十五分，蘇秋鎮車輛被一陣圍打，警棍落在他車上，身上，甚至要予以「架走」，但礙於他曾是立委，只是要他原車開回。

一個外國記者此時趕到，目睹場景大聲責問：「怎麼可以打人？警察怎麼可以打人？」但警方一直推他走，不讓他看到。他邊罵邊被推，卻一直想回頭看蘇秋鎮。此時有人制止警方動作，命令蘇秋鎮司機開走。然後，那一輛車安靜但緩慢地駛離現場。

外國記者則與警察發生爭執，有人大罵：「這是我們的事，不用你管！」「都是你們外國人來搗蛋。」「滾出去！」

范司令目睹外國記者的反問性言語，怒聲叫道：「架走！架走！」「別讓他進去！帶走！」

記者邊走邊罵，中英文夾雜起來，嘟囔著。但警察沒人敢動手架他，但有些衝動的則高喊：「打他！打他！」「什麼外國人！」卻又沒人敢動手。不知是否對講機發揮命令作用，這群警察之中有人出聲說：「讓他進去！」便又讓開道路，予以放行。

十一點五十七分。一輛車到達，逮捕數人，在警方高叫：「就是他，那個穿皮衣的」聲中，數人被帶入，其中一人則驚訝、悲淒地叫道：「我沒來啦！我沒啦！」

警方一邊罵著：「上次你還那麼歹，還說沒來？怎麼你再不大聲？再歹啊？」拳打腳踢中，拖往機場內。沿路排列的警察也興奮異常地上來補一拳一棍，有如洩憤一般，充滿笑容。但也有許多警員看不慣似的沉默站立，眼神憂鬱，眉頭緊鎖。然而部分警員則興奮地奔走相告，一個架人進入剛出來的警員笑道：「剛剛某某在抬便當，忍不住還要放下，踢一腿才高興。」

在頻頻的威嚇性命令的「架走」聲中，一股暴戾之氣，急遽上升。法律規定的應有程序，如照片指認、證據、偵查等等，統統消失於無形，只要有人高喊：「就是他，那個穿紅衣服的！我認得。」那人就得被架走，且沿途拖打。

我搖頭嘆息，走到欄杆旁，望著白花花的蘆葦，兀自在陽光下靜靜地搖曳，幾家附近農民站在門口，仰著頭觀望高速大道上發生的事。

幾位便衣情治人員此時走到警員前面說：「要打，拖到裡面再打。這裡有記者在場，不好看。拖到裡面一點再打。」

「這還有法律嗎？」

十二點十分。周清玉偕同律師及助理同車抵達，警方堅持只能讓名單上的人進入，其餘二人應原車返回。但周的助理以法律原則，堅持任何人皆可進入機場。雙方正僵持不下，范司令大跨步走來，大罵道：「你們吵什麼吵？要鬧事啊？都是你們這些鬧事分子，鬧得國家不得安寧。」言畢，大聲要周清玉拿出身分證，但周清玉說：「你們到底講不講理啊？講理不該這樣啊！這兩位是我的律師和助理，為什麼……」

「我說過第一次了，現在，第二次，」范司令喝道：「把身分證拿出來。」

周清玉不理，仍要談「你們講不講道理」。

「現在，第三次。把身分證拿出來！」范司令道。

周清玉助理及律師正在紛紛理論。

「架走！統統給我架走！」范司令轉頭下令喝道。

但警員無人敢動手，幾個積極分子雖然在一旁圍觀，但眼見這三人穿西裝，並非「暴民」模樣，下不了手。

「叫你們給我抓起來，聽到沒有？架走！聽到沒有！」范司令大喝道。

這時，周清玉趨上前去，也生氣道：「你抓吧！你抓吧！你們到底講不講理？這還有法律嗎？」她趨前直向范司令。

范司令眼見她逼進，身體反而倒退，不知所措，對旁道喊道：「架走！架走！」隨即不斷後退。

「姚太太，姚太太。」旁邊有人拉住她，不斷勸說，才漸漸平息，但范仍堅持名單上的律師可進入，而助理則不行。那助理正要理論之際，被一名高瘦穿西裝青年攔住，勸他快走。我也急忙勸他別再堅持，因為沒有用。

助理被拉住後，並不願回去。然而在聽說已有數人被抓去後，始面含憤怒神色，頻頻回首，然後離去。

相詢之下，我才知那高瘦者是《聯合報》記者胡元輝。他沉默地走到欄杆邊，望著白茫茫的蘆葦，搖頭嘆息，才說：「他是我在臺大的學弟，才出面勸他。否則，這種場面，誰都無法阻擋。」說畢，依舊無力地搖頭。

十二點半。吳哲朗開著車趕到。車上共有三人，被攔下後，發生一陣爭執。爭執中，吳哲朗一度被命令「架走」，但因警員意願不強，並未強制執行。終又放下，將車轉頭後，搜索一番，舉凡傳單、旗幟一律丟棄於地，有些人甚至踩幾腳，然後才讓他驅車離去。

第三世界電影實地登場

我茫然佇立，望著來人一個一個有如自投羅網一般被「架走」，邊拖邊打進去，卻又未經任何法定指認與調查，心中一陣不忍卒睹的難受。如果這種氣氛在警察之中瀰漫，如果這種仇恨在民眾與警察之間同時存在，未來恐怕永無寧日了。

下一步會是什麼呢？我在心中問著。是開始大舉逮捕，進行另一次美麗島事件？還是鎮暴與反壓迫升高，從而使臺灣陷入更劇烈的動盪？如果此次逮捕便不予釋放，選舉會停頓嗎？民眾會有什麼反應呢？像以往一樣，有人相信電視與報紙，有人卻暗暗議論，永不相信？組黨與解嚴會停止嗎？難道這是臺灣極右勢力的全面反撲？或者只是臺灣政治的隱而不顯如今終而露出的真貌？

我開始注視全場，忙碌的興奮於逮捕「鬧事分子」的警察，肅然立正、面孔樸素的鄉村青年的憲兵鎮暴部隊，拒馬上的倒勾鐵絲，發號施令的軍事指揮官，拿著通話器的各路情治單位，搖著警棍閒散踱步、搜尋目標的積極分子，未經法律程序的毆打刑求，未經審判的口號性當場判斷……，這一切景象，多麼像是我所看過的第三世界電影。

然而，它真的在臺灣登場，顯現臺灣政治的另一重面貌。民主法治、改革、人權、和諧、理性、團結，乃至於每個孫中山銅像上所寫的「博愛」二字，統統在此剝落消逝。剩下的只是赤裸裸的……，赤裸裸的什麼呢？軍事統治？警察暴力？法西斯？力量對抗？鎮壓？暴力本質？或者是，什麼都是，什麼都不是呢？

生命中鮮有一刻，像現在這麼失望和茫然。望著逮捕者與被逮捕者，都是自己的同胞，卻在口令與動作下，在被扭曲的心態中，互相仇恨，完成其對抗侮打的悲劇。

凝望憲兵的面容，青澀、粗糙、嚴守本分，像極了一個小學同學當兵的模樣，而警察的模樣，我也能想像，他們同友人坐在一起泡茶時，談笑的形貌。然而，都轉成仇恨對抗的眼光，有如對待仇敵一般。他們知不知道自己在做什麼呢？

至於民眾，我更能理解他們唱著「咱要出頭天」時，那種愉快、孩子氣的模樣，那瑟縮在寒風中分吃一個便當的友誼，那被噴水後的憤怒，那沉默而立的工人的模樣。這些群眾之中，也有子弟在服役吧？他們也有親戚是警察吧？如果硬衝硬幹，到最後會如何呢？

天空是無比晴朗的天空，沒有一絲雲翳，藍得有如均勻的絲絹，望天灑開。陽光直射，穿透明净的空氣，照亮這一切毆打事件。是的，不是陰天，這一切是在光天化日之下進行的。

十三點二十七分，一輛計程車在前哨檢查處試圖倒車，被幾名警察追回，不問事由，便是棍棒齊下。

「還跑！還想跑！」由於打得異常激烈，且非常明顯，惹得路旁農戶中圍觀的群眾鼓噪起來。「警察打人，警察打人！」由於聲浪頗大，警察中也有人直指回罵道：「轉去，沒你的事情。還叫，還叫？還叫？住口！」有人甚至說：「再叫連你也事！」

但群眾繼續喊叫，直到人被拖入檢查哨，望不見人影才平息。但卻聚了約五、六十人。

十三點三十二分，兩人一車被帶入，車號是五八二頭。

「這就是證據。」

十三點三十七分。車號〇九二五四一七嘉義車被攔下，車上坐著四個中年人，一個五十餘歲者開車。由於警方傳言有群眾攜帶木棍二百支，甚至連車號都有，因此這車一到，就有人議論：「是這一輛。」

警方令其打開後座，果然查出一吋寬四方形長木條，以及一疊傳單。警車與便衣都興奮起來，說：「找到了！找到了！」他們拿起木條觀看，卻見這平日五金行甚易買到的「角仔」並未如傳言中結實的「棍」，然而再一看，發現釘有六個平頭螺絲釘，看來像是宣傳車輛用來鎖標語用的。

「哇，你看！還釘上釘子，是要打死人啊！啊？還釘釘子，好狠！」一個便衣人員叫道。他走上前去向司機說。「把證件拿出來。」

這名驚嚇得一語不說的五十歲司機在駕駛座上，隨手從旁邊拿出一張民主進步黨黨員證。警察面露得色道：「你看，就是這些人。你看！」他又從後座把木條取出，讓螺絲釘外露，硬塞給司機說：「拿著。」然後轉頭道：「來！大家來照相，這就是證據。」

老頭從頭到尾一語不發，聽任擺布地拿高黨員證，又拿著木條，怔忡地任人照相，有如驚嚇過度，不知所措。

當情治人員及幾個記者一擁而上照相時，他仍舊愣愣地望著鏡頭。

攝影結束，他並未回神，聽任警方將其車開入。警察此時揚聲道：「各位記者先生，你們親眼看見了，他們帶木棍，還釘上釘子！」

望著老者的車子開入，我深深明白這一車人將有一頓「好受」，且更甚於其他人。我更明白平日的警察「一案雙破」、「王迎先命案」等等怪案件的原由。因為像這樣的偵訊與證據取得，破案真太容易了。但我真正擔心的反而是：現在是不是已進入「找證據」的階段了呢？

「什麼感想？暴政啦！」

十三點四十二分。余登發座車到。有人大叫起來：「抓下來、抓下來，就是這個老伙仔，這軀老伙仔那天最歹，衝第一個，最歹！」「有人還說他是南部的總統咧！」

這一部轎車中坐了五人，除余登發之外，警察很想動手就打，礙於他的年齡被制止，終於連車帶人一併送入。此時又有一車抵達，也連車帶人送入。

「來了！來了！」「暴民正向此地前進！」通話器中傳出訊息後，警方進入忙碌狀態，將右翼拒馬排列完成。但遠望高速大道，卻悄無人聲。裝甲車於此時開出，在後方待命。

十三點五十分。余登發與另一位高縣議員陳振福被帶出來。八十五歲高齡的余登發身穿暗土色老舊西裝，頸繞圍巾，雙手插在口袋裡，過短的褲管使得腳踝上的黑襪浮現，稀疏的髮，瞇起的眼睛，充滿皺紋和老人斑的臉，像極了一個鄉下進城的農民。他站在馬路邊獨自凝望稻田，沉默無語。一群記者圍過去，還有些是拿著對講機的便衣情治人員。

「請問你為什麼要來參加？」

「請問你對這次事件，有什麼感想？」

余登發表情漠然，尾端下垂的三角眼望向遠方，不願回答。有人又問：「是不是因為許信良為了你，變成跑路縣長，才要來接機？」

他依舊沉默。

一名手拿錄音機的電臺記者最後走上前說：「我是某某電臺，請問你，有何感想？」

三角眼回過來，射出怒光，叱聲道：「暴政啦！什麼感想？暴政啦！」喃喃罵幾句，隨又轉頭回身，垂目不語，孤伶伶立在路邊，望著來時的路。

十三點五十五分。消防車開出，右翼部署完成。軍警開始整裝穿雨衣，消息傳出「暴民攜帶硫酸」，警察大為緊張、浮現恐懼神色，互相推拖，不願上第一線。

直昇機於此時出現巡邏，並至左翼交流道旁住家上空低飛，試圖以螺旋槳的風力驅散聚觀的人群。巨大的風力在陽光下捲動蘆葦，葦花向天空飄飛。從車上搜下丟棄於地的傳單也飄起來。

聚觀的居民此時蹲入蘆葦中。蘆葦卻像波浪般地搖曳旋動。

住家前的一排居民也不願離去，他們仰望上空，直昇機的投影籠罩盤旋，來回低飛掠過。但他們不為所動。彷彿認定直昇機也不會飛更低，否則只有玉石俱焚一途。

十四點〇五分。一輛裝著喇叭的競選宣傳小汽車到，車上人被抓下，搜出民進黨布條。布條當場沒收或丟棄，而人也當場被打。

另一車隨後到達，車上共三人，其中有一個六十來歲老人，警方認出他，說：「就是這個老伙仔，那天很歹！」說畢即架入，幾名警察手持警棍一路打進去，邊打邊喊：「不要打！不要打！」

各報在場記者不少，不少是主管級人物，望著此種現象頻頻搖頭。一位時報內部主管說：「有照流氓。」

然而，警方無視於探訪人群眼中流露而出的神色，仍舊依其方式辦事。同時有一位積極分子說：「那天帶頭唱歌的人，怎麼還沒來？」他指的是邱垂貞。

等待「暴民」的到來

十四點〇九分。直昇機出動在遠近盤旋。機號陸軍三二三。

十四點二十三分。兩個工人模樣的人要進機場，警方叫他們趕快走，但二人大聲回道：「我在後頭做做工程，不進去不行。」

幾個溫和的警員勸他不要吵，快走，快走，免生事端。但他自認有理，語氣不善，開始憤怒起來。爭執中，有人道：「別吵，架走！」二人遂被架起，往內推。又因其反抗不已，棍棒下更為劇烈，更為用力。這梗直的工人白白挨了一頓毒打。

十四點二十五分。「來了！來了！」通話器中傳來群眾已然走來了。空氣漸漸凝重。積極分子大叫：「來了更好，給他們好看。」「用催淚彈丟他們，看誰卡勇？」

「記者先生請退後，暴民攜帶硫酸，請站後面一點，以免受傷。」指揮者宣布。

道路迅即封鎖完成，軍警人員、採訪記者、情治人員全部退入拒馬內，只剩下余登發和陳振福二人孤伶伶立在拒馬前的空蕩蕩馬路上，望著遠方有如期待。

由於怕衝突傷及余登發，萬一有傷亡，麻煩甚大，軍警決計將他帶入拒馬內。

十四點三十分。徒步群眾的旗幟在遠方遙遙可見，安靜而緩慢地向前移動。

軍警此時開始肅然整裝，戒慎以待。幾名警察互相推托，只聽一個人道：「不要太前面，以免被丟到，就衰死了！」推托中一名指揮者加以訓斥，隨即進入安靜的等待中。

陽光照著這條筆直、光亮、微映陽光的柏油四線大道，也照著道上成排的黑色鐵蒺藜拒馬，穿著黑綠鎮暴裝的憲兵和銀閃閃的盾牌，黃色雨衣、白色安全帽的警察，三部紅色消防車，以及散置各處的採訪人群。

攝影記者的相機與消防車的水管同時對準遠方緩緩移動的無聲的人群。四周靜寂無聲，只剩下消防車發動馬達的引擎聲，以及汽油燃燒後的焦碳煙味。

漸漸的，鑼鼓遙遙可聞。陽光下沒有一點移動的物體，無雲的天幕下，只有那遠遠的旗幟與渺小人影，螻蟻一般在寬闊無人的大馬路上緩緩移行。

水柱過後，再「加壓」

十四點五十分。整齊的隊伍逐漸由渺小微茫而變成具體前行的行列，宣傳車、鼓聲、旗幟、行進的人，他們的心跳，彷彿可以聽聞。

十四點五十三分。群眾隊伍走到拒馬前方二十公尺處，開始整隊排列，邱垂貞與紀萬生在前頭指揮，要求大家整隊嚴守秩序。

范司令蹲在消防車上，眼神專注。

十四點五十五分。范司令眼見隊伍即將整好，大喝一聲：

「噴水！」

水柱沖破凝肅緊綳的空氣，向群眾噴射而出。群眾中紛紛傳出：「蹲下！蹲下！」

就在此時，一名警察從憲兵身後丟出一顆石頭，有人迅速制止：「不要丟石頭。」

然而群眾中有人看到那顆從警方丟出的石頭，立即憤怒大叫：「警察丟石頭。」人跟著往坡下跑，要去撿石頭，但立即被拉住制止。

由於距離太遠，水柱與石頭都沒有碰到人。五十六分，范司令下令：「加壓！」

五十七分，另一個口令：「噴水！」

群眾卻已然蹲下，呈現極認命的秩序。在溼淋淋的水柱下，蹲踞不動，只是紛紛抖著衣服。

水柱過後，邱垂貞在隊伍前強調：此次是和平靜坐，希望大家不要有任何激動反應，否則破壞秩序，希望大家在和平狀態下，守秩序。

「暴民邱垂貞正在對群眾講話，內容是……」一個年輕憲兵面色嚴肅地向上級報告。

十五點整。群眾方面指揮宣傳車倒車，摒擋水柱，但群眾並未移動。對於情報中的木棍與硫酸的暴力預想，此時完全消失。警察眼中現出安靜的疑惑與緊張。邱垂貞開始帶頭唱歌，群眾進入歌唱之中。

黃昏的故鄉

十五點〇五分。群眾中有人在前方拉好布條，以防有人突破前面第一線，邱垂貞首度站到拒馬前，向警方說：「我們絕對反對暴力，希望警察不要噴水，不要丟石頭。」

十五點〇七分。邱垂貞再度上前喊話，聲明反對暴力。一切陷入安靜之中，只剩下歌聲傳出〈黃昏的故鄉〉。

十五點十三分。許國泰終於出現了。他由某一位司令陪同穿過拒馬，走到群眾當中，換得一片掌聲。

十五點十五分。許國泰宣布：許信良已原機遣返馬尼拉，請群眾回到中壢總部去遊街，聽演講。

十五點十七分。群眾開始步行往回走，安靜靜地移行，離去。

十五點三十分。警方終於鬆了一口氣，開始解除武裝。

群眾的隊伍，在警察注視下，緩緩消失。前後在拒馬前對峙的時間，只有三十分鐘不到。

四，街頭省思

我的心中升起一股難言的憤怒：到底這一批聰明的中產階級，要把這麼多的中下階級群眾帶到哪裡去？真正出事時，他們在哪裡呢？

群眾的行列在街道上行走，鑼鼓咚咚作響。隨著〈黃昏的故鄉〉歌聲，口號從麥克風領頭出來。「臺灣要民主！」「臺灣人萬歲！」

我站在天橋上凝望，透過廣角鏡頭的觀景窗，看到漫長延伸達百公尺以上的行列，街道的建築夾著狹小的道路，緩緩移行的人群，在其間呼喊著，變成壯大的聲浪，鞭炮聲間亦傳出，轟轟炸響。這一個行列已經走了一個半小時了，卻依舊堅定地往機場方向走去。

他們在尋找什麼？

一張一張面容在我眼前流逝。那時我正站立在街邊拍照，他們招呼，微笑，然後舉起相機。在冬日的寒風中，那些平凡面容上的皺紋、眼神、嘴角的笑意，從一二五鏡頭中流過。我放下相機，望著夾克、布鞋、牛仔褲等一般工人裝束的身影，一一自眼前行過，內心升起一股難以言喻的「同胞愛」的感受。同時自問：「他們到這裡來尋找什麼？」

這個問題時時在我往後的探訪過程中浮現。從政見會場，到機場事件，到五一九，每每立在群眾中間，望著那一張張專注、憤怒、平靜、溫馴的諸般面容時，我不可自抑這樣問。

然而，沒有人能給我一個答案。

四一九前夕，我會和《人間》雜誌的友人聚首談及此事，心中猶有遺憾。因為每一次的報導，都是以國民黨、民進黨的雙方主事者為主體，以情治單位的處理模式及後果為輔佐報導，然而，做為一場「群眾運動」，群眾才是主體啊！他們在想什麼？做什麼？為何而來？或許解答這樣的問題，才能澈底消弭群眾運動的爆發吧。

然而，在群眾運動中，做調查採訪幾乎不可能，原因當然在政治、安全和顧忌下，無人敢於講真話。同時，一位老國民黨員告訴我，不要小看國民黨，每一場群眾運動，情治人員的動員是難以估計的。像五一九，現場至少有上千情治人員。

就這樣，我只得放棄做問卷或調查採訪的企圖。然而，群眾為什麼到街頭來、他們在街頭尋找什麼，卻仍舊是我心中反覆思索的課題。尤其站在群眾行列之中，耳聞鼓聲，目睹標語的時刻。

既然沒有數據或證據足以說明，解答這課題，我只能由群眾運動現場所感受到的吉光片羽的談話，呼喊口號的熱烈情感，群眾與民進黨人士的對應關係，整體的氣氛等等，這些親身參與過的經驗，來試著解開潛存在群眾運動的衝突表象下的底層內容。

「參與」的群眾

一九八六年九月，即將入獄的林正杰在臺北地方法院演出一場「和平占領地方法院」的大戰。當時林正杰對著排成列的警察喊話：「為什麼？我是一個犯罪的人，一個前來被你們關的人，為什麼沒有一個警察敢站出來抓我？是不是法院判決有問題？還是看到一群群眾，就怕得不敢動了？」

那一天下午，寫著「臺灣人民地方法院」的字條被張貼在法院裡，群眾看見「有錢判生，無錢判死」的標語，激烈地鼓掌叫好。

「這就是法院！」幾個群眾這樣議論。而且看見警察的軟弱與無力，更是興奮，彷彿出了一口氣一般地說：「這平時凶惡惡的警察，如今都乖乖的，不敢出來抓人哩！」

在林正杰的街頭遊行群眾運動之後，我曾在心中暗想，這一批群眾第一度認識到什麼叫「群眾」及其力量，往後是不會再甘於做一個「被動」的聽眾，而是一個「參與」的群眾了。

果然到了年底，各地黨外候選人紛紛在政見會最後一天舉行遊行。當時我站在臺中市街頭，隨行採訪。目睹著潮水般湧出的人群，循著宣傳車、鞭炮聲，滿街壅塞，道路為之癱瘓，路人為之側目。

四處湧起的鞭炮與歌聲，使得氣氛有如嘉年華會。因為這氣氛，這呼喊口號的激情，數千群眾個個眉開眼笑，有如參與盛會。一位鐵工廠的技工走在街道中央，掩不住興奮之情的說：「咱才是主人啊！第一次感覺咱就是主人！」據他表示，這是首度參與遊行。

另一位紡織廠女工則偕著男友喁喁而談，極其興奮地表示：「路是咱的，是人民的路。」

勞動者的身影

這些談話，無論其基礎為何，卻令人不得不驚覺，這種「人民當家作主」的感覺，才是令群眾興奮不迭的原因吧！然而，值得深一層思考的是：平時大家不也都走在馬路上，為什麼此刻會有這種心理呢？是不是法律、執法者、警察、公權力機構根本就沒有予人民以「當家做主」的實質權利，終而導出這種反抗公權力，踐踏法律時，才算有「當家做主」的感受？

一九八六年底，私辦政見會一結束，隨即發生「桃園機場事件」。

當天清晨，我從臺中出發。到了張溫鷹、許榮淑服務處去看看。按照採訪計畫，是隨隊採訪，一同北上，然後各地的記者一同會師中壢、機場。

在冬清晨猶是黑黝黝的街道上，服務處終於開了門。然而服務處人員昨夜不斷的在演講會上號召群眾前來，真正來時，卻又無言以對。只能解釋無法租到遊覽車，請分批前往。有一些熱心的計程車司機此時扮起運輸角色，談妥來回價錢，付費之後，立即動身。

灰茫茫的冬日早晨，終於漸漸轉為明亮。我卻分明見到這一群人大體以工人、攤販、計程車司機為主。不論從衣著、肌膚、言談，都可以分辨得出來那一股質樸、急躁、熱心的氣息。隨後，我果然遇見故鄉的一對兄妹。這年輕的兄妹平時是在鐵工廠、農藥廠做工，如今竟然都要去。

在中壢，我分明見到來自全省各地的黨外支持者。從衣著、動作上來看，又加入了另一批桃園地區的農民在其中。但大多是工人為主。除了部分採訪者、黨外黨工之外，鮮少有中產階級的樣貌。

早晨十時許出發，我望著一批批群眾歡送黨外人士乘車前去，自身卻那樣溫馴地歸隊步行，一路走二小時到機場。我終身都難以遺忘那沉默、歌唱、歡笑、呼口號的勞動者的身影。

然而，很顯然的事情是：民進黨無人敢於站出來為這件事負責。無疑地，即使在成行之前，民進黨內部仍有許多難解的矛盾。但是為了「黨外必須的身段」不得不做出來。孰料到了機場，遇上兩次衝突後，大多數的公職人員都進入封鎖線，到機場大廈裡，對中外記者發表演說，此舉令人不得不懷疑，他們是要避開群眾，以避免衝突的責任。

負責任的人在哪裡？

事實上，當天的混亂衝突除了情治單位的噴水、施放催淚瓦斯必須負起主要責任之外，民進黨本身更必須對此一導致噴水的混亂狀態負責。

問題在於，根本無人要負責。公職人員進入機場大廈，發動群眾前來的許國泰則兀自坐在宣傳車內，既不拿麥克風主導全局，也無意控制全局。結果變成上萬群眾無一注意焦點，也無一行動領導中心。他們遂把焦點分散到鐵絲網、鎮暴警察上頭，各自去搶麥克風，各自辱罵，各自發洩，混亂成了一團。當時雖有許國泰服務處成員試圖穩下局面，但拿擴音機的女性本身既無號召公信力，怎麼可能維持秩序呢？

等到余登發率領的徒步隊伍一到，原本稍形維持的秩序即告崩潰。一批批不知來自何處的群眾衝向前方，警方噴水，石頭再丟，事件就鬧大，終而丟出催淚瓦斯了。

這種混亂狀態是直到下午二時許，邱垂貞出來帶頭唱歌，才算穩定下來。直到夜晚，都未曾再爆發大型衝突。

黃昏，寒風從大園海口更加強勁地直灌而來，捲過空曠的機場，捲過鎮暴部隊，直吹到民眾的身上。事實上，從中南部來的民眾都未曾料到會有這種天氣，衣著較少，加之鎮日缺乏食物（許多人連早餐都沒有吃就北上），冷得直哆嗦。

黑夜終於降臨，四野的黑暗與冷風愈發顯現淒苦況昧。我在道路中央的護欄下，看見在臺中所見到的那一對兄妹。哥哥手裡拿著營養餅乾在嚼食，妹妹則瑟縮在地上蹲坐。我蹲下去問他們：「餓嗎？我有麵包。」便遞過去。

「這個夠了，要來就別怕餓。」哥哥說。然後他看看我紅腫的眼睛，告訴我別再用手或衣袖去碰臉，否則催淚粉末還會沾上眼睛。

「我知道！只是不小心。」我說。然後站起身，心中被一股難以言喻的東西充滿。事實上，中午時我就分明見到他安靜站著，一直安靜不語的模樣，甚至連在雙方丟石頭時，都不曾有過激烈的表情。我站起身俯望他們的身影，再想到這種無人出面控制的混亂狀態，心中升起一股難言的憤懣。到底這一批聰明的中產階級政治人物，要把這麼多的中下階級群眾帶到哪裡去？真正出事時，他們會在哪裡？

中產階級的投機性格

機場事件發生後，十二月二日，民進黨竟發表了「嚴懲不法分子」的聲明，彷彿一切責任都與民進黨中央無關。在臺中市，我遇見幾個黨外支持者，他們只笑著說：「這樣下去，還有誰敢跟他去？」

據側面了解，已有不少人打電話到民進黨中央黨部去抗議。我卻鮮明地體會到這種中產階級的投機性格，竟至於如此公然呈露。而中下階級群眾的不滿情緒與改革願望，終究必須自己去承擔一切後果。

所幸十二月三日的《自立晚報》呈現出充分具有「報格」的真實報導，將二日機場所發生的警察毆打事件，如實披露。然後，事件就朝著兩極化發展了。

民進黨中央又強硬起來了。這時機場錄影帶也跟著出現。整個狀況，變成大眾傳播與小眾傳播的對決。

選舉結果，民進黨方面宣稱大獲全勝。然而，我卻深深體會到，贏的契機不是民進黨，而是民眾自身。在那一段時間裡，我分明見到買錄影帶的群眾一家一家去播放，打電話給親朋好友說明。那種主動動員的精神，令我驚訝不置。

我問過一個人，他只是這樣回答：「美麗島可以被騙，這次不可以再上當了。」

一個商人這樣說：「只是要知道真實，有真實，才有公平的選舉。」

就這樣，大眾傳播媒體的不真實變成一股反彈，讓黨外支持者主動動員起來，為對抗壓制性媒體而四出活動，四處宣說。這是即使在任何選舉中，我都不曾見過的。因此，我們可以說，是民眾本身的主動積極性在起作用，使選舉結果發生逆變。這結果也同時是對壓制性傳播媒體的總批評，總反抗。

群眾已經「異化」了

到了一九八七年，國民黨提出制定國家安全法、再行解嚴的主張，同年五月十九日民主進步黨在臺北市國父紀念館舉行抗議活動提出「只要解嚴、不要國安法」、「解除戒嚴、人人有責」及「百分之百解嚴」等口號，延續一九八六年五一九綠色行動的主張，要求當局「一〇〇%解嚴、一〇〇%回歸憲法」。此時，情況開始轉變了。立法院的丕變情勢，各種改革呼聲的高漲，新的中立傳播媒體的出現（《新新聞》周刊），報禁的即將開放等等，都逐一在打破舊有禁忌，使民眾的心中更少恐懼驚惶。而民進黨本身的群眾運動掌握能力也有些進步，因此五一九在有驚無險中度過。

然而，五一九仍是做為中產階級性格甚強的協調溝通下的產物，等到六一二事件，這批由基層動員而來的群眾就不是民進黨本身所能全然操控了。原本由民進黨動員而來的群眾「異化」，開始展現其性格，不易妥協，在現場堅持要求「討回公道」，其結果是，公職人員先妥協帶開群眾以利疏散。

這並非表示民進黨必須多麼激烈才算數，而是在暴露出民進黨與群眾運動之間，仍有著「本質性」的差異。雖然在訴求、口號、理念、層次上，民進黨可以暫時發動群眾，但長此以往而未曾顧慮到群眾的屬性與願望，則最後還是會有各種分歧與異變，在未來的路口等候。

因為，走在街頭上體會著「當家做主」的人民，並不是要另一套虛假的東西來「望梅止渴」，而是要真正「當家做主」的。到那時，當然民眾的願望與利益才是主體，什麼政黨或公職人員，都將變換一種角色。然而，路，才剛剛起頭而已。改革也還在起頭「研擬」而已。

卡爾．馬克思在《關於費爾巴哈的提綱》論及統治階級與非統治階級的關係時，曾對此有深刻論述。如果我們將之換成國民黨與民進黨來看，或許更能清楚其中變化的原理。從這原理，也更易於由理論上掌握民進黨內爭、分裂、雞兔論戰的諸種問題根源所在。原文如下：

「事情是這樣的，每一個企圖代替舊統治階級地位的新階級，為了達到目的就不得不把自己的利益說成是社會全體成員的共同利益，抽象地講，就是賦予自己的思想以普遍性的形式，把它描繪成合理的、有普遍意義的思想。進行革命的階級，僅就它對抗另一個階級這一點來說，從一開始就不是做為一個階級，而是做為全社會的代表而出現的；它儼然以社會全體群眾的姿態反對唯一的統治階級。它之所以能這樣做，是因為它的利益在開始時，的確同其餘一切非統治階級的利益，還有更多的聯繫，在當時存在的那些關係的壓力下，還來不及發展為特殊階級的特殊利益。因此，這一階級的勝利，對於其他未能爭得統治的階級中的許多個人說來，也是有利的。但這只是就這種勝利使得這些個人有可能上升到統治階級這一點講的。……由此可見每一個新階級賴以建立自己的統治基礎，比它以前的統治階級所依賴的基礎，要更寬廣一些；可是後來，非統治階級和正在統治的階級之間的對立，也發展得更為尖銳和深刻。」

這段充滿「階級」字眼的文字，或許很令人不習慣。但卻又足以說明取得唯一最大反對黨位置後的民進黨，對工黨的態度，以及種種內部爭奪權力分配的現象的基本根源。

在臺灣的民主化剛剛起步的階段，希望民進黨能重新反省，定位，否則必將落在民眾的步伐之後，也未可知。

註釋

1 Gabriel García Márquez，哥倫比亞小說家，諾貝爾文學獎得主，著有《百年孤寂》、《愛在瘟疫蔓延時》、《迷宮中的將軍》等。

2 Louis Althusser，法國哲學家，著有《孟德斯鳩、盧梭、馬克思：政治和歷史》、《保衛馬克思》、《讀〈資本論〉》、《列寧與哲學》、《自我批評》等。

3 Ferdinand Marcos，菲律賓政治人物，長年任職總統。

4 Fidel Valdez Ramos，菲律賓第十二任總統。

5 Costa-Gavras，希臘裔法國導演、製片人，代表作《大風暴》。

6 《State of Siege》，一九七二年電影，另譯《圍城》。

7 《Z》，一九六九年電影。

天火荒原

七。

前言：

本文乃是依據一九八七年，採訪林園工業區所寫的為本，歷經二十餘年後，再度進行採訪而重寫。當時所寫的報導，刊載於《時報新聞周刊》引起很大迴響，對石化工業區的汙染有全新的認識。一年後，林園工業區開始「自力救濟」，群眾團結起來，包圍汙染工廠，進行抗爭。

然而石化工業終究涉及太多周邊的大廠，包括塑膠、橡膠、諸種石化原料等，影響的產業範圍太大，最終雙方達致一定的協議。即工廠在汙染防治上加強整頓，有關有毒廢棄物的處理要更為小心慎重云云。

但這只是一種對民意有交代的表面功夫，實際上是與地方民意代表、黑白兩道勾結，形成利益共同體。無論朝野政黨如何攻防，最後都勾連在一起。

現實的處境上，此地已成為生存艱難、環境無法改善的「荒原」（The waste land）。

經過二十六年後，我仍掛念此地如何演變，因此在二〇一三年重返，進行再一度的採訪。一如人類學家三十年之後重返當年田調之地，我想見證一個荒原般的地方，最後變成什麼面貌。

此文即是一個「荒原現場」與「重返荒原」的紀錄。

在汙溼的面孔被火把照亮後

在花園經過寒霜的死寂後
在岩石間的受難後
還有吶喊和哭號
——T．S．艾略特《荒原》

風塵的臉

二十六年之後，我才明白自己當時為什麼會對Rose說出「我會想念妳」五個字。

那時，燃燒塔的火光照亮整個夜空，天地間一片通紅，世界末日宛然降臨。

縱貫線上，運送石化原料的大卡車轟轟駛過，發出粗暴的震動與聲響，吹起她的頭髮，和一地的灰塵。

「七里香小吃部」的招牌，照亮她的身影，我終於在明亮中看見她的模樣。

她身穿一件紫紅色洋裝，露出嫩白嫩白的未穿絲襪的腿，暗紅色的高跟鞋，她的臉被火光照亮，顯得更加紅艷，彷彿也要燃燒起來似的，只有她的嘴唇，還帶著一絲絲啤酒的溼潤。

我們站在臺灣的最南方，高屏溪的出海口。

我們站在一條噴火龍的下方。

我們在所謂「小吃部」的地下酒家裡喝了許多啤酒，天氣太熱，世界在燃燒，我只想把自己冰透。

她抽出一根香菸，叼在唇上，用打火機點上，吐出菸霧，迷濛著雙眼，把菸遞給我。「抽根菸再走。」她說。

像巴布．狄倫唱的「再來一杯咖啡我就走」嗎？

我接過來，菸嘴上一道濃濃的口紅。

我含著香菸，聞到菸味中有她的口紅、脂粉、啤酒的溼潤氣味，吸了一口。

我抬眼望著她。她滿意的笑了。

酒後泛紅的她的臉，在火光照耀下，顯出一種過早熟透的風塵味。「這個女人，這個中壢眷村的女人哪，怎麼會飄蕩到這個臺灣的最南方，一個被石化工業汙染，這樣窮山惡水的地方呢？」我恍惚想著。

她的背後，一個穿著香港花襯衫的保鑣模樣的男人，坐在一輛野狼一二五摩托車上，踩著踏板，發動車子，故意把油門催動得轟轟作響。她踉蹌著走過去，再回頭茫然張望，微笑一下，揮了揮手。

我抬頭四望，一條荒涼的縱貫線，四線道馬路，只有拖板車、大卡車在奔馳。

一根高聳的燃燒塔，至少有十層樓高，帶著無比輝煌的火光，還在天空中燃燒，彷彿一根超級巨大的、粗魯的、噴火的陽具，插在這幽暗而柔軟的土地上，照亮這個出海口的偏遠小鄉村。

我看著她的風塵的臉，彷彿看見某一種這個島嶼共同的滄桑，一種難以言說的憂傷。

「這個世界啊！世界的盡頭……！」我在心中說。

世界的盡頭

其實，我們到達這個「世界的盡頭」才十個小時都不到。

那一天下午兩點多，我和關曉榮頂著亞熱帶夏日正午的大太陽，像兩隻伸長舌頭的狗，氣喘呼呼的到達這個高雄最南端的小漁村。

我們是一家周刊的採訪記者。我寫文字，他攝影。我喜歡看資料，做研究，聽人講故事。但我的搭檔老關總是說，我的眼神有一種「殺氣」。他喜歡直來直往，講話犯沖，但本性倒是很善良。一起採訪流浪下來，我們建立很好的默契，常常自稱是《虎豹小霸王》（註1）裡的那兩隻野獸。採訪後感到苦悶了，我們便找一家小酒館喝酒，酒量差不多，一起喝醉，倒也非常愉快。

這是一九八六年八月。採訪過鹿港反杜邦事件後，我們已預感到臺灣的公害汙染太嚴重，反公害運動將會變成新興的社會趨勢。可沒人知道，接下來會在哪裡發生。

然而，解決公害，總是要有一個開端。公害是依照工業發展的比例而形成的，以臺灣情況言，民營大企業不多，普遍小資本，小規模，要他們進行公害防治設備的改善，能力有限。反而是公營事業，占了四十％左右比重，規模大，政府預算做後盾，不缺資金，當然是首要改善的對象，而且可以起帶頭的作用。只要這些公營企業改善汙染，臺灣的環境公害問題就可以減少四十%。

我因此鎖定公營事業。但這只是一種概念的分析，還是得找到採訪的對象，才有具體的事例可以報導分析。高雄的林園石化工業區，就是第一個目標。

每一次坐車南下採訪，即將進入高雄，就會看見輕油裂解廠的高聳煙囪，一根一根，象徵著繁華而興盛的工業時代，向天空吐著白白的濃煙，周遭的空氣，瀰漫著濃稠的臭味。或許是鄉下農村長大的孩子，我忍不住想，這地方的人，每天生活在汙染的空氣裡，要怎麼過日子？他們可以忍受嗎？為此我找了高雄的朋友幫忙，安排來採訪林園工業區，晚上就住在當地的一個漁民朋友家裡，想親身體驗「工業時代的氣味」。

採訪的第一站是林園石化工業區管理局。

那是夏日的午後兩點鐘，陽光強烈灼熱，幾乎可以打傷人的眼睛。

官方的代表非常客氣，開大了冷氣，吹涼我們身上的熱汗，站在幻燈片前，解說建設過程，工廠分布，汙染防治方法，以及石化原料的氣體，如何在零下十幾度液化，再通過地下管線，直接送達工廠，以避免地上的汙染。整個石化工業區有一個聯合污水處理廠，每一家的污水都由此統一處理，經過「科學曝曬法」，讓有毒的氣體揮發，無毒後，再運去掩埋，不會汙染土地。「共同處理汙染，這樣比較節省成本，也比較有效率。」官員最後做了結論。

「謝謝你。解說得很好，一切辦法完整，但空氣中怎麼會充滿臭味呢？」我還在考慮怎麼發問，老關倒是毫不客氣，直接說出感覺。

「啊？」官員有些不悅的說：「那是沒辦法的，天氣太熱了，有些要曝曬的廢棄物，難免會有一些氣味飄散到空氣中，但它是無害的，只是一種異味，讓人不舒服是難免的啦，但對健康不會有傷害。事實上，曝曬是處理有毒廢棄物的一種有效方法，讓它變無毒，再拿去掩埋。」

「哦，這種臭味，都沒關係嗎？」老關不高興的回擊。

「一般人不了解，以為臭就是有毒，其實不一定啦。像人的糞便，不是很臭，但它沒有毒啊，有些沒味道的更毒。所以不能用味道來決斷有毒沒毒啦。」官員故作客氣，但語氣中不無嘲弄的味道。氣氛有點僵，雙方就很難對話了。

「可是，臭味不也是一種對生活環境的汙染嗎？」老關繼續逼問。

「可是，它不會傷害身體。」局長不悅的說。

我們只知道有汙染，卻沒有任何證據。有沒有汙染，只能由官方的衛生單位來檢驗，他們不公布，你一點辦法也沒有。

實在爭論不下去了，最後我只好說：「這些石化的氣體，對人體有非常危險的傷害，如果發生毒氣外洩，你們有居民逃難的應變計畫嗎？」

「有啊，我們有疏散的地圖和路線。」區主任從一疊資料中，拿出一張地圖，說明逃生路線。

「但你們有演習過嗎？毒氣外洩的時候，居民會恐慌，沒演習過，萬一出事，會不會造成互相推擠的悲劇？」老關說。

「啊？」主任愕然了。「這……是這樣的，我們怕引起居民的恐慌，沒有做這種演習。」

「但，這不是很危險嗎？如果真的發生事情的時候。」老關說。

主任的臉色有點不堪的支吾著，最後才說：「如果有必要，以後，我們會試試看。」

探訪就這樣不歡而散了。

曝曬的魚乾

我們騎著向當地朋友借來的小摩托車，在工業區裡閒逛。

下午三時，無遮無擋的陽光，烤曬著這個南臺灣小村。工業區的路上，只有一片又一片的大廠房，連接各個廠區的超大鐵管子，無所不在的大煙囪吐出白煙，和空氣中飄動著的化學異味。

一個人都沒有，連一隻狗都看不到。詭異的是，竟然沒有樹木，也沒有可以喘氣乘涼的陰影。

空氣被太陽曬得都浮腫了。

不知道是不是幻覺，所有的物體影像，像泡在熱水中的倒影，搖搖晃晃，連煙囪都像被曬軟了一般，晃動不已，散置在各地的化工廠彷彿不真實的存在。我們像兩條快被烤乾的死魚，在空蕩蕩的烤箱裡，瞪著死白死白的眼珠。

我把摩托車停在一條橋邊，想抽根菸，卻覺得肺部乾得連菸都抽不下去，只想喝冰沙士。我騎著車想找一家老式雜貨店，偏偏找都找不到。我忍不住罵三字經。

我實在想不出來，在這些石化工廠進駐以前，這裡是什麼模樣。資料上明明寫著，這裡是漁村，現在。它是什麼？

好不容易，我們終於聞到一點和化學氣體不一樣的味道：空氣中竟然飄著魚腥味。

「啊？這是什麼？」我們循味前進，有如探險。

在一個轉角處，我們找到魚腥味的來源。一條大馬路上，一隻隻手指頭大小的魚乾，死白死白的躺在陽光下，互相重疊，連成一大片，像是從外太空落下來小雨，雨中都是小魚，最後都落在這裡，曬乾，成了屍堆。下午的陽光，把魚腥味蒸騰起來。大馬路有一半用來曬魚，半條通行。

「啊，這是按怎？難道這是要證明這裡曾經是漁港的證據嗎？」我說。老關彎下腰，讓死魚占據鏡頭前方，讓那些石化工廠的大煙囪變成背景，開始拍照。

然而，就在路邊不遠處，我們看見一格一格的空地，大片濃稠的白色粉狀的凝結物，像廢棄的泥土，也正曝曬著。我們過去一聞，還有一點異味，是一種說不出來是什麼，但很像我們小時候在化學實驗室裡聞到的味道。這便是他們說的，「曝曬是廢棄處理的一種有效方法」嗎？原來，這有毒廢棄物，是靠著這南臺灣的陽光，把它曬乾？

「哈哈哈！這就是他們說的處理有毒廢棄物的『科學曝曬法』哩。」我忍不住大笑起來：「跟漁民一起曬魚乾！」

現在，天地公平，這可以烤乾一個人的陽光，讓漁民和化工廠一起來分享了。

「可是，這些魚，還是會拿來吃。不知道會不會傷害到身體？」老關說。

「漁民住在這裡，難道他們不知道旁邊有化學廢棄物曝曬嗎？可是他們不在這裡曬，可以去哪裡？」

拍完照，老關和我無處躲避，只能看著燃燒的空氣，把世界變得愈來愈不真實。我開始懷疑，自己還能撐多久。

「老關，找沙士，不然會死。」我說。

悲哀的收成

漁民阿明的家，位在高屏溪邊，靠漁港不遠處。那是一處占地約三、四百坪的養殖池。

阿明體型乾瘦黝黑，四、五十歲上下，赤著上身指揮；旁邊站了一個老人家，叫黃坪，是他的父親，約莫八十二歲，有一張典型漁民的臉，風霜紋路刻畫滿面，像長年被海水浸泡，又曬乾了的深海魚，皺紋非常清晰。他站在魚池邊，正在觀看幾個漁民拉動網子，撈捕養殖池裡的蝦子。

捕撈網拉起來的時候，蝦子還在魚網裡活蹦亂跳，生猛有力。他們隨即把蝦子放進塑膠桶子裡，桶裡有水，還用小幫浦打著氧氣，維持蝦子的鮮活。一輛小貨車停在一邊，準備把最新鮮的魚蝦運到今晚的市場去。

真幸運，碰上收成季節了，鮮活的魚蝦動感十足，好一幅豐收圖，非常有畫面感，老關迅速趨前拍照。

我禮貌性的恭喜道：「阿明兄，恭喜恭喜，看起來是豐收哦！」

「恭什麼喜啦？嘿嘿嘿！豐收一粒卵巴啦？」阿明很幽默，從網子裡捧出幾隻蝦子讓我看，果然有些奇怪，只有一般體型的一半，還很瘦小。「你看，還未飼大隻，就要收起來。沒辦法，伊就是飼不大隻了。先抓起來，賣賣掉，以免以後連成本都收不回來。」

「啊？那會飼不大呢？這不是養殖的嗎？」我驚訝的問。

他把幾隻活蝦丟回水桶裡，只留下一隻，讓它放在手中，說道：「真奇怪，長不大了。怎麼餵，怎麼養，都是這樣。而且有些蝦子還會慢慢死掉呢。」

「啊！那是有病嗎？還是怎麼了？」

阿明放開手，手中的小蝦子兀自彈動，噗哧一聲，跳回了水裡，活力依然很強。「也不知道什麼病，就是不會長大了。再養，也是白養。」

「沒辦法治療嗎？」

「有是有啦，下多一點藥，或許有點用。不過，這藥下多了，藥效也沒了。最後只能說，讓魚池休息一下吧。」

「只有漁民才需要休息，怎麼魚池也要休息呢？」我有些訝異。

「魚池也確實需要休息。有時候用再多的藥都沒用，只能把水放乾，讓它曝曬一陣子，讓太陽殺菌。太陽是最好的醫生。大自然是最好的藥啦。」阿明無奈的指著魚池。

「那個東西，」我指著一根高高的煙囪問道：「會不會是它飄出來的汙染，讓蝦子不能生長？」

「哦，也有可能。有時候它飄出來的煙塵，會浮一層在水面上。很恐怖。我們都得趕快抽水去沖淡它。」阿明說：「但我們沒證據，也不能叫他賠償，實在沒辦法。」

「責任沒辦法追究嗎？」

「沒辦法。這種養殖池，毛病也很多。我們要養蝦子，就要放飼料，小細菌，小微生物，會一直生。如果養殖太久了，裡面的細菌都有抗藥性，很難殺得死。就只有停下來，讓池子休息。唉！很多毛病都查不出原因，愈來愈難養了。」

阿明帶我們看了晚上要睡的地方：魚池中間的小屋。那是夜裡看守魚池用的，一張草蓆，兩條被單，窗戶洞開，寬敞明亮，陽春乾淨。他說「雖然簡陋一點，但在魚池中央，晚上有風吹過，會比較涼快哦。」

我們決定趁現在國小正要下課，去訪問一下工業區對學生的影響。

下課的鐘聲

不知道為什麼，校園下課的鐘聲總是讓人有一種放心、安心的愉悅感，彷彿自己還是一個在等待下課鐘聲的孩子。

這一間國小的規模確實很小，六個年級加起來只有十來個班級，每個班級的學生人數也不多。可是學校布置得挺漂亮的，每個班前面都有一個小花壇，種許多花，幾棵不算高大的鳳凰樹開著鮮紅的花。一些小朋友掃完了地，正在水龍頭底下裝水澆花，灑掃庭園。土地太乾，空氣中有蒸騰起來的水氣。

有幾個男生脫了鞋跳上水槽，互相潑水嬉鬧。一個小女生比較乖，把水灑在花園裡，回頭朝那幾個調皮的男生說：「快來澆花啦！老師會罵人哦。」

一個戴眼鏡的男老師站在教室門口，微笑看著學生嬉戲。我們走過去，說明只是想採訪一下，在石化工業區裡，一個學校會受到什麼影響。

「要不要找校長？」他有點緊張的問。他看起來年紀不大，約莫三十來歲。

「哦不用了，只是簡單談一談而已。不是談學校，只是想了解一下，我們學生對這個工業區的感受而已。」我指著前面的幾根煙囪。

他望著煙囪，嘆了一口氣，張開口想說什麼，又愣了一下，以一種欲語還休的口氣說：「影響太大了，我說的不一定準，還是讓學生來說吧，他們的說法比較純真。」

他喊來一個白白淨淨的小女生，和善的說：「來，小婷，這位叔叔要來採訪，知道這些工廠，對我們學校有什麼影響。」

這女生有點像我們小時候常常見到的模範生班長，有一雙漂亮的眼睛，整潔乾淨的衣服，非常有禮貌的點點頭，安靜微笑。

「小婷，你們上課的時候，會不會受到影響？」

「會啊。」小婷繼續微笑著說：「有時候上課上到一半，它會突然冒出好臭好臭的氣味，臭得我們都沒辦法呼吸，就趕緊把窗戶關起來，可是它還是一直鑽進來。好臭哦！」她說好臭的時候，小小鼻子皺起來，好像恨不得關上鼻孔似的，模樣很可愛。

「啊，那怎麼辦？」

「老師說，趕快打電話叫環保局的人來，我們要告發他們。可是，他們來的時候，臭味又停了。」

「那怎麼辦？」

「沒辦法。他們是偷偷排放，排一下，停一下。」老師補充說。

「只有臭味嗎？還有沒有別的什麼汙染？」我望著小女生。

「還有一種黑煙也很厲害。它會突然跑出來，整個天空突然就黑了一半，」她說著，眼睛望著窗戶，用手在空中一揮，彷彿天地會變色似的。「然後我們就很緊張，老師叫我們把窗戶全部關上。可是沒辦法，它還是一直鑽進來，好厲害哦。我們都只能捂著嘴巴，不能上課了。」

「那個是什麼？」我轉頭問老師。

「可能是碳煙，看它排出來的煙囪，可能是一家橡膠廠的。」老師補充說。

「它最麻煩哦，每次黑煙過了，我們都要擦桌子，整個教室裡面，桌子椅子地板上都是一層黑黑的煙灰。好多好多呢！」小婷說。「每一次，我們都要用水擦桌子，洗地板，要洗好久哦。」

「你們有沒有想什麼辦法？去找環保局告發，叫他們不能這樣排放。」老關生氣的說。

「有啊，可是環保局動作很慢，好像故意的，每次他們來的時候，臭氣啊，黑煙啊，早就結束了。」老師指著外面的煙囪說：「他們看到滿桌子一層黑色的灰，就說，這是空氣汙染沒錯，可是沒看到排放的現場，沒證據說是哪一家排放的，他們不知道怎麼開罰單。他們這樣說，我們能怎麼辦？」老師無奈的說。

「小婷，那你們怎麼辦？」

「上課的時候，要注意哦，一有聞到味道，跟老師講，趕快關窗戶，不要讓臭空氣跑進來。」小婷不笑了，表情有一點嚴肅。

我不知道該說什麼了。這種大人幹的壞事，要小孩子怎麼辦？我只好說：「小婷哪，那你長大以後，有沒有想做什麼？」

「我爸爸說，要好好讀書，認真考試，長大以後可以去外面讀書，就不必住在這裡了。」小婷抬頭看看窗外，有幾個頑皮的正偷偷朝她做鬼臉，她忍住了笑，微笑著。

「其實很多老師都想走，尤其是懷孕的女老師。」老師望著小婷說：「這種汙染的環境，對身體很不好。有一個女老師本來懷孕，後來卻流產了。因為這個緣故，很多女老師都寧可不教書，也就走了。我是男的，還可以撐一下吧。」他苦笑。

「其實很多家長都寧可轉學，去別的學區上課。這個環境哪，實在很不適合孩子的成長。」老師說。

我們同時看著小婷，她的眼睛清澈明亮，面容白淨，這樣乾淨的孩子，要如何在這裡長大？我想到自己三歲的小女兒，感到一陣心疼。不知道老師是不是跟我想的一樣，竟也望著小婷發呆。

有幾個男生回來了，把掃把排在教室後面，看著小婷和我們站著，故意朝小婷眨眼睛。

「老師，我們掃好了！」一個長得有點調皮的男生喊著。

「好，大家排路隊，下課了！」老師說。

河海的交界

傍晚時分，我們坐在阿明家的魚池邊。太陽漸漸西斜，暑氣稍稍消散，魚池的蝦子也都抓好了。車子正在整理出發，準備開去夜市交貨給海鮮餐廳。

阿明的父親拿出一箱啤酒，一盤燙好的蝦子，搬來一張折疊桌說：「我們來喝一點啤酒吧，沒什麼好招待的。」

「啊！你在這裡逍遙喝啤酒哦！」一輛摩托車在門口停了下來，那人身上穿著一件化工公司的制服，一下車就好像很熟的朝著我走來。我有些訝異了，轉頭看著阿明。

「呵呵呵，伊是我們的朋友啦，在這裡的石化公司上班。」阿明的爸爸轉頭向他招呼說：「先坐下來喝一杯再講啦。」

「你知道嗎？你們來的事，已經搞得整個工業區雞飛狗跳了。」他笑說。

「我們？不會吧？我們才剛剛到不久呢。」老關笑著說。

「你們不知道哦，管理局給每一家公司都下了通知，有兩個報社的記者來採訪，這兩天千萬別出事。我們公司一接到通知，立即開會。我們全工廠，皮都要繃得緊緊的，有人還在加班哩。不然我早就可以過來喝啤酒了。」

「啊，唉！真歹勢啦，害到了朋友。」我笑說。

「哈哈哈，他們怕得要死，你們卻躲在這裡喝啤酒。真好笑。其實啊，他們心裡有鬼才會怕。平常老是出事，現在才怕有什麼用？」阿明說。

「你們常駐這裡好了，他們就不敢這樣欺負人了。」阿明的父親笑著說，回頭望著慢慢變成淡紅色的天空，天空中終於有幾絲雲影。

隨著天色稍稍暗一點，我們終於可以平視整個汕尾的平野了。

「阿伯，你住在這裡一世人嗎？」我問阿明的父親，一邊吃著蝦子。剛剛抓起來的小蝦，比之於大蝦子，味道更為細緻鮮美。

阿明的父親叫阿坪，坐在我旁邊，喝一口啤酒，配一點花生米，可能是自己平日養蝦吃蝦太多，他並不愛吃。

「是啊，一世人住這裡！不過，中間有幾年時間，是出去外頭賺吃，討生活。外頭生活過不下去，就回來了。」

「你是祖先就討海是不是？或者是做田人？」我問。

「都有啦。」他說：「我們這裡啊，查某人和囝仔，去做田種菜，查埔人去討海抓魚。攏要做。」

「咱庄腳人，總是什麼攏要做，才有得賺吃。以前，我是說工業區還未來以前，咱日子過得卡簡單，卡沒錢啦。但日子總是過得還不錯，沒欠什麼，也不會餓著。咱田地是鹽分地，種一些番薯、蘆筍、甘蔗，比較會耐海風和鹽土的作物。晚上，男人可以去高屏溪口抓魚。那時候，我們都用手搖槳的小船，不像現在用機動筏，可是那時候近海有鰻魚、蝦苗、蟳蟹等等，一個晚上走幾趟下來，已經夠維持生活了。」

「啊，高屏溪出海口那地方，河海交界，一定有很多好吃的魚。」愛吃魚的老關忍不住說。

「有哦，以前有好多好多。那時候，我們出海口的養殖場不必抽地下水，每天漲潮時把水門打開，引水進來，灌滿了池子，那可是比地下水更有養分，還會帶來不少魚蝦生物，平白生出多餘的收入。」

「現在呢？水還可以用嗎？總是半鹽半淡的水，用來養殖也不錯。」我說。

「現在不行啦。出海口已經汙染了，水都不能用，我們要捕魚還得出去海口遠一點的地方。」

「你能講得更詳細一點嗎？」我拿出筆記本，老關拿出相機，坐在黃坪旁邊。其他人也一起坐了過來。過往的記憶，風一般流過每一個人的心。

流離臺北城

林園工業區計畫來的時候，黃坪已是年近七十的老人了。他的身體還健朗，生性勤儉，依舊天天下田種作。「那時候，我們生活過得雖然苦，但比起其他地方，也算可以了，可是現在呢？」現在八十二歲的黃坪，仍感到不解。

不解的是，工業區要來之前兩年，地方政府已經著手「農地重劃」。由林園鄉上方溪州村一帶建立渠道，向海邊一路灌溉而下。黃坪和其他農民一樣，土地已因公共設施徵收，損失了一層。想不到林園工業區一來，竟然不折不扣地立在農地的正中央，農地上下灌溉系統因此攔腰截斷，上下游水路根本不能相通。兩年的規劃建設白做了。

徵收土地的時候，由於徵收地價不公平，農民幾度跟工業局發生衝突，也去陳情請願。黃坪的三甲地全在徵收之列，他想著土地一旦徵收，往後的生活無根無脈，心焦無比，也跟著四處陳情。

可是官方給出的答案總是這樣：「工業區設立以後，保證帶來地方的繁榮富裕，想想看，一個這麼大的工業區有多少工作機會。你們以後就可以到工業區上班，不必再去做田、討海，吹風矖日了。」

居民相信了，慢慢緩和了。黃坪帶著賣地的一百多萬，舉家遷到臺北，希望開個小店面，孩子們也可以去做工，他想過上新的生活。

然而，城市遠比他們想像的複雜。黃坪的長子黃朝明和媳婦先是在臺北市通化街開一家水果店，但因黃朝明的鄉下人直率性格，無法應付前來收取保護費的地頭蛇，他又不願屈服，地頭蛇們乾脆不時來此白吃白喝一番，臨走還要帶一盒水果。

黃朝明眼看如此下去終究不是辦法，就遷到松山。街頭流氓一樣來。他又輾轉到三重、新莊、永和各處謀生。但情況一日一日惡化下去，一百多萬的積蓄在不斷的流離中，耗費殆盡。他眼看這城市絕非是鄉下人生存的所在，只好毅然決然舉家再度遷回汕尾。

回到汕尾老家時，只剩下一間老房子可以棲身，家裡囊空如洗，連到米店叫米，都遭受懷疑的眼光，怕他們是負債歸來付不出錢。

「幸好，我們有很好的親戚和鄰居幫著度過難關。」黃朝明說。

他的妻子談起這些往事，彷彿有極大的冤抑無法說出，止不住眼淚便流下來，她頻頻拉著衣袖拭淚，一邊說：「說這些有什麼用呢？那時候的苦，誰人知？誰人會了解？」

一貧如洗的黃坪一家人在親戚的協助下，買了一條四馬力的小筏，準備討海生活。偏偏，一生務農的黃朝明天生不是討海的體質，一到海上便暈船。為了生存，他咬牙忍著，希望能夠克服暈船。然而他終究不是討海人的體質，只得把漁船賣掉，轉而經營養殖業。事實上，在汕尾，無法討海的人除了養殖之外已別無出路。這時，工業區早已轟隆轟隆運轉起來了。

好不容易，他們借到一筆錢，租了地開始養草蝦，偏偏這一年，就逢上工業區在夜間大量排放黑煙，煙塵掉落蝦池，蝦子大量死亡，一切投資全部泡湯。負債四、五十萬。

不僅黃朝明，一些養殖池也遭到同樣的命運。他們向工廠交涉，但工廠卻爭相推諉，誰也不願承認。當時縣府衛生處曾派人來收取煙灰，要拿回去化驗以確定責任，但驗了三年，居然毫無下文。

為了還清這筆債，黃朝明又無日無夜地苦心經營，到一九八六年才還清這筆債。「八年來，這是我第一次，第一次拿到現金回家。」他說。

工業區有沒有帶來工作機會呢？

除了建廠時需要一些臨時工去進行搬運、清理、整地等工作之外，整個林園石化工業區需要的是專業技術人員，種田人與討海人本身無此知識技術，連門檻都摸不上。最後只剩下一點臨時工與別人不想做的汙染工廠搬運工。

悲哀的汕尾人，既失去了地，只有走入工業區；工業區又不要他們，他們只有走向大海討生活。但大海呢？

大海也生病了。

汕尾是高屏溪北岸凹入的漁港。工業區的廢水經由大排水溝直接排到汕尾港，產生的汙染物如硫化物、氯化物、浮油等，導致汕尾港內魚、蝦、貝等悉數死亡，僅剩吳郭魚能忍住這惡油臭氣，掙扎殘喘。

然而當大雨降臨，中油的浮油油漬，以及工業區聯合污水處理廠無法容納的污水大量排放，吳郭魚都不免要翻白肚子，在浮油滿港的水面上，張開小口，呼吸困難。

汕尾及中芸地區原以沿海捕魚為主，但自從林園工業區建立以後，沿海魚類漸漸消失。原有的鱙魚、赤尾青（蝦皮）、白帶魚、鰻苗等，因高屏溪出海口的汙染，難以生存，大大減收。目前，中芸漁港的漁民因近海魚類已越來越少，唯有加大馬力，將船開到遠處巴士海峽，去捕捉鰹魚、尖梭魚等。

黃坪回憶起汕尾的過去，只能望著天空，說：「二十年前，汕尾比附近漁港都專業，能抓鰻苗、蝦皮，我們比中芸、鳳芸都要富裕，而且半農半海，生活亦有依靠，但現在呢？……」

巨龍燃燒塔

黃昏的光已經全暗了，西邊的雲影殘留一線霞光，寂寂的色澤，襯映著幾根高大的煙囪。黃坪的臉上沒有什麼表情。

「這是咱的運命啦！」他的老妻子情緒稍稍平復一點，淡淡的說：「只是想起給人看不起，出外打拚失敗，回來買米都要找人借錢，就不甘心啊！」

「咱看將來吧！」黃坪轉頭看看妻子說：「我們剛剛吃過一

些蝦子，晚一點再吃飯吧。」

晚風習習的吹起來，天空中只剩下暗紅暗紅的雲，如凝固已久的血色。

黃坪繼續去指揮魚池收尾的工作，抽水機馬達單調的響著，把水抽入高屏溪中。他可能想把水抽乾，讓魚池休息吧。

「有一條溪真好。」老關說：「風可以從溪口上來，空氣會變得涼快一點。」

我和老關默然喝著啤酒，心中卻想著，好不容易安定下來的黃坪，還得拚死拚活，才能生存，這些長得不怎麼大的小蝦子，是他的生存之本，卻如此招待我們，心中不免有些慚愧了。

「每天每天，看著這些晚雲下去，看著一天平安過去，日復一日的忍耐，黃坪和這裡的大人和小孩，是不是有很不一樣的感觸呢？如果我的家鄉變成這樣，我要如何呢？像鹿港那樣，起來抗爭嗎？不起來抗爭，會如何……」我漫無邊際的想著。然而，可能是白天太大太強太直接的太陽的照射，身體太累、太乏、太無力的垂著，我們就坐在椅子上打起盹來了。

朦朧中，我彷彿夢見老關和我說什麼，臺灣老家的孩子說什麼，然後就聽見「砰！」一聲響，像一顆炸彈悶聲的炸開，然後是一陣「嘶嘶嘶」的燃燒的聲音。我張開眼睛一看，竟見眼前有一條巨大的火龍，火紅火紅，向天飛舞，還發出「呼呼嘶嘶」的聲響。整個黃昏的夜空，本來已經暗了的，如今竟都突然被照亮了。四下裡，全部是紅光。

「這是在做夢嗎？」我把眼睛張開一點，想確定是不是做夢。卻見黃坪和他的兒子的背影，被火光襯著，全身罩在一圈紅光中，有如不真實的人影，只在魚池邊飄動，而魚池裡也映滿了紅色波光和人影。這是夢嗎？

這火實在太大了，大得不像真的，大得，像什麼？像卡通影片裡的天火，大得像突然冒上天際的火龍，大得像一幅畫裡的場景，大得讓所有人都像是會被焚毀似的……，這怎麼可能是真的？現實中根本不可能有此種大火啊！

「喂，老闢哪，你看，這敢是真咧？」我突然忘了國語，用臺語跟老闢說，還用手臂推一推他。此時，他也正瞇著雙眼，用一種「不可思議」的迷茫，望著天空。

我回頭仔細看那火龍，原來是從一根大約十層樓高的煙囪裡冒出來的。本來那煙囪就在的，只是未曾如此冒火，我們也就不會特別在意，現在火光沖天，也是十幾公尺高的的火光，沖天而起，如一把巨大的超級火炬，燒亮整個天空。

「窩——的媽呀，這是真的咧！」老闢說著，從桌上摸過香菸來，又立即想起來，把香菸放下，馬上拿起相機，卡擦卡擦，拍了起來。

我把塑膠打火機打上，香菸點上了，卻見那小小打火機的火被火龍一比，簡直小得袖珍，近乎可笑。

我起身走到黃坪和阿明旁邊，指著火龍說：「這火，怎麼會這麼大？是哪一家工廠的？」

「啊，這個是工業區的。他們說是廢氣燃燒塔。」阿明倒是很平常心的說。

「怎麼會這樣？出事了嗎？」我問。

「應該是有什麼事？只是我們不知道。」阿明說。

「會不會爆炸啊？」我聽著聲音，不免有些害怕。

「不會啦，只是看起來很恐怖罷！」阿明眼中沒有害怕的神色，還安慰我說：「這個已經發生過好幾次了。」

「要不然是怎麼一回事？」我問。

「他們說，石化原料有些廢氣要燒掉，才不會有毒，這是一種處理方法。可是我們也不知道怎麼一回事。」阿明果然碰多了，臉色淡漠自然。

「可是這樣的廢氣，難道不會掉下來，沉積到魚池裡，害死魚嗎？何況，人受得了嗎？」我說。老關跑過來跑過去，找各種角度拍照。

「這種氣體會燒掉，還好。有些排放的東西，從水管流出來，沉積到高屏溪裡，溪水才毒呢！」阿明說：「有一次，一個漁民要出海去抓魚，還沒出去，在河口，不小心把零件掉水裡了，他想方便，就自己潛水下去找。想不到他一出來，當天晚上就全身發癢、皮膚紅腫。兩天後，他的臉上長滿水泡，早晨醒來用毛巾一擦，水泡全破，滿臉爛水，皮膚爛糊糊，血水流滴滴。伊的臉哦，破了相，他不敢見人，一直想要自殺，還好大家勸住了他。」

「作孽啊，那些開工廠的老闆，叫他們下水一趟，就知道痛苦了。」黃坪說。

「讓他們死後下地獄吧，下地獄，不是泡油鍋，泡油鍋太便宜了，讓他們泡這種毒鍋！讓他們吃著我們吃過的苦，才知道艱苦人，是怎麼被他們糟蹋的。」黃坪的太太站出來說。

「這個大火，什麼時候會停下來啊？」我問。

「很難講呢，」阿明說：「有時候，會燒一整個晚上哩！」

「啊——？這也太誇張了吧！」老關拍完照站在旁邊說。

「怎麼會有這麼多東西要燒的？」

「也不知道，他們說，該燒的，要燒完才能停下來，不然會有毒氣。」

我們站著，看這火光一時間也沒有停下來意思，竟不知道要說什麼了。「古代的人寫噴火恐龍，如果看到這個場景，這種十層樓高的火龍，一定嚇傻了。」我想起我女兒童話故事的火龍，無可奈何的傻笑。

「來吧，我們先進來坐，等一下再吃飯。」黃坪太太走了出來，她要準備晚餐了。我和老關對望一眼，有點不好意思太叨擾。

「我們還是別吃了，工作要緊，」老關：「我們要去出海口的地方，趁現在天還沒有全黑，用這條龍當背景，正好可以拍下很有代表性的照片，做個對比。」

失落的漁村

有這一條火龍，高屏溪出海口的水光也染紅了。老關想從小船上往回拍，好讓水光映著火光，拍一條燒得紅紅的溪。他站上一個漁民的船，向出海口盪出去；我去港口的漁會辦事處，找他們問這十幾年來的漁獲統計資料。不問還好，一問才知問題嚴重。

一九七七年，汕尾漁港的漁獲約計六百九十餘萬元，但一九八三年則有七百萬餘元。至八四年則降為三百餘萬元而已。可謂每下愈況。辦事員苦笑說：「你自己去看一看港口就知道了，我們漁民要出去遠一點才能有漁獲，但現在近海的魚都很少了。」

「你看，我們這裡以前都是人來人往，現在這樣稀微微，沒什麼漁民了。」原本是漁民整理漁獲、喊價拍賣的場地上，空空蕩蕩，幾個老漁民也都五、六十歲了，身影瘦長，穿著老舊，抽著香菸，在灰白灰白的日光燈下，彷彿飄蕩而不真實的存在，像畫家愛德華・孟克（Edvard Munch）（註2）筆下的影子人。

「你今日怎麼沒出去討海？」為了恐懼自己變成像影子一樣的失去真實感的存在，我故意坐在幾個老漁民的旁邊，拿出香菸請他們。

「哦，呵呵呵……」一個老漁民有一種版畫一般的長型的臉，兩頰凹下去，成為深深的線條，彷彿被刀子刻出來的。他不說什麼，只是傻笑著，彷彿我問了一個很傻的問題。

「出去抓什麼？抓吳郭魚卡多啦！」另一個人笑說：「抓回來，連貓都不吃。」

「現在只剩下吳郭魚哦？」我問。

「要有魚，得出去卡遠的所在，」一個穿雨鞋的漁民說：

「抓回來才兩、三尾魚仔，都不夠油錢，你要按怎出去？」

「哦，那就……」我不知道怎麼再接下去了，默默抽著菸。

望著幽微而飄浮的人影，彷彿進入另一個世界，我突然有一種悲傷極了的感覺：「再過個幾年，等這些老漁民都老去了，這個地方大約就要成為廢墟了……。」

「啊！一個家鄉，一個豐饒的漁村，就要這樣，成了廢墟？」我感傷的想著。

老關從船上回來的時候，除了相機，手上還拎著兩條用小繩子綁著的魚。我問他哪來的，他說是向一個漁民買的，剛剛才從近海抓到的。魚鰓的地方用一條繩子串著，是一種很古老的方法。我們於是找一家小飲食攤子，直接走進去請老闆殺了。

「啊，你這魚真不錯！」老闆接過魚，像一隻大貓一樣，張大了眼睛，很快樂的說：「當青，足讚咧！剛剛抓上來的，什麼魚都好吃。不過，這個魚啊，伊最好吃的是什麼地方，你知道嗎？」

「是肚子嗎？」我回說。魚肚子一般是最肥美的地方，我平時愛吃此處。

「不是，不是。」老闆搖頭。

「啊，不然是伊的頭哦？」老關說，他也是愛吃魚的老饕。

「都不是。呵呵呵，這個，我們漁民最清楚啦。」老闆笑瞇了眼，手握一條魚，指著它的肚子。「最好吃的在這裡面，是它的腸子。」

「是按怎？這腸子有什麼學問。」

「這你就不知道了。伊們是近海的魚，專門吃海草和小魚小蝦，黃昏時抓回來，它剛剛吃過，腸子才特別有味道。這個魚腸，一般菜市場不會料理，都丟掉了，實在太可惜。今天你們幸運碰到我，我來料理給你們吃。」

「嗯，頭家啊，你怎麼這麼內行？」老闆問。

「我本來也是漁民啦，每天都去抓魚。咱這附近的魚，只要看到長什麼樣子，我就知道它生長在什麼地方，吃什麼長大的。可是，唉，現在攏是汙染了，抓不到魚了。我只好就來開個小吃部，給人客來飲酒。咱總是要渡日子啦！」老闆樂觀的說。

吃了清蒸鮮魚，喝過兩瓶啤酒之後，老闆坐了過來，一起聊天。我忍不住問：「你們這裡實在很怪，這麼多人受到汙染的影響，失業的失業，搬走的搬走，怎麼沒有起來自力救濟？」

「什麼叫『自力救濟』？」老闆沒聽過這個名詞。

「就是當政府都不管你的時候，你要靠自己的力量，自己來救自己。像臺中縣有公害防治協會，反對農藥廠汙染田園，鹿港有反杜邦，反對化學工廠來設廠，靠自己去遊行抗議，讓政府不敢允許工廠來。自己站出來講話啦！」

「這哦，總是要有人來帶頭啦，你最好去問阮村長。」老闆陪我們喝了兩杯啤酒，膽子也壯大了。「伊若來帶頭，全庄頭都會起來跟伊走哩！」

靠自力救濟

村長家位在村子的南端，那是舊的漁民聚居區。一排透天的老房子，有一、兩間雜貨店、五金行之類的，還有一家小麵攤子。村長家外面的前方，有一個小廣場，今天正好有流動市集，許多攤販雲集，販賣烤香腸、蚵仔煎、豬腳麵線、小五金、小玩具等等，相當熱鬧。

由於燃燒塔像一根十幾公尺高的火炬，樹立在林園的正中央，整個村子的每一個角落，都籠罩在它的火光之下，市集裡的每一個攤位、每一個人，臉上都有著明亮的紅光，愈發映出一種喜慶感。原本夜市的攤販會點上一些日光燈做為照明，現在，那些日光燈反而顯得蒼白而多餘了。

不知道是不是燃燒塔帶來熱浪的感覺，我們忍不住停下來，買了一杯青草茶，卻見那攤販高興的笑道：「幹，這按呢燒，害我今天晚上煮的青草茶都不夠賣了。」

村長是一個四十來歲年紀的人，中等身材，看起來不像漁民，倒是像一個上班族或教師。他穿一件普通短襯衫，一條灰西褲，坐在大大的辦公桌前，談起早期這裡有過農村規劃，重劃過的地方，把一些農民的地分成兩半，不知道要怎麼耕作。後來又來一個工業區，農地乾脆都徵收了，大家只好自己找生路。這些大家都忍了，咱庄腳人，命運卡歹，自己打拚。現在，你看，三不五時來汙染，空氣臭得狗都喘不過氣，你叫天天不應，叫地地不靈，實在是哦，實在是，唉！這是要把我們拖磨到何時？拖磨啊，拖磨！咱農民，實在是很可憐…。

他的口氣一點都不像生氣的樣子，反而像一個平凡的人在敘述一件極平常的事，只是哀嘆著，但說的內容，卻讓人憤怒，血脈賁張。

「你們為什麼不起來表示抗議？」

「去跟誰說啊？那些當官的，跟企業都是一夥人，他們金包銀，互相包庇，我們實在沒辦法啊！你們當記者的，到處採訪，看得多了，有沒有什麼辦法？」

「那就自力救濟吧。」我望著他的眼睛說。

「什麼叫自力救濟？」村長問。

我有點猶豫，望了望老關。他點點頭，希望我說下去。「我們剛剛採訪過鹿港，反杜邦運動，還有臺中縣的農藥廠汙染。臺中比較像你們。每一次工廠都偷偷排放有毒的廢水，排入農田裡，種出來的米都有毒，不能吃，地下水也有農藥的味道。他們一直去檢舉，但地方的衛生局都說查不到，要居民自己提出證據。可是，居民怎麼會有證據？又沒有檢驗儀器，又不能開罰單，有什麼用？結果當然沒用。」

我看村長很認真在聽，就繼續說下去。「最後，他們沒辦法了，只有一個辦法，去包圍工廠，把進出的路堵起來，讓農業廠的車子出不去，要他改善，不能再排放廢水，否則，繼續圍堵。最後，衛生局終於出面了，工廠也只有妥協。」

「工廠不會半夜偷偷排放嗎？」村長問。

「啊，你果然是巷子內的，內行人。」我笑說：「當然還是會半夜偷偷排。但隔天就再去堵。反正大家都住這裡，你能跑哪裡去？要做厝邊，就要好好相處。」

「這樣有效嗎？」村長問。

「不這樣，你還有什麼辦法？」我問：「這不是故意要跟工廠過不去，也不是故意違法，而是你逼得人家沒路走，只能這樣自力救濟，自己救自己。」

村長沉吟著：「嗯！看起來我們真的沒什麼辦法了。好像只能這樣吧！」

「也沒什麼啦，只是要他改善汙染而已。汙染沒有了，就不會有事承。大家保平安啦。」老關輕鬆的說。

「嗯，好像只能這樣哦？」村長的眼睛直視著我，但又好像不是在看我，而是在穿透過去，想著什麼更遠的事，安靜的說。

「要不然，還有什麼辦法？」我也直視著他的眼睛。

冰涼的暗處

和石化工業區隔著大馬路的村子另一頭，其實沒什麼新的生機。老舊的房子，老社區，村子一樣被火光照得通紅。幾個老人拿著扇子，拍打蚊子，坐在透天厝的前面聊天，偶而望向連天而起的紅色火光，眼神漠然。

我向幾個老者敬了煙，坐在旁邊聽閒聊，一邊指著天空說：「這個，夭壽，整個天都燒到紅吱吱了，真厲害啊，呵呵呵！」

「卡省電啦。它每一次燒起來，我們就歸暝不必點電火了。」老人笑說。

「有一次，半夜就按呢『砰！』燒起來。哇，整個天都燒紅了，阮隔壁的雞都嚇一跳，全部咕咕咕叫起來了。伊們以為，天亮啦！」

大家都笑了。

「也有人半暝偷偷約會，想說躲在草坪仔腳下，暗暝摸，不會有人看到，親熱得爽歪歪。沒想到這『砰！』一聲，啊，天整個明亮了，兩個人，整個的，全身紅貢貢，都被看光光了。」

「咦？按怎會看光光？」另一老人問。

「啊，伊兩個人都沒穿衫啊，當然是看光光了。」大家都笑了。

「那怎麼會紅貢貢？」有人問。

「你啊，你是在室的哦？連這個都不懂。人在充血，火光紅艷艷，身軀免講嘛紅貢貢。」

「哈哈哈，像這麼亮，小偷也不好下手哩！」

「唉呀，這把火，像全庄頭在點著光明燈！」另一個老人說。

「光明是光明啦，不過太光明也很麻煩哩。最近母雞好像不太會生蛋，生得比以前少了。你知道為什麼？」

「為什麼？是汙染嗎？」我問。

「不是啦，主要是太亮了。」他指著燃燒塔的火龍說：「那麼光亮，雞公都沒機會打雞母了。」

「你自己沒才是沒機會打你家的『雞母』吧！」

「阮家那一隻是老雞母，打了也不會生了。」

大家都樂呵呵的笑了。

火光照亮了整個村子，在燃燒的紅光中，整個世界彷彿在開營火晚會般熱鬧，互相取笑得很是開心。

我本來想問他們，笑完了，我們還可以幹什麼，難道就任他們這樣欺負人嗎？可是我終究懦弱的放棄了。在這個無處可逃的噴火龍之下，人們像茫然渺小的子民，只能互相取笑。

除了互相調笑，我也不知道可以幹什麼了？

能採訪的，似乎都做了，連同我們的憤怒與自力救濟的想法，都委婉的傳給了村長。我們還能做什麼？

「去喝酒吧！」我說。老關看了看錶，發現才九點半。

我們剛剛經過的大馬路邊，有一間看起來像酒家的地方。依照南部的習慣，那種門口掛著紅色螢光燈，前面有兩、三個保鑣在看店的「小吃部」，大概都有女孩子陪酒，所謂有「粉味」的地下酒家。

歷經一夜火光，當我們走進小吃部的剎那，才開始重新體會黑暗是什麼感覺。走上二樓，伸手不見五指，帶檯小姐的冰涼的小手拉著，穿過彷彿是布幔的柔軟質地的兩邊，如盲人般向前走，才到達座位。

座位很黑，我們摸著坐下以後，隔了一陣子，眼睛才終於慢慢適應了這個幽暗的世界。現在我看清楚了，整個空間用兩條長繩子拉開，上罩布簾子，隔成左右兩半，中間當走道，走道上方高高掛了兩盞不到五燭光的小燈泡；兩邊再用布幔切割成各個小空間。每個空間大約兩張相對的雙人沙發，中間一張小茶几，上面擺著啤酒小菜。和臺北周邊的地下酒家比起來，這裡確實有點陽春，不過在臺灣最南端的石化工業區裡，你還能怎麼樣？

我們剛剛落座，兩個小姐就來了，上了啤酒，一句「尼桑，你貴姓？」我們互報姓名，坐我旁邊的名為Rose，坐老關旁邊的叫Lilly，她們把啤酒斟上，開始敬酒。

冷氣很強，啤酒冰涼，一口喝下去，整天的熱乏終於消散了。我和老關連乾了三杯。

「直到現在，才真的有鬆了一口氣的感覺。」老關抹去鬍子上啤酒泡沫，點上香菸。

「終於躲開了那一條怪龍。」我笑說。

「這個世界，還真的很需要這樣的角落。」他說。

隔壁桌有人在大聲喊臺灣拳，「六連七巧四皇」，再配合一些臺式三字經、五字經。坐老關旁邊的Lilly打量著他的攝影機背包，笑著說：「先生，你不是本地人哦？」

「不是。外面來的。」老關說。

「你們來做什麼的？怎麼背這麼重的東西？」Lilly的國語很標準，不像濱海鄉下的小茶室常見的女子有一種海口的口音。

「我們來採訪拍照的。」老關說：「這個是照相機。」

「唉喲，人家都小小一臺，你這個是專業的喲，很多設備呢。」那小姐打開相機包包，看見裡面有一支一二〇的長鏡頭，忍不住說：「哎有有，這一支卡大支，專業的呢！你真的是來採訪的？」

「我們來採訪這裡的石化工業區。」我笑說。

她們互望了一眼，我猜想，可能是店的經理要他們來問的。剛剛進門時，那幾個保鑣模樣的人，可能看我們這兩個陌生的面孔，所以來摸底。「唉呀，是文化人哦，難怪氣質不一樣哩。」坐我旁邊的Rose笑嘻嘻的說。

「嘜按呢啦，講啥咪三小氣質？」我隨口亂說。

「你們的衣服，跟本地的人都不一樣，一看就知道了。」Rose說。我看看自己的牛仔褲，心想，可能海口漁民不會穿牛仔褲吧。

「講話也不一樣。」Lilly指了指隔壁的聲音說：「你們口音不一樣。臺北來的？」

「嗯，現在住臺北，不過我故鄉在臺中。你們呢？本地人嗎？」我想起黃昏的時候，黃坪談他一家的遭遇，如果不是後來找了生路，說不定他們的孩子也只有淪落至此了。

「我不是臺北，不過也算北部啦。我是中壢。」Rose說。

「客家人嗎？」

「不是，中壢的眷村。」她倒是毫不隱瞞的說。

「他也是眷村出來的。」我指著老關。

「哦，這樣啊！哪裡的？」Rose高興起來了，向老關敬酒。

「臺北松山的。」老關說。

「我有一個好朋友住中壢的眷村呢！妳是哪一個眷村的？」我問。

她說了一個眷村的名字，竟然是同一村的。我說，那朋友家住籃球場旁邊第幾家，她突然眼睛直視著我，許久才小聲的說：「你是說真的？」

「嗯，妳怎麼啦？不相信？」我驚訝了。

「我真的住那裡喲。可是我離開很久了，有八年多了。」她和我朋友差了七、八歲，並不認識，但她高興得直說：「你是我的同鄉大哥，來我敬你一杯。」

好像青幫、洪門有「通關密語」似的，這種「住某一個眷村」的密語，竟讓我們在這個遙遠的鄉下親近起來。Rose 高興得找老闆乾杯，也找我乾杯。

隔壁桌只隔著一層布，那布隨時可以拉開，隔桌划拳的聲音清晰無比。Lilly 略帶些歉意的說：「這裡比較吵一點，你不要在意哦。」

「不會啦，吵得好。比較熱鬧。」我說。她照例邀我們划拳，可我並不熟悉，連輸了好幾拳。幾杯下肚之後，我忍不住問道：「你們這店裡，有本地的女孩子嗎？」我本來想，如果有本地人，便找來聊聊。

「怎麼會哦？你不知道嗎？」Rose 略帶笑意說：「我們的規矩是，不能在本地做。」

「啊？為什麼？」

「你想想，萬一碰見認識的人，可能是隔壁誰家的叔叔伯伯，那，大家不是都很不好意思嗎？」

「呵呵呵！」我為自己的無知，尷尬的大笑起來。「那本地的女孩子會去哪裡呢？」

「不一定啦，她們各自找門路，誰知道？」她笑著說：「我聽說，這裡的女孩子，大部分都到高雄、北部去了。」

日昇之屋

只隔著簡陋布簾子的空間，實在無法隔開聲音，鄰桌划酒拳的聲音太大，我聽不見老闆的話，只能靠著桌子說話。

「這個地方，太魔幻寫實了，好像一場夢！」我說。

他沒聽清楚，手放在耳朵上。我比了比隔壁，表示隔壁太吵，所以聽不清楚。我不管他，只拿了酒杯比劃，自己乾了。他會意的舉杯，也乾了。

我繼續和Rose聊天。

「妳來這裡多久了？」我問。

「一年多吧！」她說。

「以前都在哪裡？」

「也不一定，到處跑，反正我酒量不錯，很容易找到工作。」她微笑起來，臉頰上靠左邊嘴唇的地方，有一個小小的酒窩。

「我也曾經去過臺北。可是臺北太亂了，什麼場面都要應付，環境很複雜，雖然賺比較多的錢，但花的更兇，存不了錢，後來就乾脆到鄉下來，租房子、吃東西比較便宜。」

「可是這裡都是漁民，他們有錢嗎？」我問。

「唉！這你就不懂了。漁民是比較窮啦，可是那些搞養殖魚池的人，有的人非常有錢哦。像隔壁有一桌，他們剛剛出清了魚池裡的蝦苗，和中間包商來喝酒，今天賺了不少錢，很敢花錢呢！」

「哦，我知道了，漁民還是沒辦法，搞養殖的比較有錢。」我說。

「嗯，他們每次賣了蝦子、蝦苗，就會跟中間商來這裡喝一攤。」她說。

「生意還好嗎？」

「還不錯呢！這附近養殖魚池越來越多，我們生意還不錯。」她說：「只是有時候整個魚池的魚突然死了，損失慘重，他們就有一陣子不會來了。」

隔壁有一桌很吵，現在稍稍安靜一點了，我正想可以說說話，簾子卻打開了，一個服務生小弟進來說：有一桌來賓要買單了，請她過去。我知道，唯有她去了，才有坐檯和小費，這是她們的主要收入，便笑著請她自便。老關坐檯的Lilly也走了出去。

老關問：「你剛剛說什麼？」

「啊，」我恍神未回，回頭一想，才說：「怎麼樣都覺得很不可思議啊，在這裡，在這個地方，太魔幻寫實了。」我把Rose從眷村來的事說了一下，又說了漁民來這裡喝酒的事。老關也知道，他笑著說：「這個地方，太沒有安全感吧，賺了錢，不來喝一杯，不知道下一季會不會有汙染，所有一切奮鬥都歸零。還不如今朝有酒今朝醉。不然還能怎樣？這裡漁民，真的很悲哀啊！

像阿明家，所有的家當都失去了，一切重頭開始。可是，魚池能不能賺錢，還要看工業區會不會汙染。在這裡生存，生命要依靠什麼？」

生命要依靠什麼？在這個世界？在這個地方？土地無法依靠，只能靠笑話，度過火龍下的日子，這日子是怎麼過的呀？我有些茫然了。

Rose和Lilly回來的時候，兩個人都喝很醉了。她們說，那一桌人要她們喝下三杯酒，才給小費；之後還要再喝三杯，就給紅包，她們連喝兩次，有些不勝酒力了。小弟倒了茶，她們茫到舌頭打結，各自依在一角，宣告暫時休息。

Rose偎在我肩上，嘟噥說我是他的大哥。

Rose已略帶幾分酒意，因為冷氣太強而略感冰涼的肌膚，貼在我的胸前。她仰起頭說：「沒想到呵，會遇見你。真好！你們沒來，我們就只能陪著他們划拳。」她聲音中有一種寂寞。

我點上一根菸，放在她的嘴唇邊上，一邊用拇指摩梭過她的唇中央，彷彿要逗她去咬，卻不讓她咬著。她輕輕的呼著氣，像小狗想咬東西，張著小口，和我的指頭玩。

「你聽過一首歌嗎？是美國民謠，叫〈House of the rising sun〉？」她問道。

「有啊，我剛學彈吉他和弦的時候，就是這一首。」說完，我哼起了旋律。那歌是描述在紐奧良有一個「日昇之屋」，它是墮落的地方，毀滅了許多男孩和女孩，老天哦，我也是其中的一個……那吉他和弦很好聽，簡單易學。

「我剛剛開始學英文歌，也是這一首，真的很好聽。」她笑起來。

「我們學生時代跳舞，常常放另一首歌：〈雨和淚〉，妳聽過嗎？」我說。

「聽過啊。我還喜歡一首下雨的歌。我忘了歌名了，開頭好像是『Just walking in the rain』。你記得嗎？」

「我也忘了，只記得旋律，」我哼起了旋律，她出聲唱和著，微笑，仰著頭。唱完了，我看她眼中帶著眼淚。

「怎麼了？」我問。

「你讓我想起我高中時候的第一個男朋友，他很會唱英文歌。」她含著淚說。

雖然覺得她有些醉了，這個故事有點老套，但我還是幫她擦去眼淚，撫摸她的臉。她的嘴唇柔軟豐潤，帶著啤酒的冰涼的香味。

「你要不要帶我出場？」她用一雙茫茫的大眼睛看著我。

但我一想到要回去那個魚池邊簡陋的看守小木屋，就覺得不可能；那裡只有一間房，一張床，我還有同行的老關，怎麼睡？我摸摸著她的肩膀說：「妳有地方住嗎？」

「不行啦，阿哥，我和朋友一起租房子，不能去那裡睡。」她說。她的口音忽然有一點吳儂軟語的味道，我猜測她的祖籍可能是江浙一帶。在綿綿的醉意中，這樣的吳儂軟語也很好。我心中想。

此時小弟進來倒茶，她茫茫然看著，口氣有點衝的說：「倒酒啦，你不會嗎？」

小弟沒說什麼，安靜點點頭，倒了酒，走出去。她坐起半身，露出肩頭，她的洋裝已解了兩顆扣子，胸部半隱半現。

神話的時代

可能喝多了啤酒，我覺得有點想上廁所，於是起身，穿過兩邊碎花的布幔，幽暗無比的走道，問明了廁所是在這一幢公寓房的外面，便打開一個小門走了出去。

剎那間，我的眼睛被一陣紅光刺痛。可能是裡面太暗，而外面太亮，我的瞳孔一下子無法適應。我瞇著眼睛傻傻站著，然後才看清楚，那一條巨大的火龍，照得天明地亮，所有的房子和農田大地，都清晰得有如大白天，甚至夜空也烤得透紅。或許這個地方在二樓，整個地形景觀，盡入眼底。

「我靠！這個太厲害了！這一條龍真的無所不在，照亮天地間！」我上完廁所，回來和老關說及此事，也要他去看看。那景觀的詭異，實在不是人間可以想像的，我說。

「整個世界，哈哈哈，」老關說：「像生活在一個神話的古代世界。」

服務生小弟打開簾子，進來在Rose的耳邊說了幾句話，她揮揮手說：「好啦，我知道了。你不要吵啦，我還要一陣子。」

我問她發生什麼事，她說沒事，只是他們看她喝多了，她的朋友要來帶她回去了。「我哪有醉？我酒量很好，你知道嗎？」

她說完，再找我乾一杯。

「你明天會來嗎？」她仰著頭問。

「不知道欸。」我說：「明天如果還在這裡採訪，明天晚上就來找妳。」

「好，一定喲。人家會想念你。」她嬌聲說。

小弟再來催她的時候，她終於站起身，臨走前，還特地回頭，像抱一個小孩子一樣，把我的頭抱在她的胸前。那一剎那，我忽然想到，這個動作近乎母親，她是不是有過小孩子呢？但也只是一閃而逝的念頭。

「陪我出去抽一根菸好不好？」她又像小女生一樣的拉著我的手。

我們走了出來。我再度聞到了空氣中有一股石化物質的酸性氣味。

現在，離開了黑暗暗的空間，在明亮的火光照耀下，我終於可以看清她的模樣。她身穿紫紅色洋裝，短短的緊身裙，露出嫩白嫩白的未穿絲襪的腿。暗紅色的高跟鞋，臉上帶著酒後的滄桑。但她的眼睛迷濛，彷彿會講話。她的臉被火光照亮，而顯得更加紅艷乾渴，彷彿也要燃燒起來似的。

她把一根香菸叼在唇上，點上了，吸了一口，遞給我。我接了下來，把蓋著口紅印子的潮溼的菸頭，放在自己嘴巴上含著，聞到一股子香菸、口紅和啤酒混合的氣味，吸了一口，抬頭對她吐出茫茫的菸霧。

她自己點上另一根，吐出菸霧之後，眼神帶著酒後的迷茫，柔聲嬌笑說：「最後一根香菸最甜了，你要記得喲……」

雖然是這樣說著，她並未轉身離開，只是飄動雙眼，看一眼在道路邊上等候的一輛野狼一二五機車。一個穿香港花襯衫的男子，模樣像車夫的男人，已經發動車子在等她。她卻用一種酒後的隨興，笑盈盈的，吸著香菸，依然望著我。

雖然我知道這是她們的好習慣，儘量和客人勾搭，讓客人還會再來，但她確實有幾分風情。

我抬起頭，看看這個石化工業區旁荒涼的街道，一條寬廣的縱貫線，穿過小鄉村的正中央，大馬路上，只有大卡車在穿行。燃燒塔的火光，照亮這個南方小村。所有的建築物，那些貼著難看磁磚的房子，那些水泥灰暗的老厝，那些灰塵滿布的道路，那些道路上飛起的沙塵，都帶著一種奇異的紅，像電影裡的黃昏的沙漠。唯有小吃部的霓虹燈有一種詭異的粉紅光澤，一點詭異的溫存。

「幹！這什麼世界！」我暗罵著，卻也忍不住瞇眼想：「如果找個角落躲一躲，或許會好一點……。」

聽到我心裡的召喚，她伸著手，把菸灰彈下，拉了拉裙子，嫩白嫩白的腿，斜斜的交疊著，對著我媚笑。「你明天會再來吧？」她說。

「如果明天還在這裡。」我恍神說。

念頭還在閃著，忽然聽見那個騎在野狼機車上的男子，故意把引擎的聲音拉高，發出轟轟的聲響，彷彿在催促她。

我驀地從酒意中醒來，明白這些溫柔嬌聲，纏繞勾引的調情，只是我逃避的想像，最後，我們都要回到現實了。她要回去她的生活，我要回到我的節奏。我兀自笑了起來。

「改天，我再來找妳。」我說。恍惚想起她剛剛把我抱在懷裡，我曾觸及的兩顆柔軟而飽滿的乳房，但那不是情欲，而是像一個母親，她的身體的味道，從指間，混合著菸味，迷濛，飄散。

她的圓圓的、像小女孩的眼睛，化過的妝已經有些褪色，但水汪汪的，還是有一點動人。

「你要記得我喲！Bye bye！」她跨上了摩托車。

「嗯。Bye bye！」我揮了揮手。

她望著我。「其實，你不會再來了，對不對？」她回頭說。

「嗯。」我說。然而我終究還是忍不住，說了一句：「走吧，我會想念妳。」

摩托車轟轟然帶著她的背影，離開暗黑的小小的小吃部，進入荒涼又寂寞的縱貫線。我抬起頭，習慣性的看看天空，沒有星星，夜空紅紅。

河堤上的月光

我們騎著摩托車沿著高屏溪的河堤回去阿明的魚池。那個流浪了一輩子的黃坪老先生和他的家。

夜風順著高屏溪向出海口吹過來，終於有了一點涼意。但在火龍的光照下，整個天空燒得泛紅，那光再反射下來，照亮了整個大地。

高屏溪的河堤比地面高出約兩層樓。放眼望去，靠河堤的地方，還有些養殖池，再遠一些是水田，再過去就是石化工業區的廠房。那廠房區有無數燈火，明亮密集，高高聳起，如一群大飛碟，從半空降落在這一片陌生的農村大地，最後霸占了農田。

「咦？老關，你看……」我騎在摩托車前方，發現了一個奇怪的東西，在天空中，便指著問老關。

「是月亮嗎？」老關說：「有點像呢！」

我們把車停下來，想看仔細，怕是眼花了。我們躺在斜斜的河堤上，枕著雙手，仰望夜空，仔細一看，果真是月亮。

那是一片薄得不能再薄的月亮，像一張紙片剪成了小圓形，給張貼在天空的正中央，彷彿是為了用來安慰人說：「這世界還有月亮。」用的，那樣瘦小蒼白，幼稚微弱，滑稽得像兒童畫，竟然就這樣，掛在南臺灣的天空中。

我不敢相信。

我不敢相信的另一個原因是：它竟然是圓的。圓的月亮意味著農曆十五、十六的滿月，而滿月的月亮，應該是如何的明亮啊，現在竟蒼白得近乎看不見了。如果不是騎車上了這個堤防，我怎麼會注意到呢？

所有關於月亮的美好想像，至此完全破滅，什麼「月亮代表我的心」、「月兒像檸檬」都不管用了。它只讓我想到羅曼·波蘭斯基（註3）的電影《苦月亮》（註4）。有著一張愁苦的面容的月亮。

「天啊，我們來到這裡，也不過才十個小時而已，」老關說：「怎麼覺得好像來了一個世紀那麼久了。」

「是啊，好像已經活得很累，很疲倦了。」我說：「如果不是還能講講笑話，像老人家那樣，或者找一個角落去逃避喝酒，人要怎麼活下去呢？」

「難怪這裡要有地下酒家，不然人們還可以去哪裡躲一躲？」老關說。

「我剛剛就好想跟那個Rose回去。不知道為什麼，就是有一種讓它去吧，去死吧，這種衝動。只想要一個痛快，」我誠實的說：「只要可以有一個溫存的角落，死了都無所謂。」

「這個地方汙染成這樣，難怪人都虛無了。」老關說：「連土地都汙染了，以後可能連地下水都不能養殖，人們要靠什麼生活呢？」

「這，毀滅得太澈底了。」我說：「不只是土地和生存的影響，人性的影響才巨大。生活沒希望，沒未來，只能在荒涼的角落，講著雞公幹雞母的笑話，苟活著的人哪！」

「政府跟農民徵收土地，給企業蓋工廠，可是整條的高屏溪都汙染，土地也汙染，家庭破碎，人民流離失所，到底誰得到利益？以後如果要讓泥土和大地復原，讓河流恢復乾淨，不知道還要幾十年，不知道還要花幾十倍的錢，這些錢，難道不是政府來出？老百姓來出？」我回應說。

「就算把財團賺的錢都拿出來，也不能洗乾淨這些土地。人民受苦，國家損失，大地受傷，人性扭曲，尊嚴喪失，到底這政策是為了什麼？圖利了誰？」老關說。

「這裡，就是社會運動的火藥庫。」我最後說。

我們站在河堤上，望著薄薄的月亮，望著火紅的天空，和彷彿被烤熟了的荒涼大地。我唯一想到的兩個字，竟是艾略特的詩：《荒原》……。

我突然想起Rose，她的孩子一樣的眼睛和微涼的肌膚。我不知道，在這個荒涼的世界上，最後她要飄蕩到什麼地方？我只知道，我必須離開，因為這裡的月亮，太蒼白，太憂傷，太苦澀！

幾個月之後，這個小村子爆發群眾抗爭事件，民眾包圍政府開設的輕油裂解廠、石化廠的出入口，阻止所有運輸車、油罐車的出入，要求工廠和政府必須答應解決汙染問題，否則包圍到底。警察則包圍了群眾，對峙了快一個星期。一場環境生存權的抗爭，像燃燒起來的火光，照亮了那個遙遠得未曾有人注意的海邊小漁村。

「啊！Rose……！」

我想起了那個被火龍燒亮的荒涼的南方的夜晚，也自然想起那天下午，在小學裡訪問的那個小小女童，她有明亮的眼睛，和純真的聲音：「我以後有什麼願望哦？嗯嗯……，我爸爸說，要好好讀書，長大以後，就可以去外面讀書，離開這裡了。」

尾聲：重返荒原

二十六年後，二〇一三年十二月冬日傍晚時分，我終於再度訪問了林園工業區。最感到的驚訝的，不是它的變貌，而是它竟然沒變！

街道全部是老的建築，因為不再有人搬進來，沒有人蓋新房子。

街道冷冷清清，顯得更蒼老而寂寞了。

以前路邊聊天的老人似乎都散去了，老去了，年輕人都走了。

原本較為空曠的工廠區，夜間的燈火顯得更明亮，顯示工廠增加好幾家。廠區的馬路擴得更寬了。但化學工廠的味道，一樣傳來，只是東北季風大，把化學味變得淡一點，吹到了高屏溪的最南端，讓它吹到海上。

中芸漁港裡，一排排的漁船停靠著。這些船要到遠遠的外海，甚至澎湖，才捕得到魚。近海抓到的漁獲，根本不足以支應油錢。而汕尾漁港更悲哀，因為上次颱風的沙土堆積，現在只能開漁筏。靠著它在近海打撈一點鰻苗。

今年很幸運，鰻苗在短缺多年後，各個地方的鰻苗都小有斬獲。汕尾和中芸的漁民很高興，今年收成稍多一些。但更早以前，在石化工業區來臨之前，有些漁民靠著冬天兩個月鰻苗旺季的收入，可以過上一整年。

「那種好日子，再也不會回來了。今年哪，海龍王可憐咱們林園人，不能生活，給我們一點鰻苗度日子。」住在中芸漁港邊的蘇媽媽說。

我在中芸國小蘇老師帶領下，去訪問汕尾國小退休的蘇老師一家，北汕的里長李進忠也來了。

蘇老師泡了一杯即溶咖啡，順便拿過來一張全家合拍的結婚照，他說：「這是我弟弟，老二，才五十幾歲，這是他的兒子結婚時拍的。他從基隆跑船回來，在這裡住了幾年，就癌症過世了。我另一個弟弟，老三，也是四十幾歲就走了。我可能比較好運，離工廠遠一點，風向吹得比較偏，沒那麼受害。唉，這些年，有學者來統計，我們村子癌症死亡的比率，是人家的一百倍。」

我驚訝的抬起頭：「啊？你說什麼？一百倍？有沒有調查過？」我特別驚訝的另一個原因是：他怎麼可能把這樣的事，用如此淡定，如此無謂的口氣說出來。

「有啊，是學者來調查的報告。」蘇老師說。

「哦，真的是這樣，最近我的白帖子收不完，明明剛剛參加完告別式，回到家又收到另一張。」里長說。

里長曾在一家石化工廠工作，特別了解石化工廠的各種手段，以及各種石化排放的數據，包括如何暗中處理地下水等（例如用一根管子，直接灌入地下層，讓它汙染土地，甚至汙染到黏土層，直到土地無法負荷，滲透到地下水）。

「可能是因為石化工業區來這裡三十幾年了，它對人身體的影響，已經開始一一的浮現。癌症只是最明顯的。我們這裡大多數死於肝癌，第二名是呼吸道的鼻咽癌。」里長說。

「我去環保署開會，跟他們說明林園的情況，他們驚訝的一個嘴巴變成O字型，說不出話來。有一個年輕人，事後跟我說：

妳講得真好。可是有什麼用？」蘇太太說。

她有一張太陽曬過的褐色的臉，看起來特別健康，後來才知道，她不想離開家鄉，就是為了喜歡每天早晨，去海裡晨泳。無論晴雨冷暖，天天如此。

「我教書的汕尾國小，以前你去採訪過的小學，那時還有三十班。現在孩子都走光了，只剩下一百二十幾個人。」蘇老師說：「能走的孩子，都先走了。不能走的，免不了都會有氣喘的毛病。」

「本來有些人也想走，可是，他們賣不掉房子啊。」蘇太太說：「我們這裡的土地，拿去銀行，銀行不借你錢。他們說，你們的土地不值錢，借了錢就不會還了。以後要法拍，還沒人要。」

「有一間三十五坪的房子法拍，透天厝，拍五十萬，還沒有人要。人家來這裡買房子幹什麼？」

「現在，土地還可以做養殖嗎？」我問道。

「可不可以，你沿路來的時候，看看還有多少很多噴水的魚池，就知道了。現在地下水有汙染，養出來的魚賣不掉，魚池都放著荒了。」蘇老師說。

「有一年，我們的鄰居養了鱸魚，收了一大車，運去臺北賣。到了臺北，人家一檢驗，竟然不合格。他沒辦法，整個車子又開回來，去海邊把魚全部倒掉。辛辛苦苦的魚，都送給海龍王了！」蘇媽媽說。

「以前這裡養殖的是草蝦，後來養不好，就改培養蝦苗，後來是養美國白蝦。但我們抽的地下水慢慢變，蝦苗也不好活，就改養半鹹半淡的石斑魚，或者培養魚苗。」里長說：「這個也不是漁民厲害，是生計所迫，我們得自己找出路。可是你來的時候也發現了，我們的魚池慢慢變少了。這土地不能借錢，也不能養殖，你說，我們可以做什麼？」

「那一年不是有人起來抗爭嗎？難道這些汙染不能改善？」我驚訝的問。

「每一年，不論是那一個人選縣長、選立委、選議員，都會來這裡表態，反對汙染，要求停止三輕。但一選上，就去跟中油拿回饋金。他們多則數萬，數十萬到千萬都有。看官位大小。」蘇老師說。

「以前這裡的民意代表，國民黨的人多。現在，民進黨的得票數已經占了六十五％左右。但我們的命運有改變嗎？」里長無奈的說：「你只要想想，民進黨在高雄縣執政多久了？他們都不知道嗎？」

「回饋金真的很厲害。我們這個小小的鄉下，民間社團有八十幾個。你相信嗎？一個鄉，有八十幾個登記的社團。這些社團在幹什麼？在用它的名義去中油、石化大廠要回饋金。一次幾萬，幾十萬的領。因為常常給一個社團太明目張膽，所以有時一個人要申請好幾個社團呢！」

我無言的坐著，想起以前去採訪過的黃坪一家人，不知道他們現在在哪裡？

「最麻煩的是我們如果出來抗爭，他們就找流氓來，用黑道來威脅我們。」里長說：「我就曾經被他們派來的流氓打傷。他們只說，要給你錢，你不拿，還要出來亂。你不要錢就算了，還要害我們拿不到錢！沒說完，就把我打了。」

「很多人因此不敢出來抗爭了。」蘇老師說：「我老了，他們怕人家說話，不敢來打。要不然哦……」

「我是去法院告他們傷害。現在正在打官司，所以他們暫時不會來，」里長說：「但這些流氓很厲害。他們高價承包汙染垃圾的處理，把垃圾倒在高屏溪的河岸邊，汙染了溪水和海洋，但誰敢去堵路抗爭？一般老百姓敢跟政府拉白布條，卻惹不起這些流氓啊！他們拿刀拿槍，我們惹不起哪。」

我沿著高屏溪邊的路走，怎麼也想不出這個地方能怎麼辦。一個已經荒廢的家園，一個已經荒蕪的大地。一個不能住人的地方。除了放棄，快快離開，你還能怎麼辦？

我再度站上高屏溪的河堤上，從稍高一點的地方，凝視著這一大片沿岸連接的工廠和它的燈火，只感受到一種無盡的荒蕪感。我抬頭遠望，沒有月光，沒有星空。灰濛濛的天，灰濛濛的地。

我突然覺得寒冷起來。

那畏寒的冷顫，不是因為冬天，不是因為無人的荒涼，而是人性的荒蕪。是人性的荒蕪，讓我不知可以在哪裡取暖。

我忽然懷念起二十六年前，那個叫Rose的酒女，她站在縱貫線寬大的馬路邊，身穿一件紫紅色洋裝，露出嫩白嫩白的未穿絲襪的腿，暗紅色的高跟鞋，她的臉被火光照亮，顯得更加紅艷，彷彿也要燃燒起來似的，只有她的嘴唇，還帶著一絲絲啤酒的溼潤，點上一根香菸，遞給我說：「抽根菸再走」。

我需要一根菸，一點溫暖，一點溫柔。在這無盡的荒原上……

註釋

1 Butch Cassidy and the Sundance Kid，一九六九年犯罪電影，保羅．紐曼與勞勃．瑞福飾演強盜。

2 Edvard Munch，挪威畫家，以《吶喊》舉世聞名。

3 Roman Polanski，波蘭猶太裔導演，代表作有《反撥》、《唐人街》、《戰地琴人》等，曾獲坎城影展金棕櫚獎、奧斯卡最佳導演獎、柏林影展最佳導演銀熊獎、歐洲電影獎最佳導演獎。

4 Bitter Moon，亦譯為《鑰匙孔的愛》，一九九二年的情色驚悚電影。

八。

深度探訪

核電廠

前言：

一九七九年美國發生三哩島核洩漏事故，舉世震驚之際，許多正在發展核能發電的國家都說：「美國會，我們不會。」

一九八六年，蘇俄車諾比發生有史以來最大的輻射外洩事件，全世界發展核能發電的國家都出現了反核運動，但台灣電力公司的專家說：「蘇俄會，臺灣不會。」

蘇俄車諾比核電廠爐心融化事件，澈底將核能安全神話擊潰。然而台電當局猶一再宣稱其「深度防禦」哲學，保證「臺灣不會」。

然而由於核能相關資訊在一九八○年代仍屬國家機密，台電對相關建廠、核安維護、核電管理以國家安全為由，拒絕對外界透露。在資訊不對等的狀況下，外界無法與台電或核能專家談論。因此我定期深入做調查採訪，試圖找出內幕與證據，來揭開臺灣核電廠的面紗。

一九八六年，前後花了幾個月的時間，一方面尋找資料，請教學界朋友，了解核電的發電原理。另一方面，安排線索，試圖了解內幕。當時往往為了線索，南北奔波，幾至廢寢忘食。幸好，當時由於車諾比核融爐事件影響，政府宣告停建核四，原本參與核一、核二、核三的台電建廠工人面臨解僱，建廠半生而中年失業，他們生計無著，更何況有可能受核汙染而影響健康，因此心有未甘，決定出面抗議。但他們是社會運動的生手，連寫標語、製作布條都不會，這才給了我和他們接觸的機會。但他們仍很猶豫、恐懼，害怕再無回頭路。

而我只能在恆春的小旅館裡等待，在恆春的南灣的海岸邊，在老街的雜貨店裡，跟人閒聊，觀察恆春人與核三的關係。

那是一九八六年秋天，突然吹起的恆春落山風颳得狂烈，人都無法立足。我首度體驗到臺灣最南端的「風尾」是如何狂掃。

最後，在長久等待之後，終得以採訪到核三廠建廠員工，詢問到第一手的建廠資訊，包括曾有的死亡名單、死亡原因、建廠施工修改圖、承包制度、核三大火真相等等。

這些內幕何者重要，何者不重要，其實我與受訪者一開始都不是太明白，而是在訪談中，慢慢出現。有時他們會說出一點線索，例如「某某人一年多前死於很奇怪的突發怪病，我們都懷疑是輻射汙染。」

於是我追問：建廠工人有多少人是死於癌症、什麼癌、核電廠方面有沒有加以統計，從核能醫學的角度加以管理？問題很多，一切都是全然未知的。他們有時也無法回答，因為未曾想過，也不曾注意過。因此他們得回去再查一查。但得要時間，因為不能明著去問，會引起主管的注意。

我不斷訪談，有時一些敏感問題，他們也會猶豫而不敢明言。但許多主要的問題大概都有所掌握了。

發掘的真相，使我不寒而慄，臺灣的核能安全神話在此破滅。但這些真相的呈露，卻又無比敏感，它涉及政府亟欲保密的核能發展。那時有一部名為《絲克伍事件》（註1）的電影，描述一個美國核電廠女員工（梅莉．史翠普主演），因發覺防護不足，造成輻射外洩，產生對人體的傷害，有同事受到汙染而生怪病，她想出來揭露，最後卻在前往與記者會面的途中，因製造的車禍事故被謀殺。它顯露出美國核電產業背後的黑幕深重與勢力龐大。

當調查採訪的內幕愈來愈多，所挖掘的證據愈來愈顯示出美國貝泰公司（Bechtel Corporation）與西屋公司（Westinghouse Electric）所參與的建廠過程，頗多問題。我知道自己已觸及美國核能產業與財團的巨大利益，而它的揭露是有危險的。

我變得焦灼危疑，行動特別小心，深夜難以成眠，因其結構太龐大，核能知識也很難對一般人解釋，核能的危險也很難說明。我必須將繁雜而深奧的核能發電原理，用淺顯易懂的文字，言簡意賅的全盤說清楚。這真是非常難的考驗。最後我選擇用火力發電原理作對比加以說明，終於解開核電的神祕面紗。

但更憂心的是：會不會有不知來自何方的「冷箭」，等在街口突襲。那些時日，一種莫名的壓力，籠罩全程。

所幸文章得以在《時報新聞周刊》披露（詳細全文請見下文〈核電廠危機〉），獲得相當多的迴響，立委質詢死亡名單，林俊義以此報導重新檢討核能安全，南部有人舉辦核能座談會以該報導為根據，北部亦有人為此舉辦反核說明會。市議員林正杰還率隊去台電大樓前包圍，高呼反核口號。

許多後續的事情，原非我最初所能預料，但使人們看到核能電廠內部真相，讓它在陽光下接受民眾公評，並決定是否為台電冒生命風險，原是一個民主國家人民的權利。

一九八七年三月十二日，美國杜邦公司宣布取消鹿港投資計畫，反杜邦運動宣告成功。我開始策劃以《新環境》雜誌名義，在恆春舉辦「從三哩島到南灣——臺灣核電發展的省思」演講會。活動在恆春國中大禮堂舉行。事前我們借用邱連輝的宣傳車，滿恆春宣傳，造成很大的轟動。

在從未有過群眾集會的恆春，警方如臨大敵，南區警備司令部出動大批鎮暴警察，團團圍在恆春周圍，以防群眾激動起來去包圍核三廠。而當時核能電廠是與核子彈的祕密研究連結的，因此被視為國家極機密，必須極力保護。

這種軍警如臨大敵的態勢，更造成群眾的注目與聚集。恆春街頭的人潮瞬間聚到那些帶著強大鎮暴武器的鎮暴隊伍前方。他們想知道發生什麼事，想看看要怎麼發生。

但當時做為環境運動者的我們並不清楚核子彈正祕密研發的機密，我們只是基於核能安全的顧慮，必須讓民眾了解，並且懷疑臺灣核能安全，所以去恆春舉行了全臺灣第一場反核示威。

一九八八年一月，張憲義叛逃美國之後，我們才終於了解，當年核電廠之所以是國家機密，不許外界進入採訪，其原因即在於：當年的核電廠的鈾原料有一部分是做為核能研究用途，轉到中科院，悄悄研發核子彈。一方面由核電廠買入核子放射原料，做為發電之用；另一方面拿來研發核子彈。可惜蔣經國過世前幾天，研究原子彈的中科院第一所副所長張憲義叛逃到美國。他是被美國CIA吸收的線民，長期提供臺灣發展核武的機密資料給美國，此次叛逃，等於是美國打算揭露並阻止臺灣發展核子彈，因此將長期臥底的線民帶走。在此之前，美國多次阻止臺灣發展核武，蔣經國表面上都表示同意，並意配合。但此次公開帶走張憲義，即意味著跟蔣經國撕破臉，要攤牌了。

（在此附帶一提心中疑問：一月九日，張憲義搭美國外交飛機，持新加坡假護照，從高雄小港機場離境；四天後，即一月十三日，蔣經國因心臟衰竭辭世。蔣經國身體衰弱，有長期慢性病，眾所周知，但久病之身，驚聞此事，傷心痛心，長年精心建構的原子彈祕密大計，竟因內部叛變而失敗，再度被美國設計出賣，心中憂憤交攻，有口難言，是否因此焦心，心臟衰竭而逝呢？這是永遠沒有答案的天問。）

在美國全力施壓下，續任的李登輝不得不同意讓美國派大批專家來臺，開著幾輛載貨大卡車，將所有文件、實驗資料、相關設備等帶走，而研究室的殘留設備則加以大力破壞，以水泥灌漿封存，再也無法使用。

本文是揭露臺灣核電廠建廠內幕的首度發文。也是唯一的調查採訪文。因為台電知道是建廠員工批露內幕後，即進行封口命令，本來要加以解僱的建廠員工也全部留了下來，進行協商，重啟談判。封口令使員工不敢再與外界接觸，自此再難有新的訊息流出。

其後，臺灣反核運動與文本，大多源自於此。

而反核運動的影響，一直延續到今天。即使國際能源問題因地球暖化，對火力發電的危害，有更為深刻的認識，而開始將核能視為綠能，而核廢料的處理也有更為繁複的安全考量，但臺灣反核的社運情勢已形成，要加以改變，還需要觀念的改變，以及更多專業的說明。它需要更長的時間。

一，因病死亡？因公殉職！

侯清泰，核三廠汽機課輔基股股長，家住高雄市廈門街。一九八四年八月八日突然發病，次日即進入昏迷狀態，症狀與急性高度輻射極為相似：嘔吐、倦怠、噁心、全身乏力。昏迷三個月後，不治死亡。死亡證書上寫著：白血病。本文為侯太太邱招蘭口述，作者記錄整理。

我終於決定要說出我的悲哀和冤抑，為丈夫，也為自己，更為那死於、或未來可能死於輻射而不自知的人。因他們也同我一樣，有一個缺乏照顧的家庭，以及失去父親的孩子。也許，他們也有悲哀和冤抑呀！

所以我要說，說出被隱瞞的真相——核電廠的真面目。

五臟壞了四臟

一九八四年八月六日星期一，像往常每個星期假日結束後一樣，我丈夫侯清泰從高雄搭早班車到恆春的核三廠，開始一週住在公司宿舍的上班生活。孩子們也一一與父親道別，然後上課去了，他們怎麼樣也想不到，這是他們同父親交談的最後一次。往後，再也沒有人能夠在假日帶他們去跑步、打球、郊遊了。

我自己也想像不到。

在這之前，丈夫雖然身體偶或不舒服，但身高一七二，體重六十八公斤的他，未曾有過什麼大病。在這之前半年，他有時會肚子痛、嘔吐、疲倦，但醫生總認為是小感冒而已，未曾多加注意。唯一奇怪的是頭髮掉得很厲害，他自己則認為是三十六歲了，掉頭髮也是正常現象。

星期一他到恆春去上班，星期三早晨九點多，我就接到了他同事從恆春基督教醫院打來的電話，說他已病得非常嚴重，要我立即趕去。趕到恆春時，只見他全身軟弱無力，好像要癱瘓一般。噁心，間亦嘔吐。他看到我來了，指了指床畔的飯菜說：「妳吃了沒？那個給妳吃。」說罷便力氣全無，說不出話來。而這兩句話，竟是他對我說過的最後的話。從那時起，他粒米不進，無力說話，僅能呻吟。

在醫院聽他的同事說，一早八點多他去簽到不久，就趴在桌上動彈不得。同事趕緊將他送到醫院來，看情況不對，便打電話通知我。幾個他在汽機課的同事也趕來探望，但他已無力氣說話。問他那裡不舒服，他也說不出來，只是說：「全身。」

那天下午我跑去問醫生，到底怎麼一回事，會這麼嚴重？但醫生卻回答：是小感冒，別太緊張。

我確實很緊張，因丈夫不僅癱軟無力呈昏迷狀態，而且整夜左翻右覆，無法睡眠。

次日一早，我即要求核三廠派救護車來將他轉至高雄醫院，但左等右等都不見車來。幸而他同僚開車，辦了出院後，我們立即直開高雄八〇二醫院，因那兒有我認識的醫生。

八〇二醫院一看情形非常緊急，卻又分辨不出是什麼病，就立即召集六個醫生會診，進行檢查，當時我丈夫的腳底已失去知覺了。

檢查之後，我熟識的醫生對我說：「妳真是的，怎麼到這麼嚴重才送到醫院來？」我說：「他到底怎麼樣了？」

醫生一直搖頭，彷彿非常迷惑的說：「真是不可思議，不可思議。他的肺積水，肝功能喪失，腎也壞了，心臟擴大，白血球到達兩萬多。五臟壞了四臟，情況很嚴重。妳怎麼不早點送來？」

我把他發病才一天的情況說一下，他便問：「妳先生在哪裡上班？」

「核三廠。」我說。

「糟糕！」醫生低叫一聲，直搖頭，便欲言又止地沉默著。我問他是否與工作有關，他卻不敢確定，只能說：「很可能，否則不會這樣嚴重。」但往後，我要他開出證明時，他卻又不願開。

送入八〇二醫院之後，我丈夫即送入加護病房，進入昏迷狀態。六天之後，他曾稍微醒過來，張開眼睛看看，但隔天又陷入昏迷。

「不說出去，我們就照顧妳。」

八月八日，丈夫入恆春基督教醫院，八月九日轉高雄八〇二醫院，十月二日又轉高雄民生醫院。

從丈夫入院，以迄於他病逝的九十三天裡，我又要照顧孩子，又隨時守護在加護病房外，即使一天只有兩個小時可以見他，但我仍不死心。親友們眼見兩個月過去仍舊藥石罔效，紛紛勸我放寬心情，安排往後的工作與生活，才能照顧好孩子。但我怎麼可能呢？我只想要我的丈夫，孩子的父親啊！

在這九十三天裡，核三廠內部有排定輪班人員，每天分三班來幫忙照顧。照理說，這是「因公受傷」始能有的待遇，但核三廠方面卻又要我千萬不能對外說出來。

丈夫快逝世前，親友看情況不對，為我去向核三廠懇求，希望能給我工作，以照顧一家遺孀稚子。廠方也答應了，但是他們說：「你們不要開記者會，不要說出去，我們會照顧妳的，放心。」

就在死亡前七天，我親自跑了核三廠一趟，他們也答應了。回到醫院，我卻看見在丈夫昏迷閉起的眼裡，眼淚汨汨地流了下來。我在一旁陪著掉眼淚，心中昇起無限愧恨，對他說：「我是去核三辦事，我仍希望你能好轉呀！」

死亡證書寫著「白血病」

死亡的當天早晨，丈夫開始呻吟了。鄰床的病人家屬說這是不祥之兆，但我不願相信，心中好高興，打電話告訴關心的鄰居親友，說丈夫快要醒來了。孰料當天下午，丈夫就逝世了。死亡證書寫著：白血病。

核二廠方面派了二位主管來，一方面表示安慰，一方面希望我不要宣揚出去，並勸我，既然死去，入土為安，他們回去會試著為我安排工作。

我也不疑有他，就將丈夫埋葬了。是啊，在這漫漫如同長夜的九十三天裡，我奔波在醫院與家庭之間，為了買藥，無論多麼貴，我都去籌錢。不但平日積蓄早已花光，若非善良友愛的鄰人親友，我怕早撐不下去了。如今我也只想把孩子好好養大，完成丈夫的心願。

然而就在丈夫安葬後，我到核三去請求他們給我工作時，他們竟說：「怎麼能給妳工作呢？妳丈夫是因病死亡，不符規定啊！」

我當場快氣昏了，質問他：「你當初不是答應好要照顧我的嗎？我丈夫是因公殉職啊！」

但他們仍舊不理會我。連月的勞累奔波，一門孤寡被欺騙、欺侮的悲哀與憤恨，使我在當場幾乎昏厥。親友扶著我回到高雄，我就撐不下去而住院了。

善心的鄰居照顧了我的家庭，也為我設想其他的方法，但都無效。核三廠給我的只是一般員工死亡的公保、員工福利金等，連一分錢的撫卹金都沒有。核三廠可以說是吃定柔弱婦女，既已死亡一了百了，什麼證據都不存在了。

「核能安全」是一句謊話

我去調出以前丈夫工作時所感染輻射劑量的紀錄表，一至五月份有，但五到八月份就不給我了。有人私下跟我說，輻射紀錄表也會作假，怎麼可能整月份統計下來是0呢？但是他們又為什麼不給我劑量臂章的統計呢？這背後到底隱瞞了什麼？

我曾經多次去核三陳情，但連「因公殉職」也被改為「突然病發」，不獲通過。彷彿「突然病發」與輻射工作環境一點關係都沒有。

我也曾陳情給總經理朱書麟。他答應幫忙查詢看看，但也沒了下文。後來，鄰居們曾試著幫忙，但皆無效。最後，有位受過較高教育的朋友告訴我，核三怎麼可能幫妳安排工作呢？如果他們承認妳丈夫因公殉職，豈不是承認核能不安全，輻射會外洩？所以核三才要用那麼多手段來欺騙妳呀！

然而，為了一句「核能安全無比」的神話，難道我們一家都要被犧牲了嗎？我的丈夫在台電十五年，在核能廠就有七年，難道四十歲就死於白血病的他，不是與輻射傷害有關嗎？每一個看過的醫生都認為他的死亡與高度輻射有關，因丈夫發病死亡的症狀與輻射傷害太吻合了。但核三卻不承認。

所以我要說，我要說出核能廠死亡的真相，因我不知道，除了我之外，還有沒有家庭是跟我一樣的遭遇。我要用我丈夫的死亡來證明，用我被欺騙的悲哀來證明：所謂「核能安全無虞」只是一句謊話，它的背後，還有很多未公布的資料、被掩蓋的真相。

核能廠應該拿出誠意來照顧死亡者的家屬，否則不知還有多少人像我們家一樣，陷入悲哀的困境。

二，「輻射傷害」知多少？

輻射外洩「蘇俄會，臺灣不會」？核能廠興建啟用至今已有幾年歷史，這幾年內曾造成輻射傷害，已有些微的證據可資反省了。

一九七九年，美國發生三哩島核洩漏事故，舉世震驚之際，不少正在發展核電廠的國家如蘇俄、日本都說：「這種事，美國會，本國不會。」

一九八六年，蘇俄車諾比核災造成有史以來最大輻射外洩事件，舉世反核之際，僅剩台電的專家說：「這種事，蘇俄會，臺灣不會。因為臺灣的核電廠採取的是深度防禦系統。」然而任何人皆知，當爐心融化，溫度高達攝氏三千度時，一切金屬都將融為灰燼，更休談水泥圍阻體的防禦系統了。因此我們有必要重新檢視臺灣核電廠的使用是否安全，並探討使用過程中是否曾因人為疏忽而造成輻射傷害。

轉包再轉包，層層圖利

從核電廠的建廠施工過程來看，由於核一、核二時較少外包，而由內部工程人員負責，故安全性較核三高。到了核三廠建廠時，由於幾個公營機構眼見有利可圖，紛紛透過各種管道分取建廠營繕工程。然而這幾個機構並無足夠技術人員，乃將工程轉包出去。經過層層轉包後，實際進行工程的小包商已無利可圖。據一名核三監工人員表示，轉包最多到第五包，因而造成包商拚命搶建，偷工減料。如果真要認真嚴格檢查，則小包商恐怕必定賠錢。

轉包同時也帶來另一個問題，即包商為求工程順利過關，不免要與廠方驗收人員打好關係，於是而有恆春鎮上餐飲、色情行業為之大盛的趨勢。至於是否另有暗盤，則外界也不得而知。此種現象，也是造成核三廠問題重重的主因之一。

再從設計上來看，按理係由貝泰公司負責設計，核三廠僅需按圖施工即可。但許多設計圖都因施工程序的錯誤，或與現場狀況不符，以至於設計圖一改再改，最多甚至到達十五次。如果修改是為了使設計更為完善則並無不可。但修改至十幾版，實在令人百思不得其解。

由經濟效益來看，核電廠施工品質的管制不僅關係著核能使用的安全，更關係著成本的高低。由於核電廠一切儀器設備悉由美國進口，稍有不慎施工錯誤，該設備即告報廢，等再進口時已耗時數月，不但工程進度落後，成本亦大幅提高。核三廠後期之拚命趕工，成本呈三級跳亦與此有關。而今天問題頻頻，亦是趕工的後果。

三種人與輻射傷害為伍

輻射受害者以核電廠工作員工最為迅速直接。其中又分為三種人：

⑴包商與工人。由於外包需趕進度以求工程款早日兌現，故包商鮮少顧及輻射危害。他們常將劑量臂章與劑量筆藏起，以求每月輻射劑量紀錄不超過每人每月最大安全量，方能日日工作。故所「吃」輻射「豆子」幾乎人人超過。但外包制卻使得這些人無法追蹤起，目前所知已有數人死於癌症。

例如居住恆春鎮的漁民曾受小包商之僱用，於核三試俥後，前往出水口埋設管線與清理污物，結果有些人分別罹患骨病與癌症。

龔興旺與張順吉同一竹筏，二人已死。董榮吉與林會城、吳新發同船工作，董已死，而吳與林則罹患骨盤壞死，開刀而未癒。他們同時懷疑核三出水口「有毒」所致。目前恆春鎮已無人敢再去接這些工作了。

⑵核三廠本身員工。由於他們的輻射常識較一般包商為高，故較知道如何避免進入高輻射區。然核二廠時，一號機已運轉而二號機正在修建，輻射與空浮相當高。平日進行搶修維護工程時，亦常冒死進入高度輻射區，故所吃的累積劑量相當之多。

⑶住在附近的居民亦有可能吃到輻射而不自知。尤其試俥期間，操作人員對電廠運轉尚未熟練，極易肇致輻射外洩而不為人知。核電廠內部人員透露，原本在核二廠時每人皆發有劑量筆及

臂章，後因該員工站在電廠門口測得輻射量高達八十毫侖目，消息傳開來，導致員工緊張不敢站在門口會客，乃悉數將劑量筆收回。準此來看，即可知輻射外洩絕非不可能，一個安全閥的操作失誤，一個人為的疏忽，都可能導致外洩。核二員工湯紹南就因操作不慎，被廢料運送廢水淋滿全身，他表示這樣的案例在核電廠常發生，只是未傷及人而不為外界所知。

稍一不慎就無可挽回

從這些案例，我們可以知道對核電廠的管理監督務必精密準確，不可出任何差錯，否則稍一不慎，都可能發生無可挽回的悲劇。只是這種悲劇不是立即反應，而是累積在人體內，幾年後才以病變癌症出現，但已無法挽回了。

臺灣核能安全問題，得慎重監督，嚴格處理。台電也有必要公布其一切真相，澄清外界疑慮。

三，讓人疑慮的死亡名單

本名單為台電核三廠內部工程人員僅就其身周所知的死亡者而統計出來的初步資料。經過筆者千山萬水的追索，這份得來不易的死亡名單，至少提供我們如下的訊息：

⑴十三名死者之中，死亡平均年齡為四四點一五歲。同臺灣癌症死亡年齡比起來偏低。

⑵死亡原因以肝癌居多，血癌（白血病）次之。死亡原因以死亡證明為準，是否另有其他病症則不可知。它是否為輻射傷害所致，亦乏明確證據。

⑶修配課的四名死者，工作性質為起重工，主要是在吊運鈾燃料棒，屬高度輻射。

⑷核一、核二廠為沸水型核能電廠，反應爐與汽機間同在一處，故工作人員易受輻射汙染。

⑸目前罹患癌症尚在治療中的有三人：周揚霖，36歲，腦腫

瘤，反應器間助理監工。陳阿水，四十九歲，咽喉癌，機械課。盧隨仁，四十歲，肝癌，工具管理。

核三廠近年來死於癌症員工名單

姓名	死亡年齡	死亡原因	工作單位	工作性質
林坤地	35歲	肝癌	修配課	起重工
李榮豐	50歲	糖尿病、癌症	修配課	重機械
黃錦奎	50歲	肝癌	修配課	起重工
邱鎮河	50歲	肝癌、肺結核	修配課	起重工
邱信	45歲	肝癌	材料課	起重工
黃棍	57歲	肝癌	配管課	電焊工
黃文霸	50歲	肝癌	配管課	鉗工
李崑泰	44歲	肝癌	汽機課	電焊工
郭農	40歲	肝癌	汽機課	起重工
侯清泰	40歲	血癌	汽機課	輔機股長
鍾全德	40歲	癌症	儀器課	中子測試
林阿文	40歲	未明	總務課	未明
張國義	33歲	血癌	運轉課	未明

四，核三廠大火真相

當消防滅火系統都失效時，談「深度防禦哲學」已不僅是哲學，簡直是「玄學」了。

如果——萬一不幸——一九八五年七月七日發生在核三廠的氫爆大火事件，不是在核三，而是核一或核二，後果如何？

根據幾位參與核能建廠施工、運轉發電至今的核三工程人員表示：那結果就是今天的蘇俄車諾比核災翻版！

從核電廠的設計來看，核一、二廠採沸水式（BWR）（註2），汽機間與反應爐同在廠房，汽機間起火燃燒達三小時，則反應爐怕也早已被燒及毀壞，而造成大量輻射外洩。幸而核三採壓水式設計（PWR）（註3），其汽機間與反應爐分開，故能任其延燒而未造成輻射外洩。

振動．起火．悶燒

氫爆的原因，根據核三內部人員私下透露，與貝泰的設計和奇異公司的材料品質有關。照道理，渦輪機係由一主軸連接各機組而成，其間雖必有振動幅度，但若有一組較穩定，則振動幅度可消除，而不至於加大。但核三的渦輪機卻是相加，振動幅度特大，而常常跳機。

振動幅度過大的結果，易致金屬葉片的疲勞與耗損，使其壽命減短。事發當天，是在下午五時三十分。葉片終於斷裂，導致火花。斷裂的葉片使得冷卻用的氫氣外溢，一遇氧即產生氫爆、起火。是時恆春鎮居民聽得一片巨響，彷若有感地震，後壁湖的民眾也嚇壞了，紛紛跑出來看。

氫爆產生的大火燒及旁邊的油封，潤滑油開始燃燒。

按照核電廠的安全設計，各廠房皆有一自動消防系統，一遇起火，即刻噴出二氧化碳滅火。然而要命的是不僅全自動消防系統失效，連消防人員以手動去操作時，消防系統也動不了。核三發電廠人員眼看無法控制，趕快打電話通知附近駐軍，並通知遠在高雄鳳山的宿舍，調人來幫忙滅火。

這時，核電廠附近的宿舍裡還有不少人，但核三廠方顧慮消息外洩，不敢叫他們來救火。

等到消防車趕到時，汽機間已悶燒很久了。但消防人員眼看汽機間有發電機，萬一水一灌，反而通電豈不糟糕。最後，趕到的消防車只得在外圍進行噴灑，築防火巷以防火勢蔓延開來。

而汽機間便擺著讓它「悶燒」，直到數百加崙的潤滑油全部燒光為止，事件才告結束。

台電有意封鎖真相

台電鑒於消息已經走漏，卻仍一味意圖掩飾，不願讓記者進入採訪，且告誡員工不得對外界透露任何訊息。

直到七月九日，核三廠已把火災現場稍作整理，並安排妥當，始在新聞輿論壓力下允許外界進入採訪。

這整個過程暴露出如下幾種問題：

⑴核能三廠的消防系統必須全面檢討。尤其，萬一發生在反應器間時，延燒的大火若不及時撲滅，即是爐心融化事件，這是全臺灣怎麼樣也擔不起的風險。

然而，做為核能廠最根本也是最重要的消防系統（至少花了二十億去埋管設計）竟然完全失靈。這實在是太可怕了。核三如不澈底檢討，空言「安全」則是更令人不敢相信的謊言。

⑵發生氫爆，潤滑油起火燃燒後，如果人為操作得當，將輸入的潤滑油停止，則不致延燒如此之久。但很顯然的，人為操作並未做出恰當反應。這種「人為疏忽」，其實正是核電廠要命的地方，台電能不慎乎？

⑶事發後，台電董事長在答覆立委質詢時，故意避重就輕，說台電僅有一輛消防車（當時記者以此責備台電消防有問題）不夠，往後當派人巡邏，並建立電視監視系統，以維安全，希望立

委們能多些預算。這簡直是睜著眼睛說謊。因為，核電廠出事，派再多人巡邏都無效，問題重點在於消防系統不能用。而台電捨此不檢討，反而有意地掩蓋真相，這不得不使人懷疑，還有多少事情被掩蓋掉了。

台電與原子能委員會一再強調臺灣核電廠的「深度防禦哲學」，但由核三大火我們卻看到它的消防系統失控。如此，誰敢保證「核能安全」。

停機與否面臨兩難

當消防滅火系統都失效時，談「深度防禦哲學」已不僅是哲學，簡直是「玄學」了。

如今，一號機葉片雖已修復，核三也一再表示即將恢復運轉，但事實仍困難重重。原因在於當時一場大火不僅燒壞渦輪機，且燒得機座的水泥也膨脹變質。如今機器雖已裝好，但變質的機座使其振動幅度相當大，故仍難使用。除非是整個打掉重做。但重做的費用也差不多等於再蓋一個汽機間，成本至少又要數百億新臺幣。如果不打掉又難以運轉，損失是每日一千一百萬。一年損失四十八億。台電面臨著兩難的掙扎。

五，蘭嶼：核子垃圾島？

他們依舊日出而作，日落而息，為捕魚、種芋頭而忙碌，對核能廢料的入侵渾然不覺，更不知行過他們身邊的核能廢料具有放射性的危機。

兩個面目黝黑、手足胼胝的蘭嶼雅美族（註4）老人相偕從核能廢料港邊的礁岩爬上來，手提一袋海裡剛撿起的九孔。他們身穿丁字褲，被海風與鹽水浸漬得黝黑多皺紋的軀體，在陽光下閃著汗滴，緩緩向村子踱步。

然而一輛長而巨大的拖車從他們背後轟轟駛近。老雅美人倉皇回頭，走入草叢中閃避，然後怔怔然望著卡車冒出白煙，駛向儲存場。

這是多麼大的反諷，號稱最高度尖端科技的核能垃圾，現代文明的產物，卻往原始而單純的雅美部落傾倒。

就好比看卓別林的電影一般，你或許會驚訝、發噱，然而心中卻撩起深深、深深的悲哀。

這是多麼大的嘲弄，無法進入白人的美國港口的臺灣核廢料，其中的一部分，居然拿到這面目黝黑的雅美人的家鄉來。而且，大大方方、理所當然地駛過他們身邊。

為什麼是蘭嶼？

為什麼？為什麼是蘭嶼而不是別的地方呢？這得從臺灣核能廢料的地點選擇談起。

原委會最初在考慮固體廢料處置時，曾有五種選擇：廢礦坑貯存、日軍使用的地下屯兵工事貯存、深山貯存、投海貯存、離島貯存。前四種方式若非施工不便，便是對臺灣本島水源有惡劣影響，最後乃選離島貯存。

在考慮離島貯存時，原委會也曾有十幾個島嶼可供考慮，例如綠島、小蘭嶼、東嶼、西嶼等地。但為了怕輻射外洩在當地造成影響，或對島嶼附近海域的漁場造成汙染，在選擇上煞費苦心。然而核能廢料的安全無虞神話也在選擇條件上破滅無遺。

這四個選擇條件是：⑴島上人口稀少，具有天然屏障，可建排水系統，以免雨水或地下水浸漬輻射廢料產生汙染，最後流入地下，汙染了土地。⑵地下水流向海洋，如此始能避免汙染了人類飲用的水源。⑶島上已建有碼頭或道路，便於運送，減少投資。⑷島上臨海腹地的可用面積，須足夠貯存在一百年內所生的核廢料。

根據原委會的估量，蘭嶼遂成為最合適的一個，「條件」非常恰當。然而細究其實，真相卻非如此：⑴蘭嶼人口比其他島嶼都多，高達二千八百七十六人，怎能算少？⑵蘭嶼雖已有開元港，但最後運送廢料卻是單獨建立一廢料港，以做起卸之用，何來減少投資？⑶蘭嶼島上的雅美人食物以芋頭及魚類為主食，若海水遭到汙染，則雅美人的食物源亦大有問題。唯一可成立的條件可能是可供儲存一百年的面積吧，但綠島也有這樣的條件，為何不選綠島呢？

最後的答案很可能是：設在蘭嶼才不至於引起居民的反對（這在全世界皆然），因雅美人的語言裡，從未出現過「核能」這個名詞，更甭談進入意識範疇，去進行反對了。

雅美人沒有自我生存的選擇權？

散居在四個村的六個雅美族部落，目前最關切的是經濟問題。其次，觀光客肆意地侵入他們部落之中，穿行無阻地拍照，也令他們困擾。

然而他們依舊日出而作，日落而息，為捕魚、種芋頭而忙碌，對核能廢料的入侵渾然不覺，更不知行過他們身邊的核能廢料具有放射性的危機。

彷彿是一個反諷：紅頭村一個蹲在棚子下造一艘蘭嶼船的老人，頭上戴的竟是「放射性待處理物料管理處」的帽子，上面畫著輻射標誌，上寫「物管」二字。他笑著說這帽子是路上撿來的，但對帽子來源則一無所知。

對核能輻射造成人體的諸種傷害，雅美人大多一無所知。畢竟，在原始而樸素的部落裡，連生存都必須艱苦奮鬥，哪來時間與能力去了解輻射傷害呢？何況，輻射又是一個高度科技產生出來的「怪物」，無色無味，傷人於無形，雅美人怎能想像呢？

在幾個部落中閒步，問及「核能廢料」時，雅美人大多搖頭表示不知是什麼東西。少數的例外是回鄉度假的青年，但他們也僅知有這麼一件事，傷害程度如何，並不清楚。

然而，這是對的嗎？一個現代科技的產物，由美國大財團所設計製造，由台電以千億元建廠營運，由幾個專家所支持建構的核電廠，這龐然巨怪般的巨靈，所排洩出來的廢物，在「專家」們無法解決時，卻塞給一個完全與現代文明無涉而僅有受害經驗的雅美族人，再加深一層的傷害。

在一個民主的社會中，住民對自我生存的選擇權被列為第一要件，是以美國各港口禁止臺灣核廢料之進港運輸，乃是當地居民反對的結果。但是在蘭嶼，居民連這項「知」的權利與能力都沒有，卻硬生生地塞入一個廢料貯存場，日日與穿著丁字褲，面目黝黑、手足胼胝的雅美人為伍，這簡直是絕大的荒謬。

因此，對廢料的貯存場選擇，已經不是一項純科技的問題，而是科技使用的倫理問題。當居民們不被告知將負起何種風險，或甚至可能禍延子孫的後果，卻被迫接受「尖端科技」無法解決的垃圾，這是非常不道德的事。

核廢料「小狗處理法」

核廢料主要有兩種：劇毒無比的使用過的鈾燃料棒，及燃料棒之外的輻射汙染物質。

由於美國深怕臺灣將使用過的燃料棒拿來轉製核子彈，乃要求臺灣於使用過後，需悉數送還美國。這倒省卻臺灣在處理上的大難題。

然而眾所周知，由核電廠排出的空氣、水、廢棄衣物都有可能帶著輻射汙染，此種汙染無色無味，殺人於無形，若管制稍一不慎，都可能對民眾造成傷害。因此，管制汙染物外洩乃變成最嚴重的課題。

在氣體方面，核能三個廠都由高煙囪排放，煙囪上設有監視儀器，若吹東北季風，風向吹向臺北市地區時，氣體不應排放出來，需保持長期滯留法，待輻射性降低後再排出。若風往海面吹，則任其排放。反正海上汙染，隨它去，沒有人會管。

據原委會的說法，放射性空氣落地前已經稀釋，對人體無害。但問題是蘇俄核電廠的輻射飄過幾萬里落到日本，如今從日本輸入臺灣之物品猶需檢驗，何以核電廠附近就特別安全？

液體廢料則是經稀釋後，有管制地排出。然而曾在廢料間工作的湯紹南、李聰田等人表示，廢料間的輻射之高，難以想像。而操作人員的疏忽，安全閥控制錯誤，排水處理不良都可能導致外洩。

固體的輻射廢料（包括工具、衣物等）則經壓縮後，置於鋼桶內，放置在電廠二年，待放射性稍低後，再予轉運至蘭嶼貯存。從金山電廠出發運至明光碼頭，再轉運蘭嶼廢料港，由廢料港再轉運至貯存場，其間所經過的地區民眾、工作人員不知凡幾，難免要受到汙染。至於運送過程是否曾出過問題，例如車禍或意外則不得而知。它有可能是管理得當，但更有可能是資料保密，未曾曝光。真相仍保留在原委會的檔案櫃裡。

科技獨裁之比政治獨裁可怕在此。政治獨裁猶為可聽可見，科技獨裁則是全然的資訊壟斷，舉國人民的安危反而變成幾個核能專家的「家務事」，豈不危險。

核廢料是讓全世界核能專家頭大的問題，至今猶在等待「終極處理」的辦法發明出來。在新發明未出現前，誠如一位日本反核人士說的，核能電廠的排洩物處理，僅能像小狗處理糞便一般，扒些土蓋起來而已。

廢料與獨木舟並存

更何況，以強勢主宰的力量，對兩千多人的少數民族進行這種蓄意的隱瞞，在人道立場上，是怎麼樣也說不過去的。

然而，原委會不做此想，反而有意將核能廢料廠闢建成舉世僅有的「核能公園」。在宣傳刊物上，原委會物管處一再強調貯存場的景觀規畫，將可成為觀光重要據點，並宣傳「廢料與獨木舟並存」的安全無虞。

在蘭嶼的風景龍頭岩旁的貯存場裡，也擺明了「歡迎參觀」的字樣。但沒有一個觀光客與飯店敢去參觀，誰願意去接受輻射汙染呢？何況，整個貯存場除了醜惡的水泥封蓋之外，並無任何可觀之處。倒不如去看海還藍得自然些。

「核能公園」的神話並未結束。這來自天真透頂的核能樂觀主義者的構想猶在宣播。為了吸引遊客也去看一看，物管處印製了大量宣傳品，來宣傳蘭嶼的自然之美及民俗風情，然後在其中穿插廢料貯存場的景觀。這不得不使人懷疑，核能公園的構想，乃是以蘭嶼之美為資本，以雅美族特殊生活型態為宣傳，建構起來的神話。

從意識形態的宣傳看來，原委會的明信片將獨木舟與廢料貯存場並列，有著使人將核廢料視為無害、單純的景觀的作用。這絕不只是誤導，而是某種刻意的意識形態宣傳。此種刻意掩飾核廢料的危險性，而使雅美人與觀光客不知不覺受到汙染的心態，令人深深為世居蘭嶼的古老部落擔心。

少數民族獨肩核廢料重擔

誰也無法保證百年以內的核廢料廠，是否能夠維持其水泥結構不變形漏水；誰也無法想像，如果核廢料的輻射外洩對雅美人造成傷害，後果是什麼。

一個古老、樸素、黝黑、勞苦的少數民族的肩上，卻承擔著號稱最尖端科技無法擔負的廢料重擔。這是令人深深、深深悲哀卻又是鐵一般的事實。

這已經不是科技問題，而是有沒有把人當做有血有肉、有感情有憂傷的人來看的問題，核能廢料若處置不當，百年以後，雅美族是否會因為輻射影響，變成消失、變形的民族，誰也不敢預料。

六，核電廠的國際政治經濟學

只要發生一次爐心融化或輻射外洩事件，則外銷貨物、農產品、海產、蔬果等等，將隨之停頓崩潰。冒著經濟總崩潰的危機死命買進核能廠——為什麼？

從墾丁公園蔚藍的海岸線向西望去，連綿著白色的沙灘與礁石，沿海緩緩湧起的浪潮，以及偶然劃過海面的船影水痕，將南臺灣優美如倩女的青春翠綠鋪展開來。北回歸線以南的景觀，使人在椰影微風中，醺然欲醉。

然而，在象徵著青春生命的碧海綠山之外，卻豎立著死亡般的石碑——核三廠的水泥色圍阻體。

把一切都封鎖起來

那高聳、神祕、渾圓，卻又異常突兀醜陋的雙峰，有如少女婆娑的倩影裡，長著異變致死的乳癌，將恆春海岸的優美，籠罩在死亡的陰影之下。

那是現代科技的「新圖騰」。用神祕的外圍緊緊地包裡起來，不許為外人道。

那是現代科技的新象徵，將人民所負荷的生存危機、環境破壞置諸腦後；並以科技獨裁，將它內在的病變核心——如運轉是否安全、輻射是否外洩、建構是否合乎要求、各種安全措施是否妥當等等問題緊緊鎖在圍阻體內。

從核能廠與社會的關係來看，台電正是那圍阻體。它澈底底將一切資料封鎖，使民眾不僅要忍受核能危機的心理威脅，更要在「科技獨裁」的「新暴力」下沉默噤聲，無權也無能發言。

神祕的科技圖騰使得核電廠附近的地區，包括金山、萬里、恆春等地的地價下跌三倍以上，民眾飽受經濟損失之餘，還得日日聆聽「核能安全」的神話，來挨忍現代科技的新魔咒。這魔咒也似乎永難解開。直到……

直到蘇俄車諾比核電廠發生爐心融化事件，才揭開這魔咒的最悲慘面貌。

一向不願承認核電廠危險的美國，此次再度表現美蘇冷戰對峙的作風，將一切核能危險及可能死於輻射人數做澈底報導，然後核能的危險真相才曝光出來。

科技獨裁比政治獨裁更可怕

但正如一九七九年美國發生三哩島核洩漏事故時，幾個發展核電國家（如日本、蘇俄）鐵口直言：「美國會，我們不會」一樣；今天的台電依舊高唱：「蘇俄會，臺灣不會。」台電並一再強調其「深度防禦哲學」，派出各種核能專家到處宣揚，以科技的冷漠高姿態說：「不懂核能者，休談問題」、「一切恐懼來自無知」。

但一群反核人士則表示：這是科技獨裁，而科技獨裁比政治獨裁更可怕。

為了剖開核能安全的神話，我們可以分兩點來討論：

核能廠的技術結構問題。

核能廠的政治經濟結構問題。

能夠將這兩點重要的結構性問題弄清楚，我們就不難理解，今天的臺灣核能背負多大的危機。讓我們剖開這現代科技的「病變雙峰」新圖騰，看看其危機的內核！

核能廠的技術結構問題

把核電廠的發電原理與石油、煤的發電原理一比較，核電廠的面目便彰顯無疑。正如家中燒開水時蒸氣會沖出水壺一樣，火力發電的原理即透過此種蒸氣推動力量，轉動發電葉片，再傳動帶動發電機。發電機所發出來的電再由各電纜傳送至用電消費者的家裡。

無色無形的潛藏殺手

最大的不同在於二者所產生的汙染。火力發電所產生的煤煙、一氧化硫等，造成空氣與水源的汙染，各國深為改善防污設備而大傷腦筋，但至少是可透過防污設備，使汙染降低。但無論如何，總的說來，火力發電是不能免於汙染的，臺灣西海岸南部因興建火力發電廠而造成綠牡蠣事件，即為一明顯例證。

基於此，核能發電廠被台電宣傳為最沒有「汙染」的發電工程。但事實絕非如此。核能發電係透過鈾燃料棒內部鈾分裂所釋放出來的能量來加熱，故鈾燃料棒在釋出熱能時也一併釋出放射線。而核能廠最大的汙染亦在此，即「輻射汙染」。

輻射汙染的可怕在於它所釋放出來的汙染物，包括放射線、核能廢料的輻射都是無色無形的，接受者除非是急速的高度輻射汙染，才會在幾日內死亡。否則輻射物質大多積存在體內，使體內細胞產生病變——也就是癌細胞。這些癌細胞在全身各部位存在，慢慢分裂成長，幾年之後，吞噬掉正常細胞，變成血癌、肝癌、乳癌、皮膚癌等各種癌症，終致不治而死。而人們尚不知是否死於輻射傷害。

火力發電與核能發電之比較

	方法	產生之汙染物	影響
火力發電	石油＋空氣→熱能（置鍋爐外）	硫化物＋二氧化碳	汙染環境造成酸雨，導致生物大量死亡。
核能發電	鈾＋中子→熱能（置水中）	放射線（α β γ 等核射線） 核廢料（含鈽、鑄、鍶、鉻等劇毒元素）	汙染人體、環境，造成癌症、畸形兒等　。

死亡真相被「專家」隱瞞

全世界賣核能廠的販子與掮客到處兜售的「核能安全神話」，便不將輻射對人體產生致癌死亡的因素考慮在內，而大聲宣稱世界上尚未有人死於輻射。事實證明，輻射死亡是一個看不見的殺手，無色無味地侵入體內，殺死人的正常細胞，並產生基因突變，使婦女生出畸形嬰兒。

一個明顯的事例發生在臺北某公立醫院。一位醫師的妻子在癌症病房當護士，由於子宮癌患者需在其子宮內放置鉀放射線，以殺死癌細胞，長期以往，這位護士受輻射汙染而不自知，懷孕生下畸形兒。其丈夫身為醫生對醫學較有知識，乃具狀到法院控告醫院方面處理不當，導致生出畸形兒。後來，院方怕此事宣揚出去，乃與醫生私下和解，賠償多少已不得而知，但可確定的是：這醫生迅速升為某科主任，以做安撫。

此一案例，若是發生在一般平民百姓，或核電廠員工的身上，則不僅醫院不會承認，恐怕台電也會封殺任何賠償條件了。何況一般百姓也不敢有此妄圖或認識，頂多是自認倒楣，自己承擔起來罷了。

核能——臺灣擔不起的風險

輻射汙染人體之可怕，由此可見一斑。是以核能發電與火力發電有一不同之處：火力發電需避免硫化物汙染環境，而核能發電則需避免輻射外洩，以免汙染人體及環境。然則，硫化物的汙染猶有挽回的餘地，但輻射汙染則幾無挽救的可能。

尤其，鈾燃料棒使用後的核能廢料之中，含有劇毒的鈽、鍶、鏄等放射性元素，更是致命之毒，是如何也無法消除或治療的。

因此，核電廠的最大設施，並非在於所謂發電過程的種種設備，而是如何防止輻射外洩。

而臺灣，這樣一個小島，只要發生一次爐心融化或輻射外洩事件，則外銷貨物、農產品、漁產、蔬果等等，將隨之停頓崩潰，其最後結局是：大家一同毀滅。

因此，今天台電等於是冒著臺灣經濟總崩潰死滅的危機，向美國購買核電廠，值得嗎？

核能廠的政治經濟結構

在全世界的反核聲浪中，許多國家已停建核電廠，為什麼台電獨獨要興建呢？

在全臺灣民眾的危機猶疑之中，為什麼台電敢獨排眾議，悍然地大整核四土木工程呢？

這得從臺灣的政治結構談起。

另一種「軍售」

基本上，臺灣的執政當局有著邊陲資本主義國家的性格。官僚、軍人與一黨專政控制著「國家機器」，作為資本主義世界體系的一員，新殖民主義的倚賴性格，在它身上烙下了鐵蹄般的印記。

隨著國際局勢的轉變，中國大陸的外交攻勢迅速地孤立了臺灣。尤其與美斷交時，臺灣人心惶惶的局面，以及中央民代選舉立即停辦，即可證明此一倚賴性格。

斷交後，臺灣與美國的關係的最後堡壘便剩下軍售。軍售等於是對臺灣安全的一種「形式保證」。然而面對中國大陸的市場與開放政策，美國與大陸的關係急速趨於密切。執政當局只得全力拉攏美國，冀圖保住軍售。

於是，像小開一樣拿著錢在美國亂灑的情況屢見不鮮，給遊說公司的錢固不在少數，給公關宣傳的費用更不知幾何。

而核能電廠的購買，便是用來收買貝泰財團，以便拉攏貝泰出身的美國當權派——喬治．舒茲、卡斯帕．溫伯格——之流的人物。台電董事長傅次韓在立委詢及應否興建核四廠時，表示要詢問外交部，即可證明。

在美國的強迫中獎之下，台電既然非買不可（而且美國核電廠價格比法國、日本貴上近一倍），就只得高舉外債，幹了再說。

外債是向美國進出口銀行借的，其利息高昂無比。然而進出口銀行是與核電廠販子掛勾好的一體兩面。表面上購買核電廠不必費一分一文的錢，等核電廠蓋好開始商業運轉，收取電費時再分期償還，但利息卻使得成本節節上升。而這些台電並未計算在成本之內。

美國利用政治壓力獲得的核電廠合約，利益分配給三個公司，即貝泰公司負責設計，奇異公司負責汽機間，西屋公司負責反應爐。可謂各自分了一杯羹。

利益分配，特權有份

再就臺灣本地來看，則又是另一種利益模式，與美國的利益團體大相逕庭。

前已提及，臺灣的體制由軍人、家長制、一黨執政、官僚所共組而成。官僚既已簽下合同，合同裡的預算也得經過中央民意代表通過，然後開始利益分配。

首先分取利益的當然是大家長的家族了。負責所謂「核能技術轉移」的臺灣公司，名為「泰興工程顧問股份有限公司」，是由美國貝泰公司與中興工程顧問股份有限公司合作而成。

核能三廠即是這種典型。核一、核二亦同，只不過是核一、二廠是由中國技術公司（黨部經營）及中鼎工程股份有限公司（中國技術服務社（註5）分支機構，亦屬黨部）所議價承造罷了。

以核三為例，我們再往下看此一核電廠的模式。泰興在獨攬承造大權後，由於本身人力不夠，技術不足，以致於處處倚賴美國技術人員，而且，將工程轉包出去。轉包給誰呢？這時軍人的「實力」乃告出現。承造核二廠的中技社曾將部分勞務（屬體力、勞動較少技術者）發包給臺北榮民勞務服務中心（為國軍退除役官兵輔導委員會所主持）。待到核三要建廠時，「北勞」加兩個字改個名稱，名為「臺北榮民技術勞務中心」，就因而似乎有了「技術」，可以包核能工程了。果然，泰興也將許多技術工程發包給北勞。

「本位主義」各包各的

這時，核三是各方覬覦的「利益源」，南部的退除役官兵輔導委員會也立即成立「高雄榮民技術勞務中心」，想參與工程建造。但核三施工處認為既無經驗，技術又不行，怎可從事核電廠工程呢？乃予拒絕。

然而，南部卻動員各方關係到核三「說項」，核三工程也部分發包給南勞了。

然而南勞也罷，北勞也罷，工程還不熟悉，因此無法完全承造，乃將工程發包給幾個往來密切的資本家，這些資本家本身做不了龐大複雜的工程，又分給小包。到最後，搞土木的搞土木，搞配管的搞配管，各行其事。每個小包間幾無全盤熟悉可言，各個確盡「本位主義」的職責，各做各的。

然而，也正因這種層層轉包（最普遍的狀況至第五包），也同時是層層剝削，留到最小包時，已幾至蠅頭小利，甚或無利可圖。在這種狀況下，包商只有鋌而走險一途——那就是儘量偷工減料，力求早早結束了事。然而各單位仍有監工人員及主管負責其事，包商仍需「四下打點」，始能過關。

核電廠建廠的政治經濟結構解剖圖

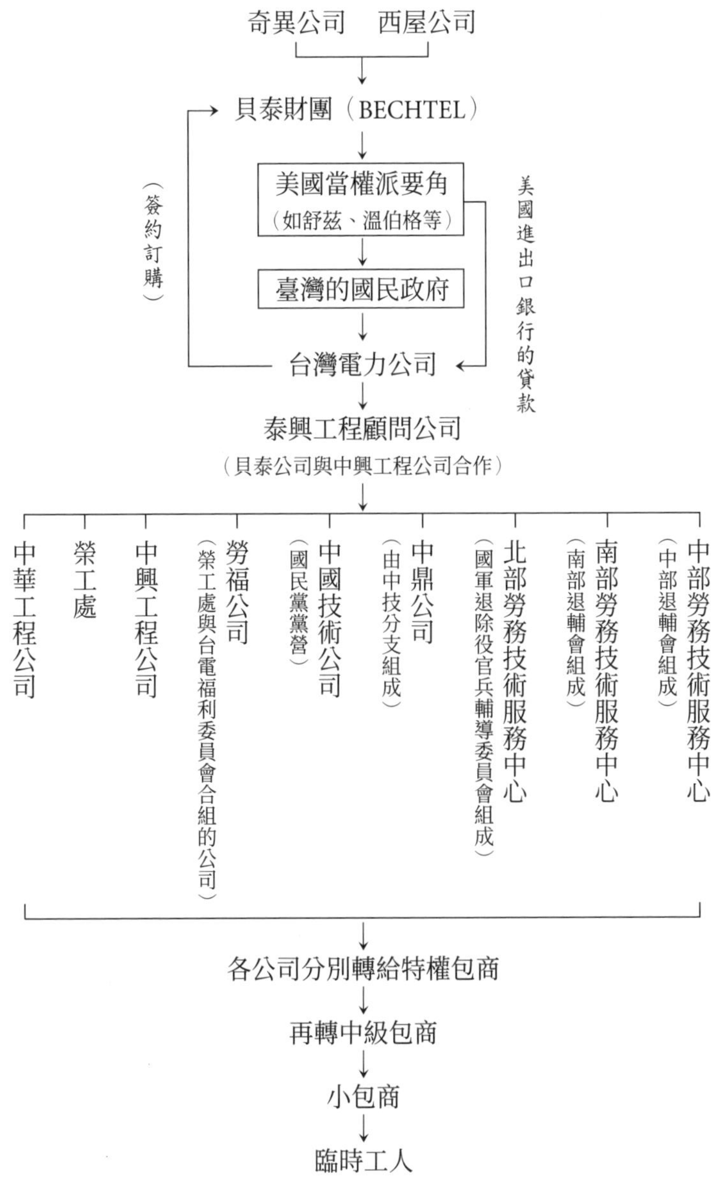
奇異公司
西屋公司
貝泰財團（BECHTEL）
（簽約訂購）
美國當權派要角
（如舒茲、溫伯格等）
臺灣的國民政府
美國進出口銀行的貸款
台灣電力公司
泰興工程顧問公司
（貝泰公司與中興工程公司合作）
中華工程公司
榮工處
中興工程公司
勞福公司（榮工處與台電福利委員會合組的公司）
中國技術公司（國民黨黨營）
中鼎公司（由中技分支組成）
北部勞務技術服務中心（國軍退除役官兵輔導委員會組成）
南部勞務技術服務中心（南部退輔會組成）
中部勞務技術服務中心（中部退輔會組成）
各公司分別轉給特權包商
再轉中級包商
小包商
臨時工人

「官商勾結」呼之欲出

據恆春居民，也是核電廠員工表示：有一位小主管就曾以一千元買下某包商的嶄新轎車，外帶辦好過戶手續。這不是賄賂是什麼？

恆春鎮民都知道建核電廠之後，許多餐廳生意大好，馬殺雞、理容院相繼開張，以應付急流湧進般的宴席應酬，也省得客人得跑到屏東、高雄去「消費」。

如果說，此種情況是公營企業的工程發包的遊戲規則，誰也不會否認。然而在別種公營企業猶可如此，在核能電廠卻萬萬使不得。因為別的工程有弊端，頂多損壞再修，或死傷幾個人，但核電廠一出事，共同毀滅的是全臺灣的人民與前途啊！

在此種「官商勾結」的結構下，奢談核能安全無異天方夜譚。

舉個例子，核三廠號稱深度防禦的外圍水泥色圍阻體就有問題。依照設計，圍阻體需有鉛與水泥混雜建構而成，其功能應在作爐心融化時的最後保護，防止輻射外洩，故水泥色圍阻體不得有隙縫及漏洞，使空氣進出其間，平時其內部氣壓亦比外面低，係避免輻射隨空氣飄出。然而核三的圍阻體卻在蓋好不久，就發生剝落現象。許多水泥面本應結實堅固平滑，但事實上卻是坑坑洞洞。按照外國顧問的安全考慮，理應打掉重做。但最後居然只是再填填補補而已，其荒唐一至於此，而且最後居然平安過關。

再說按照設計，圍阻體理應密不通風，使裡外低高氣壓間不至於對流。但事實證明，只要你提一桶肥皂水由圍阻體內部往牆上潑，有些地方就會有肥皂泡冒出來，這也分明是工程有偷工減料的證據。但不知何故，居然都通過了。

這些，都可能導致使用核能發電的安全性大為降低。

再其次，由於層層轉包的結果，包商施工水準不足者不在少數，以致於七弄八弄（註6），由美國高價進口來安裝的配件機組竟然因施工錯誤而報廢。該機組只得繼續等待美國重新進口來裝配。如此不僅是工程進度延後，也是造成成本節節增加的主因之一，尤其核能電廠機件特貴，動輒百、千萬美元，焉得不浪費？

近千億臺幣，約等於外匯存底的十分之一，就這樣耗在核三廠了。

外包工人輻射傷害無人知

層層轉包的結構性問題也帶來輻射傷害的危險。尤其進入試俥、運轉後，輻射量大增，外包工人在進行搶修時常不顧性命地工作。核能廠有規定工人每年為五侖目的高度輻射劑量限令，若超過便不得再入廠工作。各包商與工人在缺少輻射常識的情況下，為求工作盡速完成，並免於被判一年內不得進入工作而失業，便常常將劑量臂章及劑量筆藏起來，藏在牆角或箱子裡。如此，統計表上便永遠符合規定了。核能廠方面並非不了解此事，但為求工作方便，也只是睜隻眼閉隻眼，裝作沒看到。其結果是：最後的犧牲者仍為包商與工人，只是誰也不知道，他們將死於何種病變。在台電的有意漠視又無長期追蹤計畫底下，這些人等於是死在「愚民」政策下。

此種情況，連許多核電廠員工都不禁搖頭歎息，真正的受益者卻是台電，一者可免於勞基法的束縛，對外包臨時工無責任可言；二者無須負起死於輻射傷害的責任，三者由於根本無長期追蹤，社會無從做輻射傷害研究，免於遭致醫界、輿論指責，可謂一舉數得。

然而，這些包商與臨時工卻成為「核能吉普賽人」，在社會茫茫大海中飄零，走上死亡之路，耗盡全家財產，而終究還不明死因！

台電高幹加入逐利行列

台電方面並非不知外包所可能帶來的弊端，但在各特權利益團體的壓力下，再加上本身逃避責任的心態，遂自行其是。二八三名特約工及數千名約聘人員的解僱，即是由此而來。到最後，連台電本身也加入大包商的競逐行列裡。由台電公司及行政院退輔會合資經營的「榮福股份有限公司」即為新崛起的逐利者，其總經理即台電前副總陳明漢。該公司屬民營公司，卻冀望獨占或分享核電廠一杯羹，即足資證明核電廠之肥了。

於是而有一種怪異的現象產生，即原來被台電解僱的員工，竟受聘為榮福或南勞的高級顧問或工程人員。這些人員在台電內薪資本來三、四萬，但一到榮福，榮福卻將其薪水列為十萬，實質上入員工口袋的卻只有四、五萬之譜，其餘半數利益皆歸入榮福之手。然而用的人卻一模一樣。這樣的圖利少數特權團體，損害人民公帑的事，台電居然可大言不慚的說是要「降低成本」。簡直是滑天下之大稽！

由這一事例即可證明台電所欲逃避的絕非真正開發電廠的成本（它只是有增無減，何曾降低？），而是要逃避社會成本，即全人民的共同利益與生命安全。

荒唐無比的噴水冷卻系統

此種性格延伸下來的浪費，不僅在於內部結構的利益分配，更遠遠送給美國不少資金。以核三廠為例，上次大火消防系統失靈即浪費人民公帑二十億以上。另外，貝泰公司的設計錯誤，更是荒唐無比。舉兩個例子即可說明：

⑴核三廠出水口冷卻系統，貝泰本身即設計錯誤。因恆春地形冬季常吹落山風，由山坡吹向海濱，核三位於下風處，居然設計一個噴水冷卻系統。臺大幾位研究流體力學教授曾在看過設計後表示，此非物理常軌，但台電迷信於核能神話，還天真地希望出水口變成「風景區」，照貝泰設計去做。其結果是：噴水冷卻系統一噴出水（帶鹽海水）由風一吹，悉數吹向山坡，造成坡地植物大量死亡。台電為此還派出幾輛消防車上山灑水，以免植物死亡過多。自此而後，噴水冷卻系統僅使用這一次，再也不敢用了。這種設計錯誤的浪費至少達十幾億臺幣。

⑵由於貝泰設計與許多施工細節無法相符，因此不少設計圖需變更。但這些外籍設計人員並未至現場仔細測量，僅按監工來報狀況，畫畫就交給施工人員。待到現場一做，又不行，只得重來。有些圖面，居然由原版改到第十五版。每一版設計圖需經外籍顧問蓋章，每張圖他可獲五百美金設計費。據一位內部工程人員表示：改圖狀況極頻繁，也些圖甚至是施工人員先做好，再畫設計圖，倒果為因了。然而因此被貝泰所賺取的設計費不知有多少哩！

以上二例，只是可以見到的事例，暗地裡被包商、利益團體、外國利益團體所吃掉的人民公帑更不知凡幾。

要安全，卻引進危險

在以上所談的官商勾結、層層轉包、利益分配的結構下，核電廠猶敢保證「核能安全」嗎？

人民在澈底了解這樣的政治經濟結構下所建構起來的核電廠還能信任嗎？

臺灣的建造核電廠是一個標準的第三世界模式。

為了臺灣在海峽兩岸對峙中保持安全，而引狼入室地任由美國大賣核電廠，無異是出賣了臺灣的安全。果真如此，毋庸中共來威脅臺灣，一個核電廠爆炸或融化，就足以毀滅而有餘了。試問，這樣，求生而得死，值得嗎？

註釋

1 Silkwood，一九八三年美國電影，麥克．尼可斯執導。

2 沸水反應爐（boiling water reactor，縮寫BWR），是一種用來發電的輕水反應爐。沸水反應爐是第二常見的核能發電反應爐型式，在五〇年代中期由愛達荷國家實驗室（Idaho National Laboratory）與奇異公司共同研發成功。取自維基百科。

3 壓水反應爐（Pressurized Water Reactor，縮寫PWR），是美國貝蒂斯原子動力研究所開發成功的一種輕水核子反應爐。所有的壓水反應爐利用普通水做為冷卻劑和中子慢化劑。取自維基百科。

4 雅美（Yami）意指我們。日本人類學家鳥居龍藏在一八九七年的調查報告中將蘭嶼稱為雅美島、將島上的民族稱為雅美族。在許多政治官方文件中都使用這個詞。達悟（Tao）則是達悟族人的自稱，並且在許多南島語言中是人的意思。目前，行政院原住民族委員會官方文件寫法為雅美族，並以括號加註達悟。取自維基百科。

5 二〇〇〇年更名為財團法人中技社。

6 臺語俗諺，意指胡搞瞎搞。

恆春／臺灣反核第一夜

九。

——記臺灣第一場反核運動：一九八七／〇三／二七

前言：

一九八七年三月十二日，杜邦公司宣告停止鹿港投資計畫，反杜邦運動終獲成功。此前我已在《時報新聞周刊》任職，並兼任由柴松林、馬以工所主持的環保雜誌《新環境》的主編。我們希望以此雜誌，做為報導環保運動，並連結社運團體的媒介，結合各地反公害運動的民間力量，再配合雜誌社所具備的學術界資源，為環保運動提供服務，做更多的事。

柴松林教授與馬以工老師都非常認同，支持此一方向。基於此，我們規劃了一場以打破核能神話為主旨的行動。那便是一九八七年三月二十七日在恆春國中舉辦的一場核能電廠說明會。

活動名稱是「從三哩島到南灣——臺灣核電發展的省思」。我透過在各地採訪的人脈，邀請李棟樑（當時反杜邦剛成功，他是環保社運的領頭人）、陳映真（小說家，《人間》雜誌創辦人）、柴松林、黃提源、張國龍等，一起南下恆春參與。

為此，我也動員南部的媒體、文化界朋友，共襄盛舉。

這是全臺灣第一場反核運動。因此招來高度的緊張。南區警備總部動員數百個鎮暴警察，開著十幾輛警備車，全副武裝，警棍與鎮暴武器齊全，以包圍的警戒方式，封鎖了恆春通往外界的兩端道路，似乎預防若有暴動即全面封鎖。

而策劃整個行動，主導演講與活動進行的我，則以作家關曉榮的家為聯絡中心。當時尚無手機，只有BB call呼叫器，主要全靠曉榮家的電話為中間點。但我為了聯繫跑來跑去。即使如此，在演講活動開始前的當天下午，南區警備總部仍可準確的打電話到曉榮家，找到我，要我前去接受相關演講事宜的約談。這顯示他們是有人跟監的。

當年，約談是很嚴重的事。陳文成就曾被約談後，可能因刑求傷重不治，被丟在臺大校園，而變成懸案，並成為政治事件。而我是主事者，若我離開而回不來，活動會失去主要負責人而群龍無首。最只能求助好兄弟李疾，代替我去應訊約談。他果然無法歸來，直到活動平安結束，才被釋放回來。

而在恆春國中的演講，則因街頭的鎮暴警察與群眾對峙，人愈聚愈多，最後演講活動乾脆拉到街頭，變成與鎮暴部隊直接對著講。旁邊則圍滿恆春民眾。緊張的氣氛，瀕於衝突邊緣……。

這是臺灣第一反核運動。但整個過程，我來回聯絡主持，因為太過緊張，事後也未曾寫過。只有在二〇一五年，曾接受環保團體的幾個年輕記者的訪談。二〇二二年，想到三十五年過去之後，也應安靜回顧這一段歷史，以為臺灣環境運動史留下全記錄，因此有這一篇回顧的報導文學之作。

一

三、四百名鎮暴警察站在恆春的街頭，頭戴寫著「警察」兩個大字的鋼盔，身穿全套的防護衣，從手、身體到腳，全面保護，腳上則穿軍用大頭靴。他們的身前是半人高的防護盾牌，整整齊齊，排列在一起。他們的手上，持著與人等高的鎮暴長棍。

啪啪啪啪整齊劃一的腳步聲。三、四百個鎮暴警察全副武裝，從馬路上經過，用小跑步，跑到離恆春國中不遠的街道邊，靠一些店面旁邊的牆壁，排排站，有如大敵當前般，立正站好。

鎮暴警察的左手持防護盾牌，整齊的排列在隊伍前，有如一層防護；右手則是持長棍，隨時可以出擊。

他們的正前方，對面的街道上，是一輛宣傳車。宣傳車的外圍板子上，貼著幾張大海報。上面寫著大大的標語：

「從三哩島到南灣—臺灣核電發展的省思

時間：一九八七年三月二十七日晚上七點

地點：恆春國中大禮堂

演講者：柴松林、陳映真、李棟樑、張曉春、張國龍、黃提源等」

宣傳車上只有一個坐在駕駛座上的司機，和一個正在用擴音喇叭大聲呼叫人群的人，他的名字叫姚國建。一個三十來歲的男子，身材健壯，聲音有一點沙啞，但宏亮中帶一點磁性。

對群眾運動來說，這樣的聲音正好：有感情，帶一點煽動性。

他說：「今天晚上，在我們恆春國中，有一場演講。最難得的是，有來自臺北的消費者文教基金會董事長柴松林教授，臺大學者張曉春教授、張國龍教授，清華大學的黃提源教授，還有《人間》雜誌的創辦人、知名作家陳映真先生，還有鹿港反杜邦運動的領導人李棟樑先生。這樣的陣容，臺北都非常不容易請得到。今天，他們都來到恆春，要和我們鄉親談一談，核能電廠安全嗎？從美國的三哩島，到蘇聯的車諾比，都發生了核能的災難，我們臺灣的核電廠安全嗎？歡迎我們鄉親，到恆春國中來聽，全臺灣最好的專家，都來到了恆春。千萬不要錯過，千萬不要錯過，全臺灣第一場，透視核能電廠安全的演講。」

相較於他所面對的三、四百個鎮暴警察，那種全面武裝的壓力，姚國建在宣傳車上的演講很「安全」，沒有煽動性。他只是鼓勵群眾去聽演講而已。

演講地點在恆春國中校內的大禮堂，距離街道不遠，但當地的居民大約只有一、兩百人去參加。

為了怕居民不知道有這個活動，我特別請姚國建在街頭繼續鼓吹，呼籲民眾進去聽。

然而，呼籲參加都不一定請得動的恆春民眾，卻被這幾百個鎮暴警察的陣仗嚇到了。警察整齊劃一的跑步，砰砰砰砰的大頭靴踩在地上的聲響，集體喊口號，立正列隊的動作，震驚了安靜的恆春街頭。

「啊？現在，到底發生什啥咪代誌？」許多本來在小店裡吃喝的人，紛紛探出頭來。

「啥小？恆春是有要暴動嗎？還出動了鎮暴警察？」居民站在路邊議論紛紛。

人越聚越多，街頭上反而有了數百人，他們和鎮暴警察隔了十幾公尺的距離，冷眼觀看著，卻也不敢太靠近，怕萬一鎮暴警察要出動抓人，逃走來不及。

相較於鎮暴警察的陣仗，宣傳車顯得相形弱小，甚至有點滑稽。雖然站在宣傳車上的姚國建聲音還是很大，氣勢也沒有弱下去，但民眾卻開始為他擔心了。

「對面的鎮暴警察，請你們放輕鬆。我們只是來恆春演講，請鎮暴警察不要擔心。請你們放心，我們是要來保護恆春的。我們只是不希望有一天，恆春像蘇聯那樣，發生核能電廠的災難，那恆春就萬劫不復了。所以我們是好心，為了恆春的環境，為了恆春的孩子，為了恆春的將來，我們才來這裡演講。」

一邊在喊話要「保護恆春」、「請你們放輕鬆」。可是另一邊卻因為演講的目標對準他們，反而更緊張了。鎮暴警察指揮官可能看到宣傳車對著他們喊話，很怕宣傳車突然喊出攻擊的口號，或指示群眾行動，因此隊形排得更緊密，盾牌整齊立起。警察的姿勢，更為緊繃。

「親愛的鎮暴警察，你們不用擔心啦，我們只是來演講，在恆春國中裡面，演講的人都是臺灣的大學者，有臺灣大學、清華大學的教授，也有全世界知名的作家，還有鹿港反杜邦運動的彰化議員，我們都是文化人，我們不是暴力分子！」

不說還好，姚國建一說「不是暴力分子」，他們更緊張了。好像他們只聽到「暴力分子」這四個字，整個隊形迅速集結，每一個人都挺直，把警棍持在胸前。

緊張得要冒汗的三、四百個鎮暴隊伍，也讓恆春老百姓跟著緊張起來。他們以為要發動攻擊了。群眾互相招呼著，把頭往前探，好奇的說：「幹？你看敢會出代誌？」

姚國建有點頑皮，故意把聲調拉高說：「我們是一群學者、文化人，來恆春呼籲保護環境，你們幹嘛這麼大陣仗？何必這麼緊張？」

他畢竟是在見過大陣仗的，一邊刺激他們，回頭又用一種緩和的語氣說：「有一天，你們也會感激我們，因為我們是來保護恆春，保護南臺灣。有一天核能如果發生災難，死的是你們，你們知道嗎？」

他回頭對群眾喊話說：「恆春的鄉親們，今天晚上，在恆春國中大禮堂，就是在前面不遠的地方，有一場演講，講『從三哩島到南灣』，分析核能的安全與危機，有臺大教授。知名作家，都來到現場，歡迎大家前去聽講。」

看到這麼多人在這裡，他趁機宣傳。

可是群眾毫無離去的意思。現場有鎮暴警察，全副武裝，眼看可能會出事，氣氛太緊張太刺激，誰也不想離開。

我跳上宣傳車，站在姚國建旁邊，從高處往周邊看，確實是很麻煩。三、四百個警察，把恆春國中周邊的道路都堵住了。此外，在通往核三廠的道路上，可能還有部署待命的鎮暴警察，至少遠方還有載警察和配備的幾十輛大巴士車，停在那裡待命，裡面不知道還有沒有預備部隊。

看現場氣氛劍拔弩張，我才忽然想到，他們難道是怕我們帶群眾去遊行，包圍核三廠嗎？這根本不可能啊！

還好姚國建是饒有經驗的老手。即使這麼多警察，他也不會緊張，或者被激怒。彷彿帶著一種「今天很好玩」的心態，注視著眼前的事態。這當然與他長期的街頭經驗有關。

姚國建是我特別找來主持現場的。他是一九七九年十二月九日，也就是美麗島事件前夕，在高雄街頭鼓吹群眾參加隔天要舉行的集會，車輛在鼓山街頭與警察發生衝突，他忍不住和警察互毆，警察跟他都受傷，被抓了起來，在警察局被刑求受傷。後來被判刑兩年五個多月，稱為「鼓山事件」。不過因為他先一天被抓了，否則接下來的美麗島事件他也不能倖免。坐牢出獄後，他仍在高雄政壇活躍，有時主持選舉活動，助選演講，頗受群眾歡迎。他是一個正直血性的漢子。

或許是獄中的磨練，他具有主持群眾運動的經驗，也更能掌握演講會場的情緒，我怕邀請來恆春演講的都是學者文人，怕會場有點冷場，所以特地情商他來助陣。

他非常講義氣，二話不說，從高雄南下恆春，從下午開始，一直在宣傳車上，繞著恆春的大街小巷悠轉，透過麥克風鼓動群眾去聽演講。

那一輛宣傳車是向屏東省議員邱連輝借來的。他和姚國建都是黨外的朋友，本來做為競選用的宣傳車，直接開來讓我們用，還免費加送一位司機。宣傳車貼上幾張我們演講的手寫海報，車子的後座本來就已改裝成可以站人，有欄杆，還加裝了大喇叭，可以拜票，也可以演講，非常好用。

然而，僅僅是一場演講，題目還是非常的學術性，叫「從三哩島到南灣——臺灣核能發電的反省」，南區警備總部卻動員了這麼大的陣仗，全副武裝，來對付一群環境保育的學者。為什麼？

原因也不難了解，這是臺灣史上，第一場反核運動。地點就在恆春，核三廠的所在地。

這一天是一九八七年三月二十七日，星期五。

距離一九八六年四月蘇聯車諾比核融爐事件的大災難，還不到一年。全世界反核的聲浪高漲，而臺灣仍在戒嚴的高壓下，保持沉默。除了學界在媒體發表呼籲文章，民間完全無聲。從核一、核二的金山海邊，到核三廠的恆春，附近的居民仍保持沉寂。

社會認知來看，當時核電廠的核能技術與核子彈研發，仍做為國家最高機密，緊緊綁在一起。因此，即使我以《中國時報》記者的身分，想要採訪台電公司核能相關的專家，也受到拒絕。能夠找到的核能相關資料非常少，只有林俊義和黃順興合作，曾在立法院做過的質詢稿。

要言之，核電廠仍是做為國家機密，受到嚴格保護。記者都不得其門而入，更何況一般民眾。我雖然透過關係，曾訪問過清華大學的核工系學者，想了解核能發電的一般性原理。但清華大學的核能研究也是做為機密，不得對外洩露。

所以南區警備總司令部出動這麼大陣仗來恆春，對著我們今晚的演講，其實也不意外。畢竟，這不只是群眾運動，更多是核子機密，必須嚴密保護。

然而，核能明明關係到環境保護，也涉及人民的生命，更影響到恆春人的財產，為什麼不能討論呢？恆春人為什麼不能起來抗議？至少，像鹿港人質疑杜邦一樣，出來質疑核三廠一聲，這也是應該的吧。

不過，外界質疑歸質疑，核電廠與核子彈的關係，卻仍是國家最高機密，要直到這一場運動的隔年，即一九八八年，中科院的上校副所長張憲義叛逃到美國，在美國國會進行祕密聽證，才暴露出臺灣利用核能電廠，進口鈾等放射性核子原料，祕密研發核子武器，整個機密才真正曝光。美國為此派員進行搜查，直接沒收了相關設備。此時蔣經國已死，李登輝才剛剛上臺，只能聽任美國處置。不過這已是後話。

回到一九八七年初春三月，我們站在恆春街頭，在落山風的吹拂下，誰會知道南區警備總部為什麼會這麼緊張，來自上頭的壓力有多大呢？

對平日非常安靜的恆春小鎮來說，這種三、四百人鎮暴警察的陣仗，將街道團團圍堵，有如小鎮將有一場暴動，畢竟帶來很大的震動。本來在夜市裡吃食的遊客，居住在恆春的在地人，都聽到消息，一傳十，十傳百，互相告知，很快的，人群從各地聚集到這裡來。

我本來在恆春國中的大禮堂裡，主持著演講的進行。在臺上介紹演講者的，是柴松林、張國龍等《新環境》雜誌社的主要負責人，但我是總策劃，活動一開始就是我起的頭，一路統籌安排，因此，我兩邊跑。特別是街頭上的鎮暴警察多起來以後，我很擔心他們會發動對恆春國中的包圍，所以跑到街頭來探看情勢如何。

還好姚國建主持得剛剛好。他以豐富的經驗，時而挑動一下，保持與鎮暴警察之間的緊張關係，時而又很溫和的對警察喊話，希望他們跟我們一起保護恆春，保護臺灣的生存環境，因為，一如鹿港人說的「我們只有一個鹿港」，我們也只有一個恆春。

總之，我們慢慢發覺，鎮暴警察有一個慣性，只要聽到「暴力」、「群眾運動」，就立即神經緊繃，全面戒嚴。但姚國建會把語氣放緩和，談關懷環境，情緒又鬆弛下來。

一緊一弛之間，街頭的群眾越來越多，遠遠近近，周圍已經有上千個人了。

我站在宣傳車上望去，發覺場面開始熱鬧起來。

我把姚國建拉到下邊的一角。他關了麥克風。

「如果，把裡面的演講，拉到外面來。乾脆在宣傳車上開講，你看可以嗎？」我直白問。

「當然可以啊，這裡熱鬧。只是，裡面的人怎麼辦？」

「就說，我們換場地，跟恆春人一起在街頭開講。這樣更刺激！」

「好啊！太好了！」姚國建很興奮的說。

「可是，你真的要控制住場面，要像剛剛那樣，衝一下，緩一下，保持張力就好，絕對不能起衝突。」我想這麼做，但還是很擔心。

「沒問題，這個場面，我控制得住。」姚國建望向街頭，只見人潮愈來愈多，而從恆春各地聽到消息趕來的人，似乎被圍在外面，紛紛向裡面探頭探腦。

「恆春這裡的人都很樸實，跟高雄不一樣。鄉下人很溫和，不會有事的。你放心。」他信心滿滿的說。

「要小心哦。我兄弟李疾，還被警備總部扣在手裡，還沒放回來。」我說。

「啊，下午被他們約談，到現在還沒回來？」他訝異的說。

「是啊，扣在他們手上。所以，絕對不能出事。」我叮嚀道。

我所不曾說出的是，本來警備總部要約談的人是我，李疾了解我是幕後總指揮，所有人都是我安排約來的，不能不在現場。所以他當機立斷，代替我去赴那軟禁之約。到現在，都八點半了，還沒回來。如果出事，他大概就不能回來了。

「好。我一定會控制好。」他用一種為兄弟能回來，也要兩肋插刀的氣魄說。

「那我進去看一下，做最後決定。」

我於是快速走向恆春國中的方向。準備把演講場地，從大禮堂調到街頭，這確實是一種冒險，而且要冒很大的風險。

萬一群眾失控，李疾就可能被警備總部扣留，隨之而來的是我要負起所有責任。因為警備總部完全知道，這是我在一手策劃的。否則他們不會一通電話就打到關曉榮的家裡，直接要求和我通話，並且必須去見面。如果不是李疾在旁邊說：「我代替你去。」現在被扣住的人就是我。

然而，在大禮堂的演講，好像受到場地的限制，人們怕被拍照或記錄似的，戴著帽子，壓低了頭，好像在幹一件犯罪的事。這跟鹿港反杜邦的時候，天后宮前群眾熱火朝天，明明朗朗喊口號的感覺，差太多了。

夜色四圍，而周遭逐漸聚攏而來的人潮，正在使列隊街頭的鎮暴警察更加緊張起來。因為群眾增加愈多，他們警力就愈不夠。這下出乎他們的意料之外了。

「把人拉出來吧，至少要讓群眾燃起熱情來！」

穿出人潮，在走向恆春國中的路上，我開始想起去年五月中旬，獨自來恆春，住在小旅館裡，等待了三天，只為了等待一個核三廠員工的回音。

我仍能清清楚楚記得，旅館外街道邊的一家簡餐店裡，獨自讀著黃順興的書《歷史的證言》，望著幾隻小狗在夜市的攤子上徘徊，幾個提早來墾丁玩的旅客，在夜市裡喝啤酒吃炒螺肉。我無奈的按熄了香菸，喝完杯子裡最後的咖啡，走回旅館。那種等待，如同刺客的安靜與寂寞。

二

一九八六年五月中，為了尋找核電廠的員工，訪問出核電廠的內幕，我已經歷盡千辛萬苦。從臺北到高雄，從高雄到恆春，再從恆春一路追回臺北，再回到高雄。

一九八六年四月二十六日，蘇聯車諾比發生核融爐事件，雖然是在烏克蘭，所造成的輻射危害，遠及整個歐洲、亞洲。那是第一次，核電廠發生意外，而且核子的融爐是無法停止的，一直要等到核子分裂結束，能量用盡，才停下來。那一場意外的後果，遠遠超出人類科技所能控制的範圍。嚇壞了許多科學界的人。然而，臺灣的報導並不多。

我所具有的核能知識，最多是來自好萊塢電影《絲克伍事件》，以及黃順興所辦的雜誌《生活與環境》。這是臺灣第一本以關心生態環境、反對公害汙染為主的雜誌。也是第一個標舉反核的雜誌。可惜這一份月刊辦了不久，就因為銷售不佳，經濟困難，宣告停刊。黃順興回到彰化溪州去養豬，過著他半退隱的生活。雖然關心臺灣核電廠的情況，但從黃順興到所有媒體都無法一探核電廠的實況。

核融爐事件後，世界各國開始關心核能電廠的安危。臺灣本來宣布要建核四的，在輿論的壓力下，也宣告要停建核四。政府為了安撫人心，特別由台電和原能會出來宣布：臺灣的核能電廠與蘇聯的不同，是美式設計，所以不會發生核融爐事件，臺灣核能的使用，保證安全……

雖然政府把話說得很滿，但我依然不相信。

一九八四年．電影《絲克伍事件》即曾描寫過一位負責核燃料棒搬運的女員工凱倫．絲克伍（梅莉．史翠普主演），發現核燃料棒有造成女工流產、工人癌症的危險，在工會報告，因而引發資方的警覺，工運抗爭不成，她打算訴諸媒體，因此與紐約時報記者約見，接受訪談，卻在赴約途中，被人跟蹤。她驚惶的看著照後鏡，那一道追蹤的光，如影隨形，照亮她恐懼的眼睛。隨即，就發生了車禍。絲克伍再無法說出她知道的內幕，還被報導說，她死於車禍，身體被檢測出有酒精成分，她平時即有喝酒的習慣。

電影未明說，但顯然這是一場謀殺。而扭曲的報導更是一種人格謀殺。事實上在美國的勞工階級中，下班喝一杯小酒是非常普遍的習慣。

電影是根據一九七四年的真實事件改編，當時的宣傳說，這是一部五項入圍奧斯卡，問鼎最佳女主角獎的年度好電影。然而我卻看見了核能發電背後，那種無法測知的陰謀，以及難以對抗的強大權勢。

美國猶且如此，何況臺灣。

臺灣的核能電廠也一樣，封鎖得非常嚴密，一直給外界一種「有可能藉由核能電廠，祕密發展核子彈」的印象，因此是國防機密。在戒嚴時代，即使有什麼意外發生，也沒有人敢洩漏出半句口風，更不必說任何一家媒體敢去報導了。

可是我無法相信它是安全的。原因很簡單，核電廠的老大哥美國出了三哩島核洩漏事故、蘇聯出了車諾比，臺灣作為後進的使用者，設備與技術都不如人，有可能平安無事嗎？

我不相信！

然而，要採訪到核電廠的真相，不可能透過台電公司，只會給你一堆公關資料；更不可能透過政府部門安排，他們不願意惹麻煩，一定推托；唯一的辦法，就是找到實際在核電廠工作的員工，一如《絲克伍事件》，唯有員工才知道真正的內情。唯有他們願意說，真相才會顯露。

我不認識任何一個核電廠的人，便透過關係向朋友打聽。所幸，高雄的老朋友洪田浚是南部一家媒體的記者，人脈廣闊，有些核三廠的員工為了孩子受教育，會把家庭安頓在高雄，因此，他透過朋友，認識了核三廠的員工，但他也不熟，不知道他們敢不敢出來說。

「不必站出來說，我只是要私底下和他們見面，了解內情就好。」我說。

最後，他先聯絡了一個核三廠工人，把我的背景和想法跟對方說清楚，確定對方願意私底下見面，也可能有一些事情需要我幫忙，才約定去恆春見面。

可是在恆春的小旅館裡，電話打通之後，那人卻有點訝異。

我說明我是誰之後，他用一種緊張的口吻說：「啊，你已經到恆春了？」

「是啊，剛住進了旅館。在街上。」我把旅館電話跟房間號碼告訴他。

「你要住幾天？」他問。

「天氣不錯，可能玩個兩、三天吧。」我突然想起《絲克伍事件》，為了避免他的電話被監聽，知道他和記者接觸，我故意這樣說。我想他應該會了解。

「恆春海邊很漂亮，你可以慢慢玩。」他呼應說。

「那什麼時候有空，我們見個面吧？」

「好的，我再打電話給你。你先玩一玩，等我電話。」迅即掛斷電話。

他的緊張，讓我更明白，這些核電廠員工，應該都屬於國家機密要控管的人，電話早已被監聽，所以不能多說什麼。他在電話中說，會再找時間打電話給我，這意思很明白，要另外找一個公共電話再約。

為了避免打電話引起他的緊張，我只有等待。然而這一等，便是一天過去了。中間除了出去吃飯，或悶得太久，跑到關曉榮的家裡，向他太太借摩托車騎去海邊兜風，我幾乎沒有離開太久。但旅館裡未曾有電話，沒有留言。

關曉榮是我搭檔的攝影記者。他擅長報導攝影，我們曾一起採訪過澎湖的越南難民營、高雄拆船廠和鹿港反杜邦，有良好的默契。他在國立藝專畢業後，結束臺北跟蔣勳、奚淞、黃永松等藝術界朋友的嬉皮生活，南下到最南端的恆春國中來教書，在這裡結婚生子。後來厭倦於這樣的生活，上臺北開計程車。後來到《天下雜誌》、《時報雜誌》當攝影記者，再後來自己跑去八尺門進行長期蹲點的報導攝影。這在臺灣是未曾有過的深度報導，引起了非常大的反響。《人間》雜誌以這個專題作為創刊的封面故事，美國新聞處也舉辦了展覽。在臺灣報導攝影界開風氣之先。

然而，長期蹲點若沒有媒體支持，根本無法生存。但媒體也不可能長期關注同一個主題，因此他用完了錢，又回到《時報雜誌》工作。我們是因為陳映真和《人間》雜誌而結識，又因為一起在《時報雜誌》工作而成為更有默契的搭檔。

但這一次我沒有特別找他，是因為對方還不確定能不能受訪。找一個攝影記者在旁邊，他們會更緊張。曉榮於是和他太太打了招呼，借給我摩托車，方便自由行動。他太太也在恆春國中教書，所以住在宿舍裡。

沒事幹的時間，我騎車到海邊，從遠方拍一拍核三廠那兩個超級巨大的圍阻體。從一個遊客的角度，我實在很討厭那兩個大怪物。美麗的海灣，澄藍的海水，白淨如洗的沙灘，即使五月中的陽光不像夏天那麼亮麗，卻非常美麗。可是只要你的眼光一轉到那兩顆大白球體，就會覺得非常詭異難看。

墾丁的沙灘，像美麗的少女，明亮淨柔，而那兩個怪異的圍阻體，卻像兩顆異形，橫空而降，簡直無法接受。

第二天，我等到晚上，仍未有回音。我打電話去那人的家，卻沒人接。到底他有沒有家人，是不是只有他一個人住，他會不會因為我而出現麻煩，為什麼失去聯絡，我無法知悉。我只能希望，如果要斷了線，也是因為他憂心恐懼，而不是因為我給他帶來困擾。

幸好，到了第三天傍晚，他的電話來了。但他在電話中說，再過十五分鐘，就直接要到我住的旅館。我也嚇了一跳。但不管如何，先見面再說。

他們一共來了三個人，神色緊張的走進房間。年紀大約都在四十歲左右，看起像工人，不像文職人員。

旅館房間太小，我問：要不要去找個咖啡店坐下來談。他們互相看一眼說，不用了，就在這裡談。我猜想，他們大概怕被看見拍照吧。

他們問明我的來意，只互相看一眼，便由一個人代表說：「你想知道的事，我們可以慢慢告訴你，內情很多，我們慢慢講。但現在我們有一件非常緊急的事，要先解決。洪先生說你有經驗，可以幫上忙。他也說，你是一個可以信任的朋友。所以我們就直接說了。」

「什麼事？能幫的，一定幫。」

「是這樣，過兩天，我們就要去臺北的總公司陳情，可是我們不知道陳情書怎麼寫；還有我們去的時候，有幾十個人代表，我們想要像鹿港那樣，舉布條抗議，可是我們不知道怎麼做。洪先生說你會教我們。」

「要教什麼？」

「例如說，怎麼寫陳情書，怎麼做布條，怎麼拉布條。我們都沒做過。」另一個中年模樣的男人說。

這真的太出乎我的意料了。本來以為是來採訪，忽然變成要協助陳情抗議。原本以為是非常機密的員工，卻變成要出面抗議。

然而，我對他們為什麼要這麼做，毫無概念，他們發生什麼事，一無所知，要怎麼幫忙呢？眼前的狀況，是怎麼一回事？當下，我也懵了。

我只好深深吸了一口氣，看著他們三個人。每個人的表情都是認真的，而且不知道是剛剛來得太急，還是因為緊張，有一個人還在喘著氣，都回望著我，好像在等待回答。

「好吧，就當做一切從頭開始吧。」我只能在心中對自己說。

「好吧。我一定會幫忙。可是，我現在還不明白你們發生什麼事，為什麼要去陳情，陳情的原因、目標是什麼？」為了緩和他們的緊張，我刻意慢慢的說：「所以，你們先告訴我發生了什麼事，為什麼搞到要去臺北陳情，我才能幫上忙。」

他們你一言，我一語的說明，有時互相補充。我終於弄明白了。

原來他們不是核三廠的正式員工，雖然他們已經在核電廠工作了約二十年。他們是核電廠的建廠員工，有人從臺灣開始興建核電廠的一九七〇年左右，就開始加入。核一完工後，接著做核二廠；接下來是核三廠。由於核電廠仍有許多修修補補的各種建設工程，所以他們的工作一直接續著。按台電的計畫，他們接下來要建的是核四廠。可是核四卻被蘇聯車諾比核災打亂了。在全世界一片反核聲浪中，行政院很快宣布停建核四。此時台電已著手設計核四，建廠工人也在安排之列，但停建一宣布，所有規劃重來，於是他們打算先資遣約三百多人的建廠員工。這些建廠員工很多人都是在台電工作一、二十年，經驗豐富資歷深，更重要的是他們一直自認是台電員工，想不到一旦停建，才知道自己只是契約工。

他們不甘心這樣被資遣，生活無著，而且一輩子都在核能廠，從核一到核三，他們只會建廠，一般年紀也都四、五十歲了，怎麼可能再出去找工作？他們等於是被台電所遺棄的人。

特別是核電廠的工程比較複雜，有些必須注意的安全事項，遠超出普通工廠的安全標準。

「核電廠以後的維修怎麼辦？難道電廠不需要維護了嗎？電廠的一些設備不會壞嗎？為什麼不讓我們留下來，我們才是真正了解核電廠的人啊！而且如果不懂核能安全的人來修理，很容易出問題。到時候，誰來負責？」一個工人很憂心的說。

「為什麼這麼說呢？台電的工人不是都該知道？」我問。

「不是這樣的，有些地方是特別危險的，有些地方好一點。這些都是我們長久工作才知道的知識。」一個看起來約莫四十歲，在三個人之中算年輕的，說理能力比較強的工人說：「舉例來說，最危險的地方是放燃料棒的反應爐，那裡是輻射最強的地方，一定要穿上足夠的防護衣，而且出來要好好沖洗，絕對不能馬虎。這些，有的外面來的工人不懂，隨隨便便就走來走去，你想那有多危險！」

「你們在建廠的時候，有注意到這些嗎？」

「剛開始建廠的時候，也沒有燃料棒，所以不會有這種危險，但開始運轉就有了。但剛開始我們也不懂啊。台電的人也不懂，全臺灣哪裡有人懂得核能輻射的危險？那裡有危險，我們也都是後來才知道的。」

「那你們知道自己受到多少輻射嗎？」

「怎麼可能知道？輻射是無法計算的。又不是像照X光，可以看得出來。」他們倒是很清楚的，反而是我的無知了。

「那麼，在你們工作的過程中，有多少機會，會受到輻射汙染？」

「啊？」他們互相觀望著，說：「你有算過，自己可能在那裡？吃了多少『豆子』嗎？」

「不知道啊。沒想到過。倒是以前在核二的時候，有一次不小心進了反應爐的附近，他們嚇壞了。」

「後來有測量吃了多少豆子嗎？」

「有啊，身上的輻射劑量，超出太多了。趕緊的洗啊洗的，全身一直洗。還拿了牛奶一直喝。可是照進去的輻射，只能慢慢排出來。但受到的傷害，就已經傷害到了。」一個約莫五十歲、身材比較瘦小的說。他看起來年紀大一點，可能從核一就開始建廠了。

「其實一開始，我們都不懂輻射傷害，也沒什麼知識，所以沒什麼防護。大部分人進進出出，根本不知道要防護。建廠的時候，去建反應爐的設施，或者蓋圍阻體，誰會想到呢？誰也不知道吃了多少豆子。」

「平時沒有做身體檢查嗎？」我問。

「沒有啊，台電並沒有這個規定。」

「你們知道輻射傷害，會殘留在身上，最後變成病變，得到癌症，或白血病什麼的。」

「我們也是最近才知道的。」比較年輕的男子說。「因為蘇聯的核融爐災變，看到報紙的討論，我們才發現有這些問題。以前核能都是國家機密，不會有人討論啊。」

「你知道嗎？如果你們被遣散了，以後得到癌症，是因為在核能電廠工作的關係，以後誰來付醫藥費？難道不應該是台電應支付嗎？這是職業傷害，不是個人生病。對不對？」

「啊！是啊，我們現在已經有人生病了。他得到癌症，正在治療，他也在被資遣的名單上。」

「啊？那他要如何治療？難道都要自費了嗎？」

「如果被資遣，只能這樣。」

「在你們這些建廠工人裡面，從以前到現在，到底有多少人死於癌症？台電有記錄嗎？」

「不知道。我們沒想過。」

「輻射不會引起直接的生病，沒有輻射病。但輻射會引起細胞的病變，也就是變成癌症。所以你們要不要統計一下，你們得到癌症的比例，跟外面一般人得到癌症的比例，是不是一樣的？如果不一樣，你們比較高，就表示你們吃了太多豆子，很容易得到癌症。」

「我們都沒統計過。不知道。」

「能不能回去統計一下。至少，我們要指控輻射造成癌症比例太高，才有根據。」我說。

雖然我是輻射外行，但來此之前已經做了一些基本功課，對核能發電的原理，核發電為什麼危險，會造成什麼傷害等，已讀了不少書。此刻，只是為了得到第一手資料，因此希望他們可以提供出來。讓我得以報導。但很顯然，他們還未準備好。他們只是希望我協助他們先度過幾天後的北上抗爭。

「無論如何，今天一定要先解決要北上的海報。後天就要用上了，你說，我們要怎麼寫？」

我請他們把寫好的陳情書給我看。陳情書的主要內容是已經在台電工作一、二十年，感情很深，且長期做為特約工，從建核一到核二，再到核三，一生都在為臺灣的核能發展，打下基礎。如今年紀都大了，卻因為核四廠不建了，就要資遣建廠工人，這不是過河拆橋嗎？更何況大家年紀都大了，以後更不可能找到工作。為台電奉獻一生，特別是在危險的核能電廠工作，更不可能再找到工作。所以希望台電收回成命。……

我想了想，決定再補上一點：這些工人，是核電的建廠工人，他們受到輻射汙染，會變成他們一生的傷害，以後，終其一生，都必須追蹤調查，才能了解核能使用的安全性，確保臺灣核能發電的安全。這些為臺灣核能發電奉獻的人，不應該被拋棄回社會，自生自滅，這根本不符合核能電廠的管理原則。

我直接說：「你們必須咬緊這一點。你們這一生都要做輻射傷害的檢查，因為你們為了核能建廠，已經受到傷害，這是你們的職業傷害，台電一定要負責。咬住這一點，才能讓台電不能輕易丟掉你們。這個也是社會現在的共識。蘇聯車諾比核災就是這樣。受到輻射傷害的人，是一輩子的事，怎麼可以宣告沒事，叫你走人？」

他們都同意了。於是請我幫他們修改內容。同時我們又討論一下他們如何製作大布條。由於他們真的沒有經驗，所以我只能從頭說起。買布條，準備拉多長，寫多大字，買大張的壁報紙，寫什麼字，有多少人參加，要寫幾幅等等。

討論到了夜深。他們才回去，並且相約隔天傍晚來拿陳情書。

我則要求他們，一定要儘量幫忙，調查清楚核三廠有多少人死於癌症，死於什麼癌症，我才能請學者分析是不是與核能輻射病變有關。但他們說，時間太趕了，恐怕一天內還無法查出來。

無論如何隔天見面再討論。或許一開始就進入準備一起搞社會運動的情境，我們互相支援，互相信任。這和我原本想像中，那難以接觸，深怕觸犯禁忌的核電廠員工，完全不同。我幫他們把陳情稿改得更有感情一點，也更具有攻擊性。要言之，咬著輻射傷害是一輩子的事，台電不能這樣拋棄受到過輻射傷害的員工。這是不負責任的。

由於時間緊迫，隔天的討論集中在他們的陳情內容，布條的標語，以及陳情如何進行。

他們長期服務於「國家機密」的部門，「保密防諜，人人有責」是基本的訓練，因此個性上非常保守。他們也深知公部門的手段，更何況此時正在「全面資遣」的關頭，因此我詢問起與核電有關的運作情況，他們就會精神緊繃，三個人互相觀望，有點互相詢問「該不該說，能不能說」的味道。

我在想，本質上，他們是一群不願意惹麻煩的人，因此，如果不是台電突然採取資遣的政策，工作生計無著，他們是不會輕易出面，公開到台電大樓去陳情的。他們對於要不要向我吐露出核電廠的真相，也心存顧忌。因為如果了出了大新聞，以後被追究起來，洩露消息的人，會是第一個被懲處的人。

想運用我的能力幫他們抗爭，又怕我洩露了消息，害他們工作不保，未來生活無著。這種矛盾的心理我完全可以了解。因此，我並不強迫他們，也不願意用心機去玩「交換情報」的遊戲，那是在乘人之危。

我只是先全力協助他們，希望他們可以保住工作，以後再幫我查一查幾個消息：核電廠死於癌症的患者有多少，有沒有名單？核電廠在建廠過程中，有無安全問題？員工防護核汙染的保護措施夠不夠？此外，建廠的美國進口設備，有沒有美國來協助安裝？最後，做為員工，你們認為核電廠安全嗎？

「給我們一點時間，死者名單要找管人事和醫療方面的人去問，這還不能明白問，因為他們會知道誰在追這個消息。以後如果暴露出去，我們會出事。我們真的要一點時間，暗中慢慢查訪。等查好了，再告訴你。」

他們態度保守，但慎重的態度，反而證明他們是認真而不輕率答應的。

我們相約五月二十日，台電大樓前見面。

三

一九八六年五月二十日，從恆春搭夜車上臺北的建廠特約工，有兩百多人，齊集在台電大樓前的廣場上，拉開了布條，展開抗議。

布條中有抗議台電違法資遣特約工，有訴求台電應進行長期追蹤核能受害者，他們的陳情書交給台電，也交給來採訪的媒體。其中最重要的訴求即是：長期在核電廠工作者，早已有輻射傷害，應該是追蹤檢查的對象，怎麼可以將他們資遣，任其自生自滅？這是不負責任的。

年紀才三十六歲的周揚霖也來了，他已罹患癌症一年多，是腦腫瘤。由於進行化療，頭髮全掉光了，眼睛也看不見，由妻子攙扶來到現場。許多老同事圍過去握著他的手，說：「阿周仔，我是某某人啦，很久沒見到了。」

他的工作是反應爐間助理監工。他是從核一、核二一直到核三，都是參與建廠的工人。然而核一、核二都是沸水型核電廠，反應爐與汽機間在同一處，因此受到的輻射汙染特別嚴重。

和反杜邦相比，台電員工的這一場陳情顯得低調、安靜，甚至有一點卑屈。他們既不呼口號，也不喧嘩，只是由主持麥克風的人說：「我們為台電辛苦一輩子，奉獻一輩子，請公司給我們一個交代！」

我可以了解這樣的處境。他們希望能留下來，否則出去就是失業，而中年人已難有創業的機會。未來如果想留下來，至少要給彼此留下一條退路，以後才好說話，不能撕破臉。

那一天下著小雨，我看見周揚霖的妻子牽著眼睛看不見的丈夫，面容悽苦，坐在地上。我去和她說話，了解病情。然而她也只是悲哀的望著我說：「沒有了工作，我們就沒有勞保，以後付不起醫藥費啊。」（那時還未有全民健保。）

原本找我寫陳情書的那三個人是主要組織者，也只是低調的招呼大家，並不激情的喊口號。我猜想，那些布條上的標語可能也夠清楚了，例如：「關係核能安全至鉅」、「為臺灣核能安全舉哀」、「資遣核能資深技工，工程故意外包，用意何在」、「抗議台電違反勞基法」等。

事實上，他們原本的標語只是就勞基法抗議資遣，但我給他們的建議即是，要升高到核能安全，才能引起一般民眾的關注；也要用建廠員工已受到輻射傷害的影響，台電不能拋棄你們，緊緊扣住台電，逼他們出來協商。否則，若限定在勞基法，與社會大眾安全無關，不容易引起媒體關注。

果然，現場來了諸多媒體，而外包的安全與否，也舉在最前面。

三個人之中年紀稍大一點的那個瘦高個子，約莫五十歲的老大哥，趁著無人注意的時候，悄悄走到我身邊說：「你想知道的事情，我們有請人問了。再過幾天或許可以計算出來。」

「沒關係，統計好，打電話通知一聲，我再去找你們。」我說。

「統計」是指癌症死者的數字，這個確實不易。但沒有這個數目和一般人的癌症比較，也找不到輻射傷害罹癌的對比。此外還有一些內幕我還未了解透澈需要再談一談。

然而我只能等待。

等待期間，我去基隆周揚霖家裡探望他，做了比較長時間的採訪，後來我特別請跑醫院線的記者約了臺大醫院職業傷害專科醫師王榮德，帶周揚霖去門診。我希望王榮德醫師可以指證周揚霖是因為輻射傷害，導致罹患腦癌。如此，我便可以拜託律師對台電提出告訴，要求工傷賠償。至少此後周揚霖會有醫藥費。

我甚至明白的問他：「如果要對台電提出職業傷害的告訴，王醫師願不願意出庭作證？」

但王醫師在門診之後，仔細而明確回答說，這個他無法作證，因為腦癌只是輻射傷害之中的一種，占的比例不是最高的。而且癌症的成因很多，輻射只是其中之一。醫學上，無法變成一種證據，做為指控，他只能說有這種可能，但不能作證說，周楊霖的腦癌一定是因為輻射傷害。在醫學上，無法如此證明。

輻射傷害訴訟不成，看來，周揚霖也只能透過特約工的陳情，祈求台電繼續給予治療。這真是非常無奈的結果。

一個星期後，恆春那個廋高個子的大哥打電話來，約了可以去恆春見面了。我和關曉榮南下。他家在恆春，可以住家裡，我則是基於那個人的要求，獨自去街道上的一家小快餐店見面。

這是他朋友開的小店，所以可以放心的談。即使如此，他在訪談中仍不時東張西望，深怕被人發覺，或有人跟監拍照。

他給了我十三個人的死亡名單，這是最近以來，核三廠的癌症死亡者。更遠的他也問不到，實在盡力了。

然而，這些死亡，是不是有內幕呢？死者的家屬會不會有疑慮？死者有沒有最後的遺言？他們到底如何死亡的？

我想，必須有死者家屬的訪問，才能成為直接的指控。我請他再打聽看看，有沒有死者的家屬願意接受訪問。

他想了想，有點猶豫的說，他再去詢問一下，家屬要先打過招呼才行，否則他們會拒絕的。

兩天後，他給了我血癌死者——侯清泰家的電話，並說已經打過招呼，對方同意了，隔天的下午約在她高雄的家見面。

那是一個炎熱的午後，太陽烤曬著南臺灣的柏油路。那是一排兩層樓的公寓房。我和關曉榮去按了門鈴，沒有人接。我們站在門外抽菸，無奈的想，會不會弄錯了。但查了隔壁的門牌號碼，住址沒錯。

我們等了約莫半小時之後，一個個子不高的婦人才走了過來，她的身後跟著三個壯壯的孩子，一個理了平頭，像國中生，另外兩個可能是小學生。

「你們是《中國時報》的記者嗎？」她低聲問。

「嗯。我們是某某人幫忙約的，妳是侯太太嗎？」

她點點頭，低下臉，開了門走進去。

「我剛剛站在門外看你們，看了半個小時，不知道要不要接受你們的訪問。」她說。

沒錯，我早前無聊的東張西望時，就注意到有人在看著我們。我還以為是附近的人怕我們是小偷，所以留意的看著，卻不料是她在悄悄觀望。

「我實在不知道，要不要接受訪問。當時，真的太傷心了。我實在很不想再重頭說一次。雖然是答應了接受訪問，我還是很怕再去回想。」她黯然說。

「不要緊，妳覺得可以說就說，不想說的，就不要說，不要勉強。」我也只能這樣回答。

她倒了一杯開水，客氣的致歉說：「這麼熱的天，讓你們在大太陽下等，真的不好意思。本來想躲開的，你們等得我都不好意思了。」

「這麼真誠的人，連這個都講出來了。」我心中想。

客廳很簡單，塑膠沙發、電視機，一張餐桌，樓上是孩子和他們夫婦的臥房。她叫孩子回去做功課，我們在餐桌做訪問。

我怕她太難過，無法說出過程，因此，很迂迴的問：「能不能請妳說一下，妳們結婚幾年了，有幾個孩子，孩子幾歲了。」

她用一種緩慢的口氣說起孩子幾歲，讀什麼學校。其實，這些資料只是基本的，但我想從最不必動腦筋的資料開始，至少不要一開始就碰到她最難的部分，也就是丈夫如何生病過世的情節，至少她可以慢慢適應採訪的這種狀態。

然而故事慢慢說開，她的眼淚就流呀流，流得停不下來。彷彿有一輩子的委屈，一直壓抑著，一直不敢說，不敢面對，現在終於說出口了。完全是一種崩潰的情境。我也只能忍著淚，咬著牙，低頭寫筆記，壓下自己的情緒，慢慢的問。

直到最後，她哭得都無力了，我的訪談也沒有想再問的了，我卻只是坐著，彷彿想讓她繼續說，說到悲傷都停止。但她變成靜靜的流淚。

此時在一旁拍照的關曉榮，過來提醒說：「阿渡，我們可不可以把孩子找下來，一起拍一張家庭合照。」

我有點為難，因為，現在的合照，是失去了父親的合照，他們家人會不會觸景傷情，更傷心呢？

還好，她答應了。把樓上的孩子叫了下來。

老關拍了一張之後，看媽媽和孩子在一起，情緒變得平穩一點了，便說：「你們可以拿著爸爸的照片，一起拍一張嗎？」

我有點愕然了。叫他們拿遺照，實在是很觸景傷情的事。

然而媽媽叫那個個子最高的國中孩子說：「去把爸爸照片拿

下來。」

那照片擺在牆壁上，如今，抱在孩子的手上。老關說：「麻煩你，把照片抱起來，抱在前面，拍一張全家人的合照。」他溫柔的說。

那照片的感覺，真的有點殘酷，那種像是照相館在拍家族合照的感覺，然而父親已是遺照。

但又彷彿是在說：爸爸，雖然你不在了，但我們的家族照裡，還在一起。

這場景讓人很傷感。

訪問結束，離開後，我問曉榮說：「你不是已經拍了很多她流眼淚的照片，為什麼要拍這一張呢？這不像是報導攝影，比較像家族的照相館合照吧？」我想說的是：報導攝影以真實為原則，怎麼會叫受訪對象刻意做出某一種動作呢？

「流淚的照片雖然很悲傷，但它只是會讓人難過。我要的是他們安靜的抱著爸爸的照片，那是一個失去爸爸的孩子的證據。我要的，就是家族合照，父親卻已不在，只剩下照片。那是指控的證據。」他冷靜的說。

那照片真的很震撼。

後來，我把她的故事，寫成了「核電危機特別報導」的開篇，成為最有力的指控。

四

由於這一系列報導是臺灣媒體首度揭露出核能電廠的內幕，而我手握唯一的名單，以及死者家屬的訪問，因此非常憂心。《中國時報》位在萬華的一條小街裡，街上有許多成衣商店，到了夜晚全部關門，晚上十一點下了班，一片幽暗。有時獨自騎車回家的路上，都會多心的前後張望，過馬路都特別注意。為了怕發生《絲克伍事件》那種意外，我把名單放在時報的辦公室，隨身再帶一份。那幾天朋友的飲酒邀約一律拒絕，此時此刻，不容有意外。

直到稿子刊出來那一天，我在報館拿到周刊彩印的全新內容，知道周刊已經發行出去，才放下了心。

這報導引起不小的震撼。台電把我列入極度敏感人物，據說內部開了會議檢討，要追查誰洩的密。立委則質詢死亡名單，林俊義以此報導重新檢討核能安全，南部有人舉辦核能座談會，以該報導為根據，開始質疑核三，北部亦有人為此舉辦反核說明會……。立委林正杰還率隊去台電大樓前包圍，高呼反核口號。

反核的聲音，終於有了事實依據，開始擴大起來。

許多後續的事情，原非我最初所能預料，但使人們看到核能電廠內部真相，讓它在陽光下接受民眾公評，並決定是否為台電冒生命風險，原是一個民主國家人民的權利。

然而，台電很快取消資遣特約工的決策，有的續約，有的重新聘任，安撫與控制並進，危機控管做得非常澈底。那一道為了抗爭而打開的小門縫，隨即關上了。

最初與我聯繫的工人在電話中憂心的說：「我們的電話都是有人在聽的，你不要再打來比較好。」

另一個工人則打公共電話告訴我：「你的報導出來之後，公司在追查是誰跟你聯絡的，誰洩了密。大家都很緊張。因為核能本來就是國家機密，我不怪他們，他們也被上面的查辦。」他直白的表明情況，最後還叮嚀道：「以後可能無法再聯絡了，請你要諒解。你自己也要小心，到這裡就好了。別再追下去了，再追下去，你也會有危險，我們也沒辦法了。」

好不容易找到的消息來源，自此斷線。

後來《人間》雜誌要報導，我所能提供的稿子，也只是基於此而進行的政治經濟學分析，特別是臺灣在冷戰架構下，被美國軍工複合體所宰制的核能發電，自主性其實是非常低的。

更何況，臺灣仍想利用這個機會，悄悄發展美國所不想讓臺灣擁有的核子彈。國民政府配合美國的要求，購買一切他們想給的，或不要的核能發電設備，當然，臺灣也附帶買了一些放射原料，作為核子彈的研究之用。這些都是由中科院負責，祕密研究。

臺美之間既是互相利用，又是諜對諜。然而這一切，只有在張憲義逃亡到美國之後，暴露出核子彈內幕，我們才終於恍然大悟。

核能電廠的問題，就這樣被國防機密的大罩，重新蓋上了。

然而，我仍不相信。

這個世界，有存在，就一定有矛盾；有矛盾，就一定有縫隙；有縫隙，就不可能天衣無縫，一定有我們可以著力的地方。於是，從鹿港小鎮的經驗，我想到那個安靜的恆春小鎮。

如果鹿港可以，為什麼恆春不能？為什麼恆春人如此安靜？有什麼辦法可以讓它攪動起來？讓他們來一場社會運動？

一九八六年底，我在柴松林、馬以工的邀約下，擔任《新環境》雜誌的主編。他們希望我能運用自己採訪的人脈，連結各地環保團體，讓《新環境》能成為臺灣環境運動的報導媒體，環保理念得到推廣，環境運動有所提升。

我請李疾來當執行編輯，自己仍在《時報新聞周刊》擔任記者，身分上更方便到處採訪，而各地環境運動的人脈則引介給《新環境》。

此時，反核議題正因蘇聯車諾比核災而熱鬧起來。但所有批評已無新的內容，雖然政府宣布停建核四，但民間依舊憂心。

我心想，一如鹿港所顯示的，再多批評也無用，唯有民間行動起來，政府才會害怕。如果真要反核，就去恆春辦一場核能說明會，將恆春人召喚起來，進行群眾抗爭。我不相信，天天看著那兩個醜惡的核三圍阻體的恆春人，會一無所感。因此，我開始策劃恆春的行動。一切唯有從群眾的召喚開始。

我以《新環境》雜誌社的名義，去申請在恆春國中辦一場演講。題目是比較中性的：「從三哩島到南灣」。由於國中在周末都休假，所以選擇在一個星期五的晚上。

申請文件則拜託關曉榮的太太去辦理。她是恆春國中老師，宿舍就在恆春國中邊上，特別方便。那時並無手機，恆春的聯絡中心，就設在她家。

一九八七年三月時，關曉榮已經繼八尺門之後，決定去蘭嶼長駐，進行系列報導。他的第一篇蘭嶼特寫，就發表在一九八七年三月號的《新環境》上。我計畫以稿費和照片費，讓他可以安心在蘭嶼進行為期一年的系列採訪報導。雖然《新環境》的印刷採用再生紙，品質並不是那麼適合攝影作品。但至少經費上可以先支撐一下。

老關雖然不在，他太太阿香非常盡心幫忙。聯絡國中的老師、學生家長、附近鄰居，鼓勵大家一起來參加。那時曉榮的小孩立衡和晨引都還小，一個唸小學，一個幼稚園，張著萌萌可愛的大眼睛，看我們這一群大人忙進忙出，讓人覺得這一場反核演講是值得的，至少為了下一代。

演講者的陣容，則有《新環境》的社長柴松林、臺大學者張國龍、張曉春，最重要的是，還有《人間》雜誌的作家陳映真，鹿港反杜邦英雄李棟樑。他很知名，因為前不久，杜邦才宣告停止赴鹿港設廠，反杜邦成功了。他們從鹿港的龍山寺，遊行過老街，走到天后宮，沿途老百姓歡天喜地，鞭炮烽火齊放，有如慶祝環保運動的勝利。

李棟樑和我是結拜兄弟，當然來恆春捧場。他的高知名度，也為恆春帶來熱潮。

事前為了擴大宣傳，我請姚國建幫忙，借邱連輝的宣傳車，車上貼滿演講者陣容，以及環保標語，麥克風則沿街喊話。「請大家晚上一定要來恆春國中，參加歷史上第一次，臺灣的核能演講會」。

三月二十六日，我先到高雄，次日中午，便和李疾前往曉榮家，和他太太阿香一起等待幾位學者的到臨。

然而，我們所未曾料到的是，南區警備總部竟然擺這麼大鎮暴警察陣仗，遠遠超過鹿港的規模。不僅於此，下午三點左右，到達曉榮家不久，一通電話打到家中座機。阿香接的，直接指名要找我。

我有點驚訝，因為我們剛到不久，怎麼會有人來找。

陌生的聲音用嚴肅的口吻說：「請問是楊渡先生嗎？」

「我是，請問您那位？」我禮貌回問。

「我這裡是南區警備總部，我們司令有事情，想找你，約你過來談一談。」

「要約談什麼事？」我心中跳了一下。

老天！南警部居然知道我人在關曉榮家，那麼準確的打到這裡，要跟我「約談」。那顯然他們有跟監。其次，既然他們知道這裡的電話，他們一定有監聽，那演講的事，他們一定都知道了。換言之，誰會來演講，他們大概都知道了。

要知道，在一九八〇年代，警備總部的「約談」，是無法拒絕的。雖然他們只是約談，不是拘押，但你無法拒絕，也不知道要談多久。

「談一談你們今天晚上要辦的活動。希望能跟你協調一下。」對方口氣慎重而冷靜，儼然公事公辦。

「可是，我今天晚上有採訪工作，《中國時報》要做報導，我不能去。」我試著讓他知道，我的身分，仍是報社記者，有採訪工作。我想用身分讓他們有所顧忌，此時時報的身分仍是有保護作用的。

「可是這一場活動是你辦的，《新環境》雜誌申請的。既然由你策劃的，應該找你來約談。」他沒有給我留餘地。

顯然，對方把我摸得一清二楚。

「那我們討論一下，你等一下再打來。」我想找一點時間再想想。

我和李疾說了這情況，李疾也緊張起來。

「如果我過去談，可能回不來，那晚上的活動就由你來主持。還好，這些學者你都認識。」我心想，這一關是逃不過去的。

「可是，他們都是你找來的，萬一你不在，他們問起來很麻煩。而且，那些宣傳車，活動細節，也都是你聯繫的。」

「可是他們的約談，非去不可。我們無法拒絕。」我說。當時警備總部的權力非常大，他們也有可能來此抓人。那就更麻煩了，我不想在演講之前發生什麼意外。

「這樣吧，我替你去，不然你去了回不來，會更麻煩。」李疾反應很快。

「他們要找的是我啊！他們連我在這裡都知道了，當然知道活動是我主持的。」

「要不你跟他說，你不能去，派一個《新環境》的編輯去談。反正這個活動的主辦是《新環境》雜誌。」李疾面色凝重的說。

我想想，也有道理。演講者都是我找的，只有我熟悉，而恆春這邊也是我聯絡的，看來只能這樣。

當他們再打電話來的時候，我說明了：「我是《中國時報》記者，今天晚上有活動要採訪，但我可以請一個《新環境》的編輯去跟你們談。有什麼問題，由他代表就可以了。」

對方說：「請等一下。」他握住話筒，沒有聲音。隨後，他說：「長官說可以。」

我跟李疾點點頭。

「好。那去哪裡見面？」我回道。心想，如果要我們過去，就拖到越晚越好。

對方沒留餘地，直接說，再過二十分鐘後，在恆春國中校門口這邊接人，他們會派車過來。

「去了小心一點，不用跟他們爭辯什麼。多聽，讓他們說，說什麼都說好，我一定會回來請示。反正上面還有人。」我交代李疾說。

李疾以輕鬆的口吻說：「別擔心，我只是去喝一杯咖啡。你好好主持，這可是臺灣第一場反核演講。」

我心中明白，這可是做為兄弟的李疾的義氣，他替我去擔責任，如果這邊有什麼事，他一定被追究，甚至坐牢。

我要送他去恆春國中門口。

「不要不要。你千萬別出來，免得連你也一起扣進去了。」他輕笑著，轉頭出門。「幹，長這麼大，沒喝過他們的咖啡，去試喝一下。」他故作瀟灑的說。

傍晚七點開始演講。活動開始前一小時，我就在恆春國中的禮堂裡等待。一方面排講者的位置，一方面看現場。

陳映真先到的，他拍著我的肩說：「你真勇敢。」然後說：「哦，剛剛看到街道上已經有許多鎮暴警察，好像很敏感的樣子。是對著我們這個活動嗎？」

「是吧。他們有找我約談，南區警備總部的。」我說。

「你沒事吧？」陳映真說。

「沒事。」我說。「李疾先幫我去應付，跟他們喝咖啡。應該沒關係啦。」我要他放心。

「核能，還是非常敏感的。你要小心，全世界都一樣。」陳映真那厚大的手掌溫暖的拍拍我的背。

「李疾的事，你知道就好。」我說。「我不想讓其他學者覺得害怕了。」

「好。我知道。」

柴松林是《新環境》的社長，他真是有擔當的人，親自來參加並主持這一場演講。

「從學術來說，我們探討核能安全問題，到恆春來演講，讓民眾了解核能安全，以避免災難的發生，共同維護環境，這總是好事。政府還應該感謝我們才對啊！這是在幫政府的忙。」柴松林教授總是能從學術的角度來看待所有事，即使是再敏感的事，他都可以從正面去解釋。

很特別的是，有他在，用他那沉穩柔和的聲音演講，場面就有一種安定的力量。他也來得很早。

本來馬以工也說要來的，她畢竟也是《新環境》的負責人，而且寫過反核文章，儼然專家。但她臨時改變主意，說要去抗議核四預定地。我有點不以為然，因為核四已經宣告停工，要去抗議什麼？基本上是無的放矢。但我了解，冰雪聰明如她，怎麼會不知道今天有多敏感，所以有意避開今天這場群眾運動的場面，以避免出事的責任吧。

李棟樑也很早來到現場，像個主人一樣，在校門口招呼學者。許多民眾看到他，很高興的來打招呼，說：「我認得你啊，鹿港的那個人。」不久，張曉春教授、張國龍教授、黃提源教授都來了。

校門口的地方，有五、六個警察在維持秩序。聽眾走進來以後，一般都要再走到禮堂裡找位子。但有幾個人在校門口觀望，也有幾個人在禮堂外面，走來走去，看起來像便衣特務。感覺上這些人會讓恆春的民眾感到害怕，但我們也沒辦法。

來聽演講的人以年輕人居多，大約是在地的老師、知識人，但也有不少是人看起來面目黧黑，像恆春在地的漁民。不知道他們從那個角落來的，騎著摩托車，停在校外，有點距離的地方。我心想，會不會是怕被情治單位記車牌呢？

核三廠的員工，上次見過面的那幾位朋友也來了。他們來了四、五個人，戴著運動帽，帽沿壓得低低的，深怕被看到，只悄悄打聲招呼說：「我們不能被看見。但是你兄弟辦的，我們一定要來！」說完就快閃了，坐到偏遠的角落邊。

禮堂是一個封閉的大場地，還有二樓可以坐人。來了約莫一百五十人左右。就小鎮來說，這規模跟鹿港差不多，只是氣氛更緊張。

演講由柴松林開始。他的平穩帶給會場一種安定的力量，演講順利進行下去。但街頭那邊，卻傳來鎮暴警察在增加的消息。姚國建叫人來傳話，要我過去看看。

我走到街頭一看，嚇了一跳。這些鎮暴警察不出來還好，愈是整齊的站在路邊，愈讓民眾緊張，反而圍觀的人愈多。幾百個人，圍在那裡，一副看熱鬧的模樣。

姚國建也利用這個情勢，鼓動人們去聽演講。有時也故意把氣氛弄得有一點緊張，來製造升高衝突的效果。群眾反而愈聚愈多。

還好他很有經驗，透過現場觀察，就能對群眾的情緒有所掌握，也很快抓到群眾的基本性格，因此他時而挑釁，時而緩和的廣播，適時的控制住場面。

也因此，當我站在宣傳車上，從高處看去，發現街道上，遠遠近近，約莫有上千人在圍觀的時候，我開始思考，要不要把演講會場，從恆春國中大禮堂，轉到街頭。

這是一個危險的決定。因為大禮堂是室內場地，中間有國旗和孫中山照片，有一種秩序和安定感。但來到街頭，面對鎮暴警察，如果不小心升高衝突，群眾會不會突然失控，爆發衝突，就很難說。

要不要冒這個險呢？我決定重回到禮堂看一下，再做最後決定。

五

「如果恆春發生了像蘇聯車諾比的意外，那就不僅是恆春的災難，整個南臺灣，從恆春半島到屏東、高雄、臺南、嘉義、臺東，沒有一個人能倖免。核能的災變，比核子彈還可怕。所有附近地區的食物。包括的海裡的魚，海邊的海產，陸地上的植物，稻米、蔬菜、水果，全部都會受到輻射汙染。不只是南部，全臺灣都受到影響。那時，我們都無法生存。」柴松林教授用一種警世的語言，緩緩訴說。

「所以我們要關心核能安全，恆春的人，生活在核三廠的旁邊，更需要關注核電廠的安全。這裡是我們的家園。……」

此外，張國龍從蘇聯車諾比的後果災難的可怕，陳映真談美國跨國公司如何宰制臺灣的核電發展。

學者的演講，有理論，有依據，有世界觀，可是，去像在校園裡上課。對大禮堂的一般群眾來說，確定是太沉重了。有些像是國中老師的人仍能專注的聽，但看來像漁民的民眾就有點不耐煩了。有幾個人抽著菸，無聊的在一旁聊天。

我再看了五分鐘，最後決定：放手一搏！

我到臺上告訴柴松林說：「街道上，因為有鎮暴警察的關係，至少有上千個民眾聚集了，與其在這裡講，不如到街上，對一般恆春人開講。那樣才能接觸到一般民眾。」

柴松林點頭同意。我心想，溫和的他都願意，那麼其他人更沒問題了。

於是，我請柴松林宣傳，準備移師到街道上演講。「因為街道邊有更多我們恆春的鄉親，我們去跟他們一起演講，也讓街頭上的鎮暴警察聽一聽。」柴松林用一種感性的口吻說。

此時我已經提前走出去，在國中的校門口，要去緊急通知姚國建了。

姚國建迅速在宣傳車上宣布了這個消息。

「現在我要各位宣布一個好消息，這一次來到恆春國中演講的學者、臺大教授、世界知名的作家、還有鹿港反杜邦的英雄李棟樑，他們都要來到我們恆春街頭，跟我們一起演講了！」

這一說，本來有點鬆懈了的鎮暴警察立即緊張起來，全面戒備，全副武裝，連鎮暴長棍都舉在胸前，彷彿學者來了，戰爭就要開始。

由於警察的動作太大，發出叭叭的聲響，後面的群眾以為什麼事，紛紛往前探頭。此舉反而招來更多的群眾，他們以為要出事，都聚集了過來。鎮暴警察反而被包圍在中間。

從恆春國中走出來的人潮也跟著學者的步伐匯集過來，讓街道的人群更為擁擠。我看見柴松林那一頭招牌的銀白色頭髮，和陳映真高大的身軀，穿過擁擠的群眾，自信而不失莊重的走了過來。

姚國建在麥克風說：「我們的學者，已經從恆春國中來到現場。現在，我們的街道開講，就要開始了。」

人群中發出一些呼聲和鼓掌聲，彷彿在為學者喝彩。後面的人想向前觀看，場面變得有一點亂，但群眾激動的情緒，感染了學者，他們都非常興奮。

「哇！外面有這麼多人！這麼熱鬧！」平常很冷靜的柴松林也嚇了一大跳，感染了這個氛圍。

我站在宣傳車上，姚國建的旁邊，看圍觀的場面上，至少一千五百多人，有點紊亂，但恆春人是非常溫和的個性，因此場面一點也不火爆，只是想往前看。但鎮暴警察都有點慌，整個警隊立正站好，警盾排前面，警棍豎得挺直。

為了穩住整個場面，我趕緊請柴松林首先上臺演講。

他溫和的聲音，穩重的態度，果然讓場面變得平和下來。他的談話大意，主要仍在呼籲全臺灣都要關注恆春的環境生態，包括警察也要，因為在如果恆春發生什麼意外，特別是核能災難，全臺灣都會受害。

因此，恆春是為臺灣站在第一線，所以，恆春應該要核能災難發生的演習，像這麼小的地方，如果發生核災，要怎麼疏散、搶救、保護人民，都應該有演習。可是臺灣的核電廠都沒有做。我們希望政府正視這個問題。因為恆春這麼美的地方，我們希望它永遠保留下來。

從激烈的情緒，慢慢緩和下來，再由張國龍上臺，或許群眾的感染，他講得比較激動。

接下來陳映真則是以他一貫文學家感性的聲音，有如說故事一般，說起核能電廠員工發生的病變，輻射可以對人的傷害，以及它對恆春的生態環境可能造成影響，而附近的漁民、居民都要小心，隨時注意健康。

恆春民眾彷彿也感染了這種文化關懷的情感，雖然是至少有一千五百人，但隨著演說的深入，民眾逐漸安靜下來，他們真的在認真的傾聽。

此時，我發現宣傳車的一角，也就是演講者站臺的旁邊，出現了一箱紙箱，似乎是罐裝飲料。我以為可能是某一位講者口渴去買的，所以不以為意，請他們打開喝。我擔心群眾的情緒，因此去民眾之間走來走去，看他們的反應。

真是想不到，每一個人都聽得非常專心。特別講到附近的海域，也就是核三廠的出水口的地方，可能會有殘留的輻射汙染，我們的漁民一定要小心。我們給孩子吃東西的時候，也要小心。

這些核能知識，如果在大禮堂講，可能大家都會當學者在說話，可是在這裡，在恆春的街道上，不知道是不是這種氛圍讓學者與群眾的互動更緊密，講起來特別有感情。而是講者如陳映真，聲音磁性，很會說故事，具有很強的感染力，民眾幾乎都聽得非常專注，充滿感動的情緒。

即使鎮暴警察也都安靜下來，專心的聽著。坦白說，站在群眾之中，做為民眾的角色來觀察，我才能明白恆春人的感覺。他們知道了，這是一群來關心恆春的知識人，他們受到觸動了。

這樣的氛圍，我就放心了。它不會引起突發性的衝突，也不會有人情緒失控。我轉回宣傳車，跟姚國建說：「氣氛很不錯，你引導得非常好。就這樣，用感性來引導就好。」

姚國建帶著我走到宣傳車後面，指著一堆紙箱子說：「你來看，他們送的。」

那紙堆看起來有十來箱，好像有飲料、啤酒、餅乾之類的，夜色昏暗，我也來不及細看。

「誰送的？」

「就那些觀眾啊，他們就自己抱過來，說，要謝謝你們為恆春做的。這些本來是恆春人應該做的，卻讓你們來幫我們做了，謝謝你。我一直叫他們不要這樣，我們帶不走，可是，他們放下就走了！」

啊，安靜的、沉默的、純樸的恆春人啊。他們沉靜的承受這一切，沒有人來為他們說一句話，現在有人幫他們說出來，他們馬上來回報了。

「真是太感動了！可是，如果再送來，叫他們要帶回去，我們沒辦法處理啊！」我說。

演講的最後，由李棟樑做總結。他用自己的經驗，說了鹿港的故事。他最後說：「我們鹿港，也是像恆春一樣，是一個非常安靜純樸的小鎮，我們都希望保有一個乾淨的家鄉，一個我們祖先生活過的地方，我們也要保留給我們的子子孫孫。希望我們一起來努力！也歡迎恆春的鄉親，來鹿港玩。我們手牽手，作伙打拚！」

李棟樑結束之後，恆春的鄉親依依不捨，站在街道邊鼓掌，久久不息。

我先送學者先離開，他們各自有安排，有的人要去高雄住，有的人去朋友家。

姚國建跑來問我：「那個車子裡面的東西，怎麼辦？」

「什麼東西？」

「就那些飲料啊什麼的。」姚說。「很多呢！傷腦筋。」

「請有需要的人就帶走，要不，就放車上，讓司機帶回去送給邱連輝。」我說。

鎮暴警察也平安的收工了。他們帶隊走向稍遠一點的路上，那裡停放著十幾輛黑色的警備車。

李棟樑看我沒事了，才過來說：「我先回去鹿港，改天過來喝一杯。今天真的不容易，太不容易了。恆春頭一遭，臺灣頭一遭，反核第一聲！」

「恆春老百姓有感動比較重要。」我說。「真是沒想到。」

我特別去謝謝姚國建，緊緊握著他的手。今天，幸好有他主持的功力，讓整個場面控制得非常好。他很豪氣的說：「沒給兄弟漏氣啦！」

大家都走了以後，我回到關曉榮的家。我在等待，等待李疾回來。這才是我整個晚上一直在擔心的。

還好，過不到十分鐘，他就回來了。

「幸好你沒去！幹，就把我扣在那裡，其實什麼事也沒有，就是要當人質。」他滿臉不在乎的說。

「幫我去受難了。真多謝！」我說。

「也沒受什麼難，就是在那裡，跟軟禁沒兩樣。起初在恆春分局，後來送去屏東，再後來可能怕我回來現場，把我送去屏東邱連輝服務處。是我爸爸去那裡把我接回家的。」

「你爸爸有沒有罵你？」

「他擔心死了。可是，我接下來就跟他借錢，要坐車回來。他說：啊？你還要回去？好不容易才出來，你這不是羊入虎口？自己又送進去。我就跟他說，可是我的朋友，那些學者、臺北的作家，都還在那裡，我要回去跟他們交代。」他笑著說：「結果一回來，你們已經都結束了。」

「還你平安回來了。」我心想，還好，整個晚上都平安無事。「你怎麼回來的？」

「叫我爸爸朋友的計程車。」李疾問：「今晚怎麼樣？」

「還不錯，很刺激。」我想到他終於回來，才感到一種後怕。「走吧！平安就好！去恆春夜市喝一杯。我們慢慢說！」

關曉榮的太太阿香走過來，體貼的交給我們一把鑰匙，說：

「你們去慢慢喝，慢慢聊，回來自己睡那房間。我先帶孩子去睡了。」

立衡和晨引張著大眼睛，微笑跟我們說：「晚安！」

六

過了一陣子，我和恆春的一個老師聊天。談起以後他們會不會接下去做。關心核能電廠，既然不可能移除，至少要求核電廠應該有疏散計畫，核安演習。

然而，老師說，在地的朋友那一天很感動。可是真是要團結起來，質疑核三的安全，採取行動，卻不願意。

「因為核能跟國家機密有關嗎？」

「也不是，而是更實際的。因為如果核三不安全，以後誰還敢來墾丁玩。墾丁的觀光沒有了，恆春居民的生計也沒有了。所以在地的商家、漁民、做觀光生意的小店，雖然都知道要關心，但不希望把這個議題炒大，炒起來對恆春不利啊。」

「一切還是要看恆春人的意志了。就像鹿港環保，是在地的力量完成的。」

恆春，回到安靜的日子。

我們回到臺北。由於馬以工對我們去恆春反核有疑慮，因此即使是《新環境》的報導，也做得很少。她並未直接說什麼，只是說：關曉榮的稿子，稿費太高了，可否刪減？

事實上，關曉榮的蘭嶼系列報導，第一篇率先發表在《新環境》一九八七年三月號。我給關曉榮的圖片以較高的稿費，是為了支撐他在蘭嶼長期採訪的生活所需。比起記者的薪水，這些稿費只能勉強度日。說關曉榮的稿費太高，其實違反了最初的承諾。我覺得沒什麼意思，該走人了。

我將照片與文字全部轉給陳映真。他非常高興，如獲至寶，將關曉榮了專題，做了更好的呈現。《人間》雜誌，從一九八七年四月開始刊登。事實上，以《人間》的美術編輯與印刷品質，更符合關曉榮報導攝影的需要。這才是正宗。

恆春反核第一聲，雖然未曾在恆春發酵，但全臺灣各地的反核聲浪，卻因為當年的報導，逐漸擴散。

一九八七年十二月七日，蘭嶼開始了反核廢料的第一聲吶喊。那是關曉榮長駐蘭嶼的另一種結果。那一聲吶喊，來自郭健平。那是另一個故事了。

後記：

二〇一三年，陳藹玲號召婦女成立「媽媽監督核電廠聯盟」。三月九日舉行三〇九廢核大遊行，約二十多萬人走上街頭，高喊先終結核四、核電歸零。

過不久，反核團體擬寫作一本臺灣反核歷程的書，找兩位記者來採訪我。我本來以為這一段「臺灣反核首部曲」，已經為歷史所遺忘，在訪談中慢慢重述。但因訪談限制，太多細節難以盡講。我只記得以反核為宗旨的兩個年輕人最後問我，你現在怎麼看核能？

我回答說：以前年少時不覺得核能是安全的，因為美國、俄國這兩個最先使用的國家都出過問題。當年我也曾採訪過林口火力發電廠，知道排放氣體中的硫化物對生造成多大的破壞。所以我曾主張臺灣應儘量使用天然氣發電，以降低汙染。

然而，看到臺中火力發電廠所造成的危害之後，我深感危機。不僅是地球暖化，而是直接傷害到人民的生存。我本來退休後想去埔里、南投一帶過耕讀的日子，但現在那裡是冬天的高汙染地區。海上吹來的風把臺中火力電廠的汙染都吹到中央山脈的山腳下，排不出去。

這世間其實並無一個沒有危害的發電能源，使用能源就一定有危害。而臺灣只是一個小島，如果我們全面依賴單一一種能源，如火力電廠，或太陽能，對這樣的生態環境是不利的。而人口高密度的居住環境，也難以承受。

所以我比較新的想法是，臺灣要儘量讓能源的使用分散。核能用一部分，火力發電用一部分，綠能用一部分，其他再儘量使用小型水電站。但水電站對生態的影響也很大。特別是臺灣生態環境非常脆弱，水電站對水資源的影響很大。

而核能的安全性，和一九七〇年代的三哩島，一九八〇年代的車諾比來照，現代核電站的管理比過去多了更多的自動化監控，比起舊型的核電廠安全。日本的福島核電廠事故，也是舊的機型。而核廢料處理方面，臺灣基本不被美國允許處理高汙染的核燃料棒，謹能處理像蘭嶼的受核汙染的物料，如衣物、水泥等。相較於地球暖化與空氣汙染的嚴重性，核廢料的處理，仍可以找到安全掩埋地點。

總之，能夠儘量分散能源的來源，就不會集中於某一種類型的汙染，如此可降低汙染的單一性，降低使用的風險。至於在核電、火力發電（包括油、煤、天然氣等）、綠能（太陽能、風電）的比例，就要看對環境的影響而定。若是單一依賴，都是臺灣這種小島的生態環境難以承受的。

這就是我後來給訪問者的答覆。

附錄

蘭嶼反核，第一聲

前言：

一九八七年，關曉榮開始到蘭嶼進行為期一年的長期蹲點報導攝影。我在臺北為他安排在《新環境》雜誌刊登，以微薄稿費作為支撐蘭嶼生活的所需。還好蘭嶼生活費用較低，勉強可維持。後來因《新環境》對稿費支付有意見，我於是轉往《人間》雜誌。以《人間》雜誌對攝影報導的專業編輯，版面設計的美觀，其實對關曉榮的作品是更好的選擇。

然而關曉榮在蘭嶼慢慢結識了在地的年輕朋友，也了解核能廢料對當地的影響，逐漸的，他啟發了在地青年對核能廢料的反省與反抗。而這個採訪者與受訪對象的互動，進而形成社會運動的過程，一直不為外界所知。

關曉榮對當地的影響是不言而喻的。採訪結束後，他將當時逐月發表的報導集結成書《尊嚴與屈辱》，分為三集。這篇文章即是為此書而寫的序文。

當時我正忙於大陸採訪，旅途匆匆，在飛機上，在北京冬日雪地的寂寞裡，回想蘭嶼一九八七年十二月那一場抗爭的開場，心中依舊熱血。

而那一場抗爭之後，蘭嶼的反核開始了。兩個多月之後，一九八八年二月的「驅除惡靈」反核廢料運動開始了。

我知道，自己在許多社運的議題上，更像是一「點火人」，燃起了反抗的火種，剩下是否有持續的運動能量，就

看在地群眾的動能與組織能力了。我總是一個外來者，像遊俠，該離開，便離去了。

而那是一個「暴雨將至」的時代。雷聲轟轟隆隆，撼天動地，世界的變局開始了。

永興航空公司的小飛機在蘭嶼機場的上空盤旋。海面的波濤碧藍深沉，映不出灰鬱的天空濃雲。小飛機在逆流中抖動跳躍，引擎嘎嘎作響，彷彿要拆散解體。但飛機在盤旋拔高一圈之後，終而抖抖顫顫地在跑道上安然停住。

雅美族青年健平瞪著我，竟而開心地笑起來：「我剛才心裡一直在擔心，萬一飛機掉到海裡，你會不會游泳，我要怎麼救你。」他呵呵地笑問：「你會游泳嗎？」

「大概會吧！」我訝然，但又覺著溫暖，便說：「我在想別的事。」

此次行李中帶著曉榮所囑咐的幾樣東西，手提麥克風及一些寫標語用的布條、壁報紙（這是要抗議用的，蘭嶼買不到），以及一套蘇聯車諾比核融爐後的輻射傷害的幻燈片及放映機（這是要在各村舉辦說明會用的）。曉榮在蘭嶼進行調查採訪已半年多，這期間他有了許多當地的朋友，像兄弟一樣地討論雅美族的問題。並且據他自己說：「由於面容黝黑，酷似原住民，但身上揹著相機拍照又像觀光客，所以最可能是雅美族的紈絝子弟——

不事生產的那一種。」

然而曉榮是從事生產的，除了每月固定一篇的攝影報導，還生產著反核意識，在雅美族青年之間。此次帶著這些裝備前來，其實是應曉榮之邀進行反核活動及宣傳。

為了平撫雅美族人對核廢料貯存場的反感與拒絕，原委會廢料管理處擬邀請雅美族鄉民代表、鄉長、縣議員赴日本參觀核電廠設施及廢料處理。然而，在未曾有過「核能」這個現代名詞的雅美族人之間，誰都明白「參觀核電廠」只是一個幌子，真正用意在於以觀光進行拉攏、說服工作，而只要主導的民代說服了，反核活動就不可能興起。但是民代們似乎又很難抗拒赴日觀光的誘惑，他們視之為這可能是生命中首度也是唯一的一次出國旅行。想想在這個依靠打飛魚維生的小島上的少數民族，連貨幣使用都處於初級階段，怎麼可能存夠錢去出國觀光，而即使足夠，又怎捨得把辛辛苦苦的積蓄花在毫無物品交換的觀光行為——這富裕社會的消費活動上。所以每個受邀出國者都懷著兩種情緒：悄悄地興奮著而又裝得若無其事，興奮得有人赴臺東去訂做西裝以備風光遠行，但又因這是以核廢料貯存場的存在為前提才發生，是核廢料帶來的「附加補償禮物」，因此又有些慚愧。

這種觀光、參觀與收買的混淆，在雅美族緊密的人際網絡裡，沒有什麼人願意去戳破，年輕人礙於族中長幼尊卑的嚴謹傳統規範，亦不敢站出來反對。

這時，曉榮這個外來者便有了他的作用。「這是對雅美族的收買，對民族自尊的侮辱。」「雅美人不能被收買」的聲音在年輕人之間傳開，同時也因著曉榮曾多次採訪過街頭運動，於是建議以舉布條抗議、上街頭的形式展開反對雅美族人被收買的活動。

這是雅美族生命史中未曾有過的行為——上街頭抗議。在偏遠離島上的少數民族舉起抗議之旗，這確乎是難以想像的事。所以曉榮要健平準備壁報紙和布條，以及手提麥克風、幻燈片。這一切彷彿在預示著雅美族族史的另一頁。

但我們似乎來遲了。一踏出機場，曉榮的一位前來接機的朋友就說：「快一點，他們好像今天下午就要出發了。」

「誰？」我問。

「那些鄉民代表。」

「幾點？我們來遲了嗎？」

「不是，他們要提前去，你問關大哥會清楚一點。」

關曉榮不在，他騎車出去了。二十幾分鐘之後他終於回到住處，劈頭便說：「他媽的，這些人在耍詐。」

原來的傳聞：原委會的計畫是在明天邀請這些鄉民代表搭機赴臺東，再轉臺北松山，後赴桃園國際機場，直飛日本；但由於聽到反核抗議活動，遂提早出發，改在今日下午出發赴臺東過夜，這樣就可以避開抗議活動（至少抗議配備及人力動員都來不及），而我和健平帶著東西來就等於白忙一場了。

上午聽到這個消息的曉榮只能下一個賭注：假設健平與我會趕到，而如果趕不及也要繼續，因一切總要有開端，就算他們都赴日，往下的幻燈片反核說明會也要如常舉行。就這樣，他騎車到各村去聯絡人，去動員人來參加下午的抗議原委會收買活動，又動員一些年輕人去找朋友出來，而直到現在才回來。但為時確乎太晚，許多人已上山下海去忙農事了，要通知都來不及，只能來多少人算多少人。

「我們只剩下一個半鐘頭了。」他在談完前述情況後終於嘆口氣說：「但即使一個半鐘頭也要出動，總要有第一次。」

健平負責繼續到各村去聯絡，曉榮和我留下討論。結論是寫一些大字海報的抗議標語，以及一張傳單。我負責擬稿，他寫大字。言畢，他有些不勝慶幸地插著腰說：「我是國立藝專美工科畢業的，科班出身，看來現在終於回到正途！」

就在我猛抽菸想文稿之際，拿筆等在一旁的他突然問道：「喂，你要不要喝一杯曼特寧？義大利式的煮法。」

「隨便，別騙我了！茶或者開水都可以。」我心裡想，這個傢伙未免太誇張了，在連壁報紙都買不到的蘭嶼要喝「義大利式的曼特寧」，即使他知道我喜歡濃而且苦的曼特寧也不必這樣哄我，反正我是會乖乖寫稿的。

但不料三分鐘之後他竟真的端出一杯香氣四溢的咖啡，揚揚得意地說：「怎麼樣，貨真價實吧？」直到抗議結束後，我才在他簡陋無比的廚房兼浴室的瓦斯爐上找到煮的器具和咖啡粉，原來他其實只有這一種咖啡，就能裝得好像很厲害的樣子。然而，我彷彿更能理解那樣的興奮之情，那是戰士在走過泥濘沼澤與漫漫長夜之後，終於到達戰地要開火的興奮與欣慰，何況「戰友」

也來了。

「戰鬥終於來了。」我們互相拍著肩膀，並且互相調侃彼此字體的專業水平云云。

蘭嶼的「街頭」其實是荒涼的。在機場前的一條道路沒有建築房舍，只有叢生的雜草與斜坡，間亦有雅美族人的芋頭田，另一邊則是海岸與波浪。要行進小村前，你總會看見一、兩頭黑黝黝的小豬在徘徊閒逛，這就是雅美族抗議的街頭了。

即便抗議人數也僅有三十來人，上山下海農忙去了，或不習慣而不願來的仍居多數。而來到機場的人也不願正面站出來舉海報（多麼尷尬呀，這些民代可能是他們自己的親戚），只是站在一旁，遠遠觀看。年輕人之中僅有六、七人出面舉標語。

健平拿著手提麥克風演說，這也是他生命中第一次在族人面前演講。起初，他的聲音有點生澀，帶一點不敢在長輩面前僭越的謙遜。但隨著說到祖先給我們的土地，他的聲音大了起來。他的喉嚨，有如天生用來吶喊的，高昂的說出內心的想法。

「雅美族的祖先把土地交到我們手上，我們怎麼能讓它被毒物汙染，變成荒島。原委會就是要收買我們的民代，好讓他們繼續蓋廢料場，我們不能為了去日本，而被他們收買了，我們不能對不起祖先。」「看在祖先的份上，你們不要去日本！」「回來吧！別去日本了！」

曉榮和我在到達機場後就把標語和傳單交給了雅美族年輕人。當他從背包裡拿出相機，冷靜地站在旁邊時，角色立即轉換，成為一個「報導者」，並且有如陌生的「局外人」。那是心裡微妙的轉變，彷彿真正在「上戰場」而戴起了面具一樣。

前一刻寫著標語而興奮無比的關曉榮與現在的報導者關曉榮是這樣不同，他只是面無表情地拍著照片，不再多說一句話，也不再去同雅美族的朋友打招呼，他只是安靜地記錄著雅美族生命史中的第一次抗議，像一個冷靜的旁觀者。

我們確切地知道自己是站在「外面」了。沒有人能為任何民族做任何事，除非這個民族自己要站起來，是的，主體仍在其民族自身，外來者終究只是協助的角色。一切就看他們自己了。而命運的幸與不幸也將由這民族來承擔。

健平已喊得聲嘶力竭，喉嚨沙啞了，但鄉民代表們依舊沉默地坐在機場的候機室內，飛機不知道來了沒有，但民代的不安卻愈來愈明顯，在健平一聲聲「我們要對得起祖先，要對得起子孫，回來吧，別去日本了！」之下，這些原本是鄉中長輩的民代的頭愈垂愈低。

又過了許久，一個約莫五十幾歲的鄉民代表率先從候機室走了出來，他垂首，又仰頭四望，向鄉人說：「不去了，這樣子去也沒什麼意思。」然後他走向一個舉抗議海報的年輕人，說：「回家吧！」這個年輕人是他的兒子。年輕人於是把標語交給其他人，轉身去騎機車，載著父親返家。

在父與子離去的背影與灰塵中，原來等候於候機室的鄉民代表魚貫起身，不無掙扎又不無悵惘地說：「不去了！」然後回家。

曉榮依舊咔咔地拍著照片，狀似旁觀者，只有他的過急的按快門的聲音，暗暗地洩漏出內心真正興奮的律動。

出生於外省籍家庭的關曉榮在少數民族的村子裡居住一年調查採訪，這種對臺灣的真正關注遠超過任何口號呼喊者，卻又彷彿是矛盾的存在。寫著標語的抗議文宣工作者與舉著相機的拍照者之間，騎著機車去動員族群的參與者與面對文字記錄事實的報導者之間，彷彿是完全對立矛盾的，但又是互為依存的存在。而這樣的矛盾在曉榮的身上一樣是互相對立又互為依存的性格。

熱烈的血液與攝影機後的冷靜的眼睛，使報導者時時擺盪在互相矛盾的衝突情境裡。一些報導或新聞理論曾有各種分析，說報導者的規範，或所謂「參與報導」云云，但這些其實都只限定於職業範圍的規範：亦即把報導者的守則視為人生之守則。但在報導者的角色之上，是不是有做為「人」的更高的原則與理想呢？

植根於一般人性基礎的問題可能是：我們怎麼可能望著一個受侮辱者，受傷害者在受苦而無動於衷？平常人都可能會心生同情而況是一個報導者？若是一個報導者必須是絕對的旁觀而且不動同情心，則誰（包括每個人）能做到？為了以為的客觀而不允許任何同情，則報導者又算什麼呢？像CNN的彼得．阿奈特（註1）那樣可以望著一個人自焚而不動聲色拍照，有幾個人能做到？做到又代表什麼意義呢？是職業的？或人的？

報導者熱烈的血液，與站在一旁冷靜的觀照著的攝影機，使報導者時時要面對自我的質疑與批判：當我在報導著少數民族被觀光所剝削，我的報導是不是另一次剝削？我是不是只為了成就名利與滿足探知的慾望而寫作，變成我對少數民族的剝削？我的報導對少數民族（或受苦的報導對象）有任何助益嗎？一篇報導有什麼用呢？

這大約是報導著永恆的自我詰難。他於是想在報導之外，做些什麼有實質意義的事，但終究有限，很可能他握有的劍終究只是報導而已，便以為報導之出現或能因讓世上的人們知道了便有改變的希望；而為這渺茫之希望，他又繼續寫下另一些報導，又開始了另一趟道德上自我質疑的旅程。反覆的磨難與追尋。

永無休止的薛西弗斯推著石頭，走在荒蕪的大地上，並以為石頭滾過的荒地多了，就成其為路……。

那一年，萬華夜市毛蟹攤子的老闆娘正大著肚子招呼客人，她的廚師丈夫做的紅燒虱目魚頭味道甚好。離開《時報新聞周刊》前夕，曉榮和我常在那兒喝參茸酒，談論著報導、八尺門以及蘭嶼的計畫。

那時已寫過八尺門的曉榮原準備找些基金會支持他的報導計畫，但困難重重。他只能再工作兩個月存點錢去買相機及鏡頭，然後才動身。但動身也缺路費，於是又找一家雜誌社先借支，以後再用稿子來償還。就這樣，他在一無所有的情況下開始了蘭嶼的報導。並且靠著雜誌社的稿費維持了一年的採訪工作。

然而，更重要的毋寧是他在蘭嶼一年的報導工作所產生的影響，其實遠超出一個報導者的範圍。一九八七年十二月七日，蘭嶼青年機場反對台電收買鄉民代表赴日事件，揭開蘭嶼反核廢料的序幕。然而，第二天就因代表偷偷赴日而失效，但並非失敗，因反核的幻燈片說明在各村舉行。

幻燈片是以蘇聯車諾比核災為主，說明各種植物、動物都受到影響，更不必說人體的健康。對著鄉民舉辦的說明會中，有一幕令人深刻。當幻燈片放到幾瓶牛奶受汙染而不能食用時，負責解說的郭健平突然停住了。我們都驚訝的看著他。他看著屏幕，不知如何說。突然，臺下一個老者用日語的口音說：「蜜魯酷。」大家一下就懂了。原來蘭嶼沒有牛奶，在地沒有這語言，以致於健平不知道怎麼說。可是老人學過日語，知道有這東西，於是說出來了。

舉座哈哈大笑。老人笑罵健平說：「笨孩子，這個都不知道。」

然而他們都知道了，那輻射汙染是無形的，看不見，摸不著，沒有聲息。受汙染的牛奶，都不能喝。

說明會後，我們在一家「海老人餐廳」吃晚餐。席間，突然店老闆來找我說：「有你的電話。」

我微感訝異，曉榮也覺得奇怪。接起來才明白是核廢料儲存場廠廠長，希望找我溝通，要約時間帶我去參觀。此事說明，他們應該是全程監視的。所以我在那裡吃飯喝酒，他們都知道。

然而，蘭嶼有如覺醒的海浪，拍打沉靜的島嶼。故事自此開始了。

一年後，蘭嶼用「惡靈」描述無色無形的輻射汙染，開始了春節時的「驅逐惡靈」的反核活動，返鄉的年輕人與族中長輩達二、三百人著傳統服飾戰服盔甲參加，一如古老的儀式。

一九九一年春節，參與人數增至五、六百人。在這個二千餘人的小島上，在海岸與山坡夾著的道路上，扣除兒童與老人，民意的歸趨還不夠明顯嗎？

那時，那個寫著標語的美工科畢業生，留著鬍子的「雅美族紈絝子弟」的報導者已然結束一年的工作，離開蘭嶼，但雅美族自身的生命力已開始顯現，開始燃燒，而還有什麼比這個更重要呢？雅美族的生命力本不屬於任何人或報導者，未來也只能存在於民族本身。

報導者又站在「外面」了。萬華夜市毛蟹攤子老闆娘的孩子怕都會跑來跑去了，而蘭嶼紅頭村最好的漁人李秋平在夜半的酒意歌聲中，是否會想起曉榮呢？他是否能弄明白為什麼蘭嶼會突然來了這麼一個人，並且改變了一些事。

從一無所有開始而進行蘭嶼採訪的曉榮的生命於我常常是一種提醒，一種典範，以為生命是可以這樣活著，如同永無休止的薛西弗斯，推著石頭翻過一個又一個山嶺，用冷的血與熱的心，渺茫地寄望於滾過的荒地多了，就會成其為路……

一九九一年三月　寫於北京雪地旅途

（蘭嶼反對核廢料的運動，始於郭健平帶領蘭嶼青年，在機場抗議臺灣收買地方鄉民代表赴日參觀核電廠揭開序幕。）

註釋

1 Peter Arnett，紐西蘭裔美國國籍戰地記者。越戰時，目擊和尚自焚，未有阻止，稱「身為記者，我不能介人歷史。」著有《我從戰場歸來：一位戰地記者的回憶》。

暴雨將至——
一九八〇年代臺灣轉型紀事

A Hard Rain's a Gonna Fall: Taiwan's Transformation in the 1980s.

南方家園出版 Homeward Publishing | 書系：文創者 Creative Economist | 書號：HC041

作者：楊渡

特約編輯：沈眠

裝幀設計：陳恩安

內頁版面：布魯姆．費德

發行人：劉子華

出版者：南方家園文化事業有限公司

圖片：楊渡、徐宗懋圖文館

南方家園文化事業有限公司 NANFAN CHIAYUAN CO. LTD

地址：臺北市松山區八德路三段12巷66弄22號 | 電話：02-25705215-6 | 24小時傳真服務：02-25705217 | 劃撥帳號：50009398／戶名：南方家園文化事業有限公司 | 讀者服務信箱E-mail：nanfan.chiayuan@gmail.com | 總經銷：聯合發行股份有限公司 | 電話：02-29178022 | 傳真：02-29156275 | 印刷：約書亞創藝有限公司 joshua19750610@gmail.com | 初版一刷：2025年9月 | 定價：560元 | ISBN：978-626-7553-17-6 | (EPUB) 978-626-7553-15-2 | (PDF) 978-626-7553-16-9

國家圖書館出版品預行編目（CIP）資料 | 暴雨將至——一九八〇年代臺灣轉型紀事／楊渡著 -- 初版. -- 臺北市：南方家園文化事業有限公司，2025年9月 | 480頁；14.8×21公分.--（文創者；HC041） | ISBN：978-626-7553-17-6（平裝） | 1.CST: 臺灣史 2.CST: 社會變遷 3.CST: 報導文學 | 733.29 | 114011639